U0457758

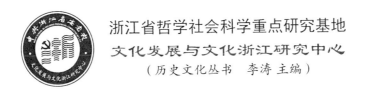

浙江省哲学社会科学重点研究基地

文化发展与文化浙江研究中心

（历史文化丛书　李涛 主编）

婺文化的传承与发展研究

毛秀娟　著

ZHEJIANG UNIVERSITY PRESS

浙江大学出版社

·杭州·

图书在版编目（CIP）数据

婺文化的传承与发展研究 / 毛秀娟著. —杭州：
浙江大学出版社，2023.5
ISBN 978-7-308-23765-9

Ⅰ.①婺… Ⅱ.①毛… Ⅲ.①地方文化—研究—金华
Ⅳ.①G127.553

中国国家版本馆 CIP 数据核字（2023）第 080876 号

婺文化的传承与发展研究

毛秀娟　著

责任编辑　蔡圆圆
责任校对　许艺涛
封面设计　周　灵
出版发行　浙江大学出版社
　　　　　（杭州市天目山路 148 号　邮政编码 310007）
　　　　　（网址:http://www.zjupress.com）
排　　版　杭州青翊图文设计有限公司
印　　刷　广东虎彩云印刷有限公司绍兴分公司
开　　本　710mm×1000mm　1/16
印　　张　15.5
字　　数　286 千
版 印 次　2023 年 5 月第 1 版　2023 年 5 月第 1 次印刷
书　　号　ISBN 978-7-308-23765-9
定　　价　78.00 元

版权所有　侵权必究　　印装差错　负责调换
浙江大学出版社市场运营中心联系方式:0571－88925591;http://zjdxcbs.tmall.com

序

　　毛秀娟老师一开始托我为本书作序，我有些为难。主要原因是，虽然我知道她多年以来孜孜不倦从事文化研究，但对她的研究成果缺乏系统深入的了解，不敢贸然下笔。后来，我想应该为基层党校教师提供一点绵薄的支持，也被毛秀娟老师数十年来坚持不懈、持之以恒的精神所感动，就"勉强"接受了任务。读了这部书后，我感受颇多，主要有以下三点。

　　其一，这部书拓展了区域文化研究的新领域。伴随中国式现代化的探索和实践、推进和拓展，中国快速从乡村社会步入城市社会。城市化既塑造了新的区域格局，也孵育和创造了新的区域文化形态。都市区是城市经济实力和辐射扩散能力大大增强，地域范围不断扩张，与周围地区的社会经济联系日益密切而出现的一种新的城市空间类型，也是一种新的区域类型、新的区域文化类型。把都市区文化作为区域文化研究的对象，这在区域文化研究方面可以说是一种创新和拓展。改革开放以来，城乡一体化和城镇化建设快速推进，全国各地纷纷涌现出了城市群、城市集群、都市区、大都市区等城市化类型。其中最具典型意义的当数都市区这种类型。都市区既是一种物质形态、制度形态，也是一种文化形态。这部书以金义都市区为案例，阐释了都市区文化传承和发展的基本规律，特别是婺文化传承和发展的独特路径，可以说对其他都市区文化的研究具有借鉴和参考的意义。

　　其二，这部书阐发了区域文化传承与发展的内在逻辑。区域文化的最显著的特性就是它的传承性和发展性。解析传承性和发展性这两者之间的逻辑关系，从而发现区域文化传承和发展对区域社会经济发展的意义，已有不少学者进行了探讨。比如：马克斯·韦伯探讨了新教伦理与西方式现代化的关系；20 世纪 70 年代以来不少学者探讨了儒家文化的创造性转化与东亚现代化的关系；进入 21 世纪以来一些学者探讨了浙江现象背后的文化底蕴、精神动力；等等。而这部书则从对金义都市区文化的溯源出发,在阐述文化沉积方面之后,并未停留于对区域文化现象的叙事,而是紧扣都市区文化传承和发展的主题,直接寻找其内在的关键节点。从这部书可以看到作者对有关区域文化传承和发展的动力、良机、创新、前景等方面的独立思考和观点。

其三,这部书是作者长期以来坚持不懈、持之以恒而厚积薄发的研究成果。作者虽然是金华市委党校的一名普通教师,但30多年来一直认真、踏实、努力地从事教学和科研工作,取得了颇丰的成果。对于文化研究更是深情专注,不乏独到的见解。在《电视研究》《齐鲁学刊》《中共浙江省委党校学报》《文化艺术研究》《浙江传媒学院学报》《浙江师范大学学报》《安徽师范大学学报》等期刊上发表论文十几篇,主持完成浙社规、省社联、省委党校、金华市社科联等部门研究课题30多项,多项成果获奖。与此同时,也得到了省市有关科研部门的支持,担任浙江省哲学社会科学重点研究基地"文化发展与文化浙江研究中心"研究员、浙江省重点网络影视剧内容审核专家。上述丰富的积累和大量的工作,为作者能够写成此书准备了充分的前提条件,奠定了扎实的基础。读过全书之后,这种感觉尤为深刻。在基层党校潜心科研确实不容易,要取得成绩更不容易。可想而知,作者为写成此书所付出的艰辛劳动一定非同一般。所以,我也想借为此书写序的机会宣传一下这种令人感动的孜孜不倦的奋斗精神。

我自己也长期关注和从事文化研究,特别是长期关注和研究区域文化与区域发展之间的关系。我深深地体会到,在以中国式现代化全面推进中华民族伟大复兴的新征程上文化将越来越凸显其重要性和意义,区域文化也越来越凸显出其在区域发展中的重要性和意义。文化是一个区域的精神命脉,一个区域的发展必须以文化的兴盛为强大支撑,以文化的繁荣为鲜明标识。全面建设社会主义现代化国家,必须既促进经济繁荣又促进文化兴盛,既实现物质富裕又实现精神富有。一个国家、一个民族、一个地区,只有充满文化自信,不断创造文化新辉煌,才能在通往未来的道路上行稳致远。基层党校作为各地党委培训轮训党员和党员干部的学校,很有必要把文化的教学和研究作为重要方面。而作为党校教师,围绕当地文化的传承和发展开展学术研究,也确实体现了党校教师的一种职责和担当。我认为,这部书就是一个很好的证明。

陈立旭

中共浙江省委党校(浙江省行政学院)副校长、二级教授、
国家"万人计划"哲学社会科学领军人才

前　言

　　一个地区文化的发生和发展必然受到地理环境、历史沿革、经济状况、政治结构、社会发展等众多因素的影响和制约,并发生复杂而深刻的互动,由此产生不同于其他地区的区域文化。一个地区文化的特质,植根于生存的自然环境和经济生活的土壤之中,在长期的社会实践中创造、积淀而成。一个地区文化的传承与发展,关乎着历史文脉的延续和文化基因的传承,关乎着文化认同和文化自信。

一

　　什么是区域文化?学界关于"区域文化"的解读众说纷纭,各有千秋。复旦大学葛剑雄教授认为,地域文化是最能体现一个空间范围内特点的文化类型,这一文化类型和周围的其他区域有着明显的差异。① 李勤德认为,区域文化"是文化的空间分类,是类型文化在空间地域中的凝聚和固定,是研究文化原生形态和发展过程的,以空间地域为前提的文化分布。它将具有相近的生存方式和文化特征的集结作为单独的认识对象,然后进行历史的和分类的归纳和探源,了解每一个区域文化中所拥有的内容,从而展现文化学中一种分支的研究价值和意义"②。双传学认为区域文化是指"区域成员在实践中创造出来的一切物质的和精神的财富的总和,它具有独特性、共享性、整合性、凝聚性、开放性等特征,并有自身的发展规律"③。林艺和刘涛认为"从与文化地理学和文化人类学相关联的视角,区域文化是一种以文化区域为载体,由具有区域性和差异性特征的各种文化要素依照不同的分类标准、

---

　　① 葛剑雄:《读懂地域文化》,《商周刊》2018 年 1 月 13 日。
　　② 李勤德:《中国区域文化》,山西高校联合出版社 1995 年版,第 2 页。
　　③ 双传学:《区域文化刍论》,《江苏社会科学》2006 年第 6 期。

依据组合而成,具有多类别、多层次的特殊文化类型"①。从众多的关于区域文化的论述中可以看出,区域文化具有三个核心因素,一是地理空间,二是文化因素,三是差异性和多元性,即区域文化是由于地理环境和自然条件的不同,形成历史文化背景差异,造成一个空间范围内文化类型和周围的其他区域有着明显的差异,形成了明显与地理位置有关的文化特征。

国外对于区域文化的研究多从文化圈、文化区、文化景观、文化生态等方面开展。德国学者弗罗贝纽斯(1873—1938)、格雷布内尔(1877—1934)和施米特(1868—1954)提出了"文化圈"的概念并加以系统阐述,认为区域文化是具有相同的文化特质、文化丛的众多文化群体所构成的。美国人类学家威斯勒、罗维和克罗伯等人在文化圈理论的影响下提出"文化区"概念。威斯勒在《人与文化》(1923)一书中提出,许多文化特质的聚合构成文化丛,它们具有地区的特征,形成文化类型和特定的文化区域。美国地理学家索尔在《景观的形态》(1925)一书中主张通过文化景观来研究文化地理。萨顿和安德森兹在《文化生态学导论》一书中,将文化生态界定为人与环境关系的文化方面,即人对环境的文化适应。②

国内对于"区域文化"的研究大致从 20 世纪 80 年代开始。一方面源于改革开放后,受全球化的影响,世界文化特别是西方文化对中国文化的冲击,以及国外关于区域文化理论的引进;另一方面源于文化与经济不断融合,产生新的业态,创造新的文化生产力,文化效益不断提高,人们对文化特别是传统文化有了新的认识和期望。学界普遍认为由于社会生产力的高速发展和社会转型、变革在中国社会激发起对精神生活、文化需求的巨大增长,区域文化作为区域文化产业特色化、差异化发展的资源凭借的可行性和重要性也逐渐凸显,在社会秩序、文化生态、文化政策等方面发挥着应有的作用。关于三个方面的研究比较集中:一是关于区域文化理论的研究。比如冯天瑜在《中华文化史》(1990)一书中将文化生态划分为自然环境、社会经济环境、社会制度环境三个层次,论述文化生成与文化环境的调适及内在联系;林艺、刘涛在《区域文化导论》(2015)一书中认为区域文化研究的目的是回顾、反思各种区域文化的形成、发展和变迁,总结经验,探索区域文化的发展规律,增进人们对区域文化的认识和了解,激发文化创造活力,增强社会凝聚力和发展活力,维护社会稳定等;双传学在《区域文化刍论》(2006)一文中提出区域文化是指区

---

① 林艺、刘涛:《区域文化导论》,清华大学出版社 2015 年版,第 7 页。
② 林艺、刘涛:《区域文化导论》,清华大学出版社 2015 年版,第 125 页。

域成员在实践中创造出来的 切物质的和精神的财富的总和,它具有独特性、共享性、整合性、凝聚性、开放性等特征,并有自身的发展规律。二是关于区域公共文化、文化产业的研究。如胡惠林在《区域文化产业战略与空间布局原则》(2014)一文中提出文化产业的发展总是首先集中在少数条件较好的地区,文化产业的空间布局具有沿着城市形态的发展而发展、趋集中性等规律;王琪延、王博的《中国区域文化力发展指数》,对我国地级及地级以上城市的区域文化发展水平进行测算和评估,分析我国区域文化发展的客观现状、不足和薄弱环节。三是关于区域文化的地方案例研究。如潘殊闲在《区域文化视野下的巴蜀文化研究》(2018)一书中对巴蜀地域、巴蜀名人、巴蜀文献进行思考与研究;王越旺在《"一带一路"视野下京津冀区域文化史研究》(2019)一书中从京津冀三个地区交通的变迁、科技的发展与交流、宗教信仰、民俗风情、非物质文化遗产等展开对京津冀区域文化史的研究。这些关于区域文化的理论研究和实践探索,一方面阐述了中国文化在全球化背景下,基于中国的地理特征和悠久灿烂的历史传统,与世界上其他国家相比有着自身独特的价值理念、思想体系、风格特征,应该在国际体系中得以展示并得到充分尊重,在国际文化发展进程中得到更全面的发展;另一方面基于中国改革开放后的政治社会生态,文化与经济的融合导致文化经济化和经济文化化,文化的经济价值被充分挖掘并且日益放大,尤其是传统文化在搭上了经济发展的快速列车后所产生的价值令人惊叹,文化产业蓬勃发展,公共文化事业日新月异,助推讲好中国故事、书写中国精彩。区域文化的作用和地位越来越凸显,区域文化的研究越来越引起重视,中国文化作为全球中的区域文化作用日益凸显,中国各区域差异性文化研究也日益丰富多彩。

二

金华是浙江省中部地区的地级市,下辖婺城区、金东区、东阳市、义乌市、永康市、兰溪市、浦江县、武义县、磐安县等9个县市区,有着2200年的悠久历史。金华属亚热带季风气候,江南丘陵地貌,土地面积10942平方千米,常住人口700多万人。2011年国务院批准设立"金华—义乌都市区"(简称"金义都市区"),成为浙江省第四大都市区。经过多年发展,如今金义都市区以金华市本级、义乌市为核心,涵盖金华下辖各县市区,是整个浙中城市群的核心。

金华历史上在隋朝设有婺州,故别称为"婺"。明成化七年(1471)金华府领金华、兰溪、东阳、义乌、永康、武义、浦江、汤溪等8个区域,故称"八婺",通常称金华古代传统文化为"婺文化"。婺文化延绵传承至今,文脉不断,基因未变。随着历史发展和社会变迁,婺文化不仅特指金华传统历史文化,也涵盖金华现当代文化,是金华区域文化的统称,故而婺文化应该具有狭义和广义的内涵。狭义的婺文化是指金华传统历史文化,从文化起源至新中国成立,反映了古代农业社会婺州人耕读传家的生产和生活方式以及人文精神,"婺学""婺剧""婺瓷""婺建筑"等是其中的经典代表。广义的婺文化泛指金华历史上创造形成的所有文化形态和成果,既包括传统历史文化,又包括新中国成立至今的现当代文化,是金华区域文化的统称。金华传统历史文化可以称之为传统婺文化,当代文化可以称之为当代婺文化。狭义的婺文化,更多的强调纵向时间的历史特性,多用于金华传统历史文化的研究发掘,论述金华历史文化的发展变迁,体现了文化的传承性和发展性。广义的婺文化既体现了自古至今延续不断的金华文化,更强调作为区域空间的当代金华文化的特性,体现在与其他区域文化横向比较时的金华特色,凸显金义都市区、浙中城市群的文化风貌。总的说来,婺文化是指金华区域从古至今所形成的特有的衣食住行、风土人情、传统习俗、文学艺术、价值观等生活方式和人文风貌,是金华人民所创造的物质财富和精神财富的总称。

婺文化有着悠久的历史渊源和深厚的文化积淀,其深邃的文化蕴含着浓重的历史感。对婺文化的研究应该立足于传统婺文化之基础,从历史和区域的维度,对金华优秀传统文化、革命文化、社会主义先进文化进行全方位、不拘一格的探析研究,追寻婺文化古往今来与时俱进的传承与发展。"研究'婺文化'就是为了开掘其中所凝结着金华历史文化的意蕴,从中透视金华文化的独特基因和金华文化的地域特征,以及金华人在长期文化选择中形成的深层的文化心理结构,并将其融汇在现实之中,以便构建并不断完善与现代协调的崭新的'婺文化'体系。"①

传统婺文化是现当代金华文化发展的基石。"现当代金华文化是从传统的婺文化基础上发展而来,要说金华文化与其他城市的文化相比有什么区别和特色,那么主要就体现在婺文化上,其历史渊源也在于婺文化。要了解和认识金华文化,首先要认识和了解婺文化,也就是金华的历史文化。"②对于传统婺文化的研究,据统计金华已经有 4200 多种研究成果,具有代表性的如金华市文化广电新闻出版局主持编写的《婺文化概要》(2006),其对金华传统婺文化的形成、主要内容和形式进行

---

① 金华市创建国家级历史文化名城指导委员会、金华市政协文史资料委员会、金华市文物管理局编:《历史文化名城——金华》1997 年版,第 51—52 页。

② 金华市文化广电新闻出版局编:《婺文化概要》,吉林人民出版社 2006 年版,序。

了详细介绍,之后金华广电局又编撰出版了"婺文化丛书";黄灵庚主编的《吕祖谦全集》(2008),全面梳理了南宋金华著名理学家吕祖谦的学术思想和学术成就;《婺文化大讲堂文集》(2014),汇集了陈国灿等金华本土教授学者对于婺文化的阐释和宣扬;黄灵庚主编,李圣华、慈波、陈开勇选注的《浙学读本》(2019),从务实、立德、担当、博通、绩学五个方面对浙学先贤名篇进行介绍,对浙学包括婺学的当代价值进行阐释;林胜华、周国良编著的《婺文化蔺论》(2021)从婺人、婺学、婺窑、婺剧、婺艺、婺风、婺商、婺居、婺产、婺山、婺水等不同的层面和视角,对婺文化的魅力进行生动诠释;黄灵庚主编的 200 册《重修金华丛书》(2014)浓缩金华千年八婺文化,汇集历代金华籍文人学者的存世著作 700 余种,内容涵盖政治、经济、哲学、文学艺术、科学技术等各个领域。众多的研究著述为世人了解金华文化起到了很好的导读和普及作用,促进了婺文化在当代的弘扬传播。

现当代金华文化是对传统婺文化的创造性转化和创新性发展。对传统优秀文化的传承和发展,就是对优秀传统文化的创新性发展和创造性转化,使之不断适应和融入当代社会的生活实践,从而创造出新的文化形态和价值,使传统文化获得长久的生命力。新中国成立以来,特别是改革开放以来,新的历史时期与社会变迁为传统婺文化带来新的发展机遇。改革开放促使传统婺文化实现创造性转化和创新性发展,在火热的实践中创造出新的文化形态和价值。当代婺文化如义乌小商品文化、横店影视文化、永康五金文化、武义休闲养生文化、磐安生态文化、浦江书画文化、兰溪工业文化等,区域特色文化精彩纷呈,影视文化产业、数字文化产业、文化智造和贸易、文化旅游等文化产业蓬勃发展,博物馆、图书馆、体育馆、文化礼堂等公共文化设施和服务不断完善。以社会主义核心价值观为引领的新时代金华精神成为金华奋进新时代的精神力量,全球化浪潮、"一带一路"倡议使金华文化走出国门走向世界。婺文化凝聚成最具辨识度的文化品牌之一,彰显出动人心魄的文化之美,凸显文化对于经济社会发展和现代化都市区建设的价值和意义。厚重的婺文化资源在社会变革中不断被转化为文化发展优势,赋能金华经济社会的繁荣发展。

三

文化是区域的一个重要表征,当代金华的发展离不开对传统文化的传承,离不开对新文化的创造。新时代共同富裕的实现离不开文化的赋能,区域高质量发展建设共同富裕示范区,文化是题中应有之义。区域文化作为文化产业特色化、差异化发展的资源禀赋变得愈加重要,通过挖掘地方文化资源促成文化与经济的融合,产生巨大的经济效益和社会效益,已经成为加速地方发展的重要途径。金义都市区作为浙江第四大都市区,与杭州、宁波、温州三大老牌都市区相比,在区域经济及社会发展方面还存在一些差距,但是在区域文化方面完全有底气和豪气与其他三个都市区齐头并进甚至赶超发展。金义都市区历史底蕴丰厚,婺文化源远流长,当代尤其是改革开放以来,义乌小商品文化、横店影视文化、永康五金文化、数字文化等大力发展,成为金华最富魅力、最吸引人、最具辨识度的文化标识,有力推动了区域经济社会的快速发展。在高质量发展建设共同富裕示范区的当下,必须放大文化特色优势、破解经济社会发展瓶颈,必须以文化凝聚共识从而增强认同感推动浙中崛起,必须借助丰厚的文化资源和强大的文化生产力进一步推动都市区发展。

本书拟对婺文化在当代的传承与发展进行研究探讨:一是探寻历史文脉,传承文化基因。通过梳理婺文化脉络,挖掘婺文化丰富资源,把优秀传统文化与红色革命文化、社会主义先进文化相结合,从当代文化发展历程中探析婺文化传承发展的契机、动力以及重大突破,显示婺文化创造性转化、创新性发展的成效。二是增强区域的文化认同和文化自信。从金星婺女星争华到宋韵婺文化鼎盛再到改革开放工商文化的繁荣兴盛,金华文化发展具有不拘一格、革故鼎新的开拓创新特性;从上山文化起源到历史文化名城、全国文明城市,金华文化不断发展、文明程度不断提升。研究金华深厚的文化底蕴和辉煌的成就,有助于区域内民众更深入认识本土文化,增强文化认同和文化自信,凝聚起区域发展的强大共识。三是彰显文化印记,讲好金华故事。以区域文化理论为指导,从空间、时间、社会发展等维度研究婺文化的发展,分析具有新时代特征和金华印记的文化特色案例,总结区域文化建设经验,凸显文化在现代社会治理中的作用,揭示文化对于经济社会发展的价值和意义。在建设共同富裕示范区中实现精神富有,在现代化先行中做到文化先行,进一步以文化高质量发展助力现代化金义都市区建设。

文化是民族的精神命脉。一个民族的复兴,总是以文化的兴盛为强大支撑;一个时代的进步,总是以文化的繁荣为鲜明标识。在全面建设社会主义现代化强国新征程中,文化起着越来越重要的作用。"统筹推进'五位一体'总体布局、协调推进'四个全面'战略布局,文化是重要内容;推动高质量发展,文化是重要支点;满足人民日益增长的美好生活需要,文化是重要因素;战胜前进道路上各种风险挑战,文化是重要力量源泉。"①婺文化为金华认识和改造世界提供有益启迪,为金华的道德建设提供有益启发,为金华的地方建设提供有益启示。婺文化所沉淀下来的文化基因与精神内核,是金华开拓未来的丰富资源和不竭动力,是金华崛起浙中、高质量建设共同富裕现代化都市区的精神力量,必将支撑金华在通往现代化的道路上行稳致远。

---

① 任理轩:《文化自信何以更加坚定》,《人民日报》2022 年 9 月 29 日。

目　录

第一章　婺文化溯源

任何一个民族的文化都是民族、语言、宗教、社会心理、传统道德、生活方式、思维特征等要素在一定地理环境的影响甚至约束下,有机、系统地结合在一起形成的一个独具特色的文化综合体或文化系统。① 婺文化受金华地域和历史的影响深远,是八婺大地上经过漫长的历史过程积累发展而来的具有金华地域特色的区域文化体系。源于万年前的"上山文化"开启了金华文明史,孕育了生生不息、独具魅力的婺文化,锻造了金华文化的底色。

第一节　上山文化:文明之源

2000 年 10 月,考古学家们在金华市浦江县发现上山遗址。2006 年 11 月,上山遗址的遗存类型被考古界命名为"上山文化"。② "上山文化不仅代表了中国南方地区最早的新石器时代考古学文化,也成为中国万年文化史的重要开端。"③ 万年前的上山文化开启了金华文化先河,成为金华文明的源头,孕育了生生不息、独具魅力的婺文化。

① 王会昌:《中国文化地理》,华中师范大学出版社 2010 年版,第 10 页。
② 蒋乐平:《上山遗址与村落形成探源》,《光明日报》2017 年 1 月 5 日。
③ 孙瀚龙:《上山文化:中华万年文明史上一颗璀璨的"启明星"》,《文汇报》2021 年 12 月 3 日。

一、上山文化的发掘

上山文化遗址位于浙江省金华市浦江县浦阳江上游北岸、黄宅镇境内一个名为上山的台地,面积 2 万多平方米,是一大片平缓地带中的一个小山丘,海拔约 50米。2000 年 10 月,浙江省文物考古研究所发现了上山遗址;2001 年,浙江省文物考古研究所与浦江博物馆联合对上山遗址进行考古发掘,发掘出土了很多石球,石磨盘,打制石器,磨制石器,大小不一的大口盆、平底盘、双耳罐等,在夹炭陶片中发现了丰富的稻谷遗存,引起考古界高度关注。2002 年 6 月,夹炭陶片被送到北京大学进行年代测定,结果显示上山遗址距今 10000～8000 年。遗址出土的炭化稻米、陶器以及墓葬、房址、环壕等重要遗迹成为上山文化重要的标志性遗存,展现了长江下游与东南地区新石器时代早期的文化面貌。

2006 年 11 月,中国第四届环境考古学大会暨上山遗址学术研讨会在浙江省浦江县举行新闻发布会,国内 50 多家研究机构、高等院校的 150 多名考古学专家、学者参加。专家们认为,上山遗址下层文化内涵新颖独特,以大口盆、平底盘、双耳罐为典型代表的陶器群不同于长江下游地区以往发现的其他新石器时代遗址,代表了一种新发现的、更为原始的新石器时代文化类型。通过三期考古发掘,从地层上证明了上山下层文化遗存早于跨湖桥文化遗存,因此它的年代早于跨湖桥文化与河姆渡文化。上山遗址是中国长江下游及东南沿海地区迄今发现的年代最早的新石器时代遗址。2005 年,在嵊州小黄山遗址发现了相同类型的文化遗存,进一步证明上山下层文化类型不是孤立的。两处遗址均位于浙江西南部山区向浙东平原地区过渡的丘陵、河谷地带,同属于一种新颖的地域文化。专家们认为,这种新发现的考古学文化可以命名为"上山文化"。① 从此,以上山遗址为代表的新石器时代早期文化被命名为"上山文化"。

2005 年,上山遗址被国务院公布为第六批全国重点文物保护单位,之后浦江县政府着手《上山遗址保护总体规划》《上山考古遗址公园规划》等编制。2013 年,上山遗址被公布为第一批省级考古遗址公园;2016 年,上山考古遗址公园建成并向公众免费开放;2017 年,浦江县成立了上山遗址博物馆。2020 年 11 月,"上山遗址发现 20 周年学术研讨会"开幕式在上山考古遗址公园召开,现场举行了"中华万

---

① 严红枫、盛锋:《"上山文化"在浙江浦江被正式命名》,《光明日报》2006 年 11 月 13 日。

年考古遗址联盟""上山文化遗址联盟""上山文化研究中心""中国水稻研究所上山稻作研究基地"等授牌仪式,以及"远古中华第一村"揭牌仪式。上山文化19处遗址所在地的相关部门在浦江召开了上山文化遗址联盟第一次联席会议,通过并发布了《上山文化遗址联盟浦江宣言》和《上山文化遗址联盟章程》,约定共同研究、保护、传承上山文化。[1]

经过20多年的考古发掘,在衢州的龙游,金华的婺城区、武义、义乌及绍兴的嵊州等地陆续发现了20多处距今10000年的早期新石器时代遗址,这里成为中国早期新石器时代遗址分布最密集的地区。这些遗址之间具有文化的共同性,因而都被命名为"上山文化"。上山文化遗址以金衢盆地最为密集,又以金华最多,有13处,约占总数的2/3。这些遗址分布在浙江中南部低山丘陵之间的河流盆地,浦江、义乌、东阳、婺城、永康、兰溪等地均有发现并进行了挖掘。比如义乌桥头遗址出土了世界上最早的彩陶,这些陶器造型丰富,非常精美,遗址生活遗迹也很丰富。婺城区的山下周遗址和青阳山遗址是浙中地区迄今为止发现的最西面的新石器早期时代遗址,山下周遗址在1.4米深的探坑中有四个文化层,相继出土了不同时期的器物,其中陶片、石器与上山遗址、小黄山遗址有很多的共同点,其年代相当于上山文化晚期,距今9000年左右;青阳山遗址位于山下周遗址西侧约1公里处的台地上,面积有400多亩,其北面为瀫江(衢江下游)冲积平原及浙赣铁路,西面为厚大溪(亦称越溪),遗址内容丰富,保存完整。这些遗址的发现说明浙中地区是浙江新石器时代的发祥地。

二、上山文化的内涵

上山文化新颖独特,内涵丰富,特征明显。上山文化遗址中发现了属性明确的栽培水稻、初级村落遗迹和大量彩陶遗存,稻作农业生产、农业村落定居、彩陶技术创新、酿酒技术产生等上山文化所呈现出来的物质成就和技术发明,佐证了上山文化遗址是中华万年文明史的源头。

上山文化是稻作农业的源头。上山遗址首次发掘出土了夹炭陶片,在夹炭陶片的表面发现了较多的稻壳印痕,胎土中羼和了大量的稻壳和稻叶,遗址还出土了稻米遗存。考古学者研究认为,上山人将碾碎的稻壳及稻叶掺和在陶土中用以制

---

① 沈听雨、徐贤飞、叶梦婷:《擦亮万年上山这张金名片》,《浙江日报》2020年11月14日。

作陶器。研究者从土壤中浮选出炭化稻米和小穗轴,发现了稻米遗存,在显微镜下观察到水稻植硅体。对陶片中的谷壳进行分析,发现稻壳中保留的部分小穗轴出现折断的痕迹,并且陶片中稻叶、谷壳并存,属于"割穗"收获的伴生现象,这说明上山稻米同时具备驯化和野生的双重特征,上山人已经出现了对稻的栽培行为。同时在出土的石片、石磨盘等器物上也发现了上山人收割、加工稻谷等证据。这些发现说明,上山文化已经出现一整套比较成体系的"稻作行为证据链",已经具备稻作农业经济的雏形,是中国万年水稻栽培史的重要开端,是世界稻作农业的重要起源地。"上山遗址稻作遗存最丰富,发现了夹炭陶中掺和的大量稻壳、炭化稻米、小穗轴、植硅体以及稻子的收割、加工工具等。就'稻作农业'的起源而论,是一个能够追溯的更确定的早期遗址。"[1]

上山文化是彩陶技术的源头。在上山遗址发现了大量的陶器,以粗泥陶为主,陶器表面多为红色,少量为黑褐色,义乌桥头遗址中的灰坑内有大量保存较为完好的陶器。陶器类型包括大口盆、平底盘、卵腹罐、双耳壶、圈足盘、陶饼等。陶器中有一定数量的彩陶,分乳白彩和红彩两种。红彩主要为条带彩,装饰于盆、罐类的唇口或肩颈位置,典型的比如大口盆,在外壁施红衣、内壁施乳白衣,口沿部位施一圈颜色鲜艳的红彩。乳白彩的纹饰比较丰富,主要见于壶形罐、圈足盘和钵形器上,纹饰有太阳纹、短线组合纹、折齿纹和点彩等,体现出陶器装饰的高超技艺。红彩以条带纹为主,乳白彩纹比较复杂,出现了太阳纹、短线组合纹等图案。在上山遗址发现的太阳纹是上山文化最为明确的彩陶符号,也是目前中国发现最早的太阳纹,这些短线组合纹被认为是最早的数卦符号,与后世的卦象体系非常相似,体现了古人意识观念和精神信仰等文化内涵。上山文化的彩陶引领了中国南方地区的彩陶技术和观念思想,以太阳纹、数卦符为意象,以具象化、图像化为特征的彩陶传统对整个新石器时代的后续文化产生了深远影响。万年上山彩陶比西亚地区距今 9000 年以后出现的彩陶还早,上山的彩陶技术是迄今中国乃至东亚地区的源头。[2]

上山文化是农耕村落文化的源头。上山遗址在第一期考古发掘中发现有 3 排"柱洞",每排 11 个柱洞,直径在 40～50 厘米,深度为 70～90 厘米,3 排柱洞形成了

---

① 蒋乐平:《上山遗址与村落形成探源》,《光明日报》2017 年 1 月 5 日。
② 孙瀚龙:《上山文化:中华万年文明史上一颗璀璨的"启明星"》,《文汇报》2021 年 12 月 3 日。

长11米、宽6米的矩阵,被命名为"万年柱洞"。考古专家认为这些很可能是木结构建筑的遗迹,推测上山人可能已经拥有木结构的地面建筑,告别了穴居生活。在义乌桥头遗址等地发掘中发现了环壕聚落,包括房址1处、墓葬45座、灰坑160余座和灰沟3条,两座上山文化中晚期墓葬均为土坑竖穴墓,人骨保存较为完好,是迄今浙江地区发现的年代最早的人类骨骼遗存保存较为完好的墓葬。"环壕"是城池外面的护城河,起防御作用,由此可知桥头人在9000年前就修建了自己的护城河。环壕、中心台地、器物坑、墓葬、房址等遗迹以及大量制作精美、器形丰富的彩陶器等,表明桥头遗址是以金衢盆地为中心的上山文化遗址群中等级较高的聚落遗址,是稻作文化的重要发展阶段,显示出上山文化遗址是具有明显规划特征的聚落结构。"桥头遗址'环壕'以其丰厚的堆积特征,证明上山文化是一种完全定居的文化类型。实际上,这种定居特征在上山文化早期已经出现,结合上山文化遗址发现的丰富的稻作遗存判断,钱塘江流域的新石器时代文化在所在的长江中下游地区率先迈进具有稻作文化特征的'初级村落'阶段。"[①]

上山文化是酿酒技术的源头。上山遗址发现了以水稻、薏仁、块茎类植物为原料发酵酿酒的残留物和陶容器,这是中国新石器时代早期发现的年代最早的酒。在桥头遗址发现一件彩陶壶疑似酒壶,造型可以和宋代龙泉窑梅瓶相媲美。在陶壶里的残余物中发现了一种加热产生的糊化淀粉,经检测研究,与低温发酵的损伤特征相符。低温发酵是酿酒的基本原理,由此猜测9000年前的桥头人可能已经掌握酿酒技术,这件陶壶可能是迄今为止发现的中国最早的酒器。对桥头遗址出土的属于上山文化的20件陶器标本进行研究,结果显示有8件器物标本曾用于储存酒(或发酵),酿酒的原料包括水稻、薏米和块根植物。综合多种残留物的分析结果,桥头遗址陶器内所储存的可能是一种原始的曲酒,由此推测上山人利用发霉的谷物与草本植物的茎叶谷壳,培养出有益的发酵菌群,再加之水稻、薏米和块根植物进行发酵酿造。如此看来,上山文化时期先民们已经掌握了粮食的储藏技术,并通过不断的试验获得了比较原始的酿酒技术,对剩余粮食的二次加工和形态转换可能意味着上山文化对酒的主动创造。根据对出土文物的考证,约在公元前6000年,美索不达米亚地区(西亚两河流域)就已出现雕刻着啤酒制作方法的黏土板,这是世界上迄今发现最早的酿酒技术,而上山文化的酿酒技术将世界酿酒史提前了

---

① 蒋乐平:《浙江义乌桥头遗址》,《大众考古》2016年第12期。

3000 年,成为酿酒技术的源头。①

三、上山文化的价值和意义

上山文化是中国万年文化史的重要开端。上山遗址发掘出的最早炭化稻米、最早彩陶、最早定居村落遗迹等上山文化重要标志性遗存,以及墓葬、房址、环壕等重要遗迹,表明上山文化是中国万年水稻栽培史的重要开端和世界稻作农业的重要起源地,是中国万年农业定居史的重要开端,是中国万年陶器、酿酒起源和技术发展史的重要代表。上山文化遗物遗迹为认识当时人类的制陶工艺、彩陶技术的起源以及精神信仰等问题提供了新的材料,墓葬出土的人骨为了解新石器时代早期中国南方地区的人种以及不同人种的迁徙与交流提供了珍贵的资料,对于认识钱塘江上游地区乃至整个中国东南地区距今 9000 年前后的聚落形态、社会结构、人群的迁徙与交流以及精神信仰等问题都具有重要的意义。② 上山文化展示了人类稻作农业起源之初的社会、经济与文化面貌,反映了中国早期的定居村落及其社会生产与生活情况,成为以南方稻作文明和北方粟作文明为基础的中华文明形成过程的重要起点。上山文化开启了中华万年文明史的步伐,在中华文明的起源和形成中占有重要的地位。2021 年"第三届中国考古学大会"颁布了中国"百年百大考古发现","上山遗址"在众多的参评项目中脱颖而出榜上有名。上海广播电视台《文明探源看东方·何以中国》节目精选全国各地 10 个有影响力的考古代表遗址,"万年上山"作为浙江唯一的代表入选其中并在开篇中呈现。

上山遗址是中国最久远的新石器时代遗址。考古中发现的迄今最早的初级村落遗迹和大量彩陶遗存,表明上山文化遗址是中国乃至东亚地区早期新石器时代遗址最集中的地区。按照考古学的年代分期,中国新石器时代分为早期、中期、晚期和末期,年代距今 12000~4000 年。河姆渡文化距今 7000~6000 年,属于新石器时代中期;良渚文化距今 5300~4300 年,属于新石器时代晚期;上山文化距今 10000~8500 年,属于新石器时代早期晚段,远早于河姆渡文化和良渚文化,它的继承者跨湖桥文化是河姆渡文化的重要源头,而河姆渡文化又对良渚文化产生了

---

① 孙瀚龙:《上山文化:中华万年文明史上一颗璀璨的"启明星"》,《文汇报》2021 年 12 月 3 日。

② 林森、陈鲲、黄美燕、蒋乐平:《浙江义乌桥头遗址发现距今 9000 年左右上山文化环壕——台地聚落》,国家文物局网站,2019 年 8 月 13 日。

非常重要的影响。"从 5000 年良渚至 7000 年河姆渡,从 8000 年跨湖桥到万年上山,上山文化的发现和研究把长江下游和中国南方地区的文明史提早至 10000 年前,代表了中国南方地区最早的新石器时代考古学文化,上山遗址是长江下游及东南沿海地区迄今发现的年代最久远的新石器时代遗址。"①上山文化的重要发现者和研究者、主持上山考古的浙江省文物考古研究所研究员蒋乐平认为,上山文化让人们跳出了宁绍平原与杭嘉湖平原,窥探到了浙江新石器时代文化的另一种面貌。上山遗址的发现成为拓展浙中、浙西地区新石器考古工作新局面的一个契机。上山文化把浙江的历史推进到了万年前,填补了长江下游及东南沿海地区新石器时代早期文化的空白。

稻作农业的发展,改变了人类文明的生产方式和生活方式。著名植物考古学家赵志军认为,稻作农业是一种人类行为,我们研究稻作起源实际上是研究人类种植水稻这种农耕行为什么时间出现,并由此探寻人类为什么驯化水稻。中国社会科学院学部委员、中国考古学会理事长王巍认为,民以食为天,文明出现的基础就是农业的出现,中国是很多农作物的起源地,世界上最早的栽培稻就出现在大约 10000 年前的浦江上山遗址。著名考古学家、国家文物局考古专家组成员严文明认为,经过 20 年发掘与研究,上山文化已明确了两个"世界第一":稻作农业世界第一、彩陶世界第一。蒋乐平认为,上山文化是世界稻作文明的发源地、世界彩陶文化的起源地和世界村落文化的发祥地。英国伦敦大学傅稻镰教授认为,上山文化是"新石器时代革命"开启的文化转型和人类生态转变的关键转折点之一,这是向正在成长的社会过渡的关键。2020 年袁隆平院士在听到关于上山文化的介绍后欣然题词"万年上山、世界稻源",认为农耕文明就是从稻作文明开始的。上山文化考古发现成果充分表明,10000 年前的上山已经出现栽培水稻,这是人类农业史和文明史的重要发现,这里就是世界稻作文明的起源地。上山文化遗址证明了距今10000 年前后在长江中下游地区已经出现了"初级村落",这是目前已知的人类开始定居生活的最早例证之一,也是人类走向文明的重要一步。上山文化具有"世界稻作农业文明起源地""世界农业定居村落文化发祥地""世界彩陶文化本源地""世界太阳神崇拜信俗文化寻根地"等定位,这些成果是献给世界的一份文明厚礼。

上山文化是金华历史文化悠久的见证。金华浦江素有"文化之邦""书画之乡"

---

① 孙瀚龙:《上山文化:中华万年文明史上一颗璀璨的"启明星"》,《文汇报》2021 年 12 月 3 日。

"水晶之都""挂锁基地"和"中国绗缝家纺名城"之称。上山遗址的发现增加了浦江地区的文化底蕴,上山遗址被赋予"远古中华第一村",证实了金华地区的历史文化悠久,是远古文明之源。上山文化考古证明,上山人是目前发现的最早定居金华乃至长江中下游地区的人群,上山文化把金华文明史推进到万年以前,证明金华先民在万年以前已经开始在此生存、生活、劳作,开启原始村落生活,开始了文明的创造。在经久漫长的生产实践中,金华先人掌握了人工栽培水稻技术、制陶技术和酿酒技术以及原始村落布局,创造了世界稻作文明和精巧的手工技艺,留下了丰富而宝贵的文化财富。我们可以透过上山文化的历史风尘,从"上山之稻""农业起源""初级村落"中追寻万年前金华先民的生活轨迹、生产方式和精神风貌,探寻万年前金华的历史文化和文明启蒙。上山文化孕育了生生不息独具魅力的金华婺文化,婺文化涵养了八婺大地世代人民的和美家风和淳朴民风,形成了开拓创新、奋勇拼搏、诚实守信、爱国爱家的精神品质。上山文化开启了金华万年历史的文化先河,为金华悠久厚重的农耕文明找到了来处,为金华耕读传家的文化传统找到了源头。

第二节　婺文化:八婺之源

金华历史上设有婺州,下辖8个县,故别称为"婺",所辖之地称为"八婺大地",金华历史文化称为"婺文化"。婺文化是金华所属八婺大地在漫长的历史过程中积累和发展起来的具有金华地域特色的区域文化体系,是金华的文脉,是金华精神思想的根源。

一、婺文化的起源与发展

金华古属越国地,秦入会稽郡。三国吴宝鼎元年(266)始设东阳郡,南朝陈天嘉三年(562)东阳郡改名为金华郡,隋朝开皇十三年(593)改置婺州,元朝至正二十年(1360)改金华府,明成化八年(1472)金华府领金华、兰溪、东阳、义乌、永康、武义、浦江、汤溪8县,故金华有"八婺"之称。1949年5月7日,金华解放,设立浙江省第八行政区——金华专区,辖2市9县。1955年3月,衢州专区撤销并入金华。1985年5月,国务院批准撤销金华地区,分设金华、衢州两市,实行市辖县体制,并于金华城区设立婺城区,郊区设立金华县,同时撤销兰溪县设立兰溪市(县级)。

1988 年 5 月,撤销义乌县设立义乌市(县级),撤销东阳县设立东阳市(县级)。1992 年 10 月,撤销永康县设立永康市(县级)。2000 年 12 月,撤销金华县,设立金华市金东区。① 如今金华市下辖婺城、金东 2 个区,武义、浦江、磐安 3 个县,兰溪、义乌、东阳、永康 4 个县级市。2011 年设立金华—义乌都市区(金义都市区),以金华市本级和义乌市为核心,涵盖金华下辖各县市区及丽水市缙云县,是浙江第四大都市区、浙中城市群。

金华市位于浙江省中部,东邻台州,南毗丽水,西连衢州,北接绍兴、杭州,南北跨度 129 公里,东西跨度 151 公里,土地面积 10942 平方公里。市区位于东阳江、武义江和金华江交汇处,面积 2049 平方公里,建成区面积 104.3 平方公里。金华地处金衢盆地东段,为浙中丘陵盆地地区,地势南北高、中部低。"三面环山夹一川,盆地错落涵三江"是金华地貌的基本特征。最高峰海拔为 1560.2 米,最低海拔为 23 米。境内山地以 500~1000 米低山为主,分布在南北两侧,山地内侧散布起伏相对和缓的丘陵,中部以金衢盆地东段为主体,四周镶嵌着武义盆地、永康盆地等山间小盆地,整个大盆地大致呈东北—西南走向,大小盆地内浅丘起伏,海拔在 50~250 米之间,相对高度不到 100 米。盆地底部是宽阔不一的冲积平原,地势低平。金华属中亚热带季风气候,四季分明,年温适中,热量丰富,雨量较多,有明显干、湿两季。春早秋短,夏季长而炎热,冬季光温互补,盆地小气候多样。②

婺文化受金华地理环境的影响,随着社会历史的发展变化而不断演变,在不同时期呈现出不同的发展特点。浙江师范大学江南文化研究中心首席专家陈国灿教授认为,作为一种地域文化体系,婺文化的起源可以追溯到遥远的原始时代。浦江县境内上山遗址的发现,表明早在距今约 10000 年前,金华的先民们就已经初步掌握了水稻耕种技术,创造了较为成熟的原始稻作文明;商周以后,金华地区出现姑蔑文化与越文化互相融合而形成的"乌伤文化",其突出标志是发达的青铜器、玉器和原始青瓷制作技术,尤其是原始青瓷的制作技术处于同期全国的领先水平;进入秦汉时期,金华地区的青瓷制作技术日趋成熟,婺瓷成为中国早期的青瓷代表之一。婺文化从东汉时期逐渐开始形成,其发展过程大致可以分为四个阶段:第一阶段是魏晋至隋唐的初兴期,这一时期金华地区经历了大规模的社会开发和经济发展,逐渐摆脱了相对中原地区而言较为原始落后的状态,地方文化也趋于活跃,并

---

① 资料来源:金华市人民政府网站—金华概况。
② 资料来源:金华市人民政府网站—金华概况。

开始形成自身的地域特色,比如婺瓷、酿酒技术出现;第二阶段是宋元时期的兴盛期,这一时期金华逐渐发展成为东南地区著名的文化和学术中心,尤其婺学的全面兴起,影响广泛,被誉为"小邹鲁";第三阶段是明清至近现代的发展期,这一时期婺文化在内涵上不断得到丰富和充实,在地方特色上也更加突出和完善,比如婺商、婺剧、婺酒的兴起和发展;第四阶段是新中国成立以来的转型期,特别是改革开放以来经济社会形势发生了很大变化,婺文化面临创造性转化和创新性发展,从反映金华传统农业文明的生产和生活走向塑造现代工业文明的生产和生活。①

南宋时期是婺文化的鼎盛时期。靖康二年(1127)金兵南下攻取北宋首都东京,掳走徽、钦二帝导致北宋灭亡,康王赵构在应天府(今河南商丘)建国称帝,后南下逃亡,定都临安建立了南宋王朝。随着宋王室的南移,国家政权也南移,政治、经济、文化中心也随之南迁,无数中原士族跟随南下,南方政治、经济、文化趋向繁荣发展。由于文禁不密,士人著书立说并无太多禁忌,宋韵文化在南方获得传承和发展,给原先相对落后的南方注入了先进文化。科举制度的发展和市民阶层的兴起,对于文化的需求也更加旺盛。北方文化人陆续南下,他们的学术思想和文学、艺术才能与南方文化相交融,兼收并蓄取长补短,从而造就了璀璨的南宋文化。中国文化的重心,也在此时转移到了南方,在此后的 800 多年间,从未遭到逆转。② "南宋定都杭州以后,风云际会,政治调整、经济更新、文化重建等各种要素的整合,将两浙地区的社会整体发展提升到了全国的最高水平,并在这个基础上造就了各领域的人才精英群体。到了明、清两朝,以及民国时期,浙江已经成了全国无可争议的财富命脉和文化重镇。"③ 南宋文化的繁荣,表现在多个方面,比如在儒学、史学、文学、艺术(如绘画、书法、雕塑、音乐、舞蹈、戏曲)、考古和金石学等都有长足的进步。

南宋定都临安,婺州地区因为邻近京畿成为陪都,受此福泽,金华的社会经济、文化十分发达,众多的外来人口带来了多元的外来文化,出现了本地文化和移民文化的大融合,婺文化迎来最为辉煌鼎盛的时期。以阐释传播儒家思想为主要内容的婺学全面兴起并且影响广泛,书院林立,人文鼎盛,金华逐渐发展成为东南地区著名的文化和学术中心,被誉为"小邹鲁"。金华成为全国四大雕版印书中心之一

---

① 陈国灿:《婺文化的特点与定位》,《婺文化大讲堂文集》(第一辑),团结出版社 2014 年版,第 2-3 页。
② 何忠礼:《南宋的历史地位与"宋韵"文化》,《浙江社会科学》2022 年第 1 期。
③ 习近平:《与时俱进的浙江精神》,《浙江日报》2006 年 2 月 5 日。

和全国四大造船基地之一。元到明清,婺文化在内涵上不断得到丰富和充实,在地方特色上也更加突显和完善。义乌货担贸易、兰溪商帮等商贸文化开始兴起,金华府酒等酒文化空前兴盛,具有深厚乡土气息的婺剧等地方戏曲形成,金华火腿等民间手工技艺不断成熟,斗牛、舞龙灯、迎大旗等传统民俗娱乐活动在民间广泛开展,建立起宗教社团、教育、科技、艺术组织等各种社会规范,形成了具有鲜明的民族、地域特色的民风民俗。婺文化孕育了金华人的价值观念、审美情趣和思维方式,促进了金华经济社会的快速发展和区域崛起。

二、婺文化的主要内涵

婺文化有着悠久的历史渊源和深厚的文化积淀,内容广泛,形式多样,地方特色明显。婺文化具有重要的文化成果和独有的文化内容,比如博大雄厚的学术文化、别具一格的手工技艺文化、与时俱进的婺商文化、形式多样的戏曲文化、风格独特的古建筑文化、丰富多彩的生活文化等[①],"2200 年建制史中,儒释道学交融共济,诗书画艺相映成辉,经更子集色色齐全,前贤后赞焰若星河。官修'二十五史',专传名人 136 位;隋朝开科至清,进士 900 多位;历代入孔庙从祀浙江先贤 6 人,金华有 5 人"[②]。婺文化突出的三大标志性成果是婺学、婺剧、婺瓷:婺学代表了金华传统的精英文化和精神文化;婺剧汇集了徽戏乱弹、高腔、昆剧等六大声腔,流行浙中西南部,是具有鲜明地域特色的浙江第二大地方戏剧,代表了金华传统的大众世俗文化;婺瓷在中国陶瓷工艺发展史上具有重要地位,代表了金华传统的物质文化。此外,金华赤松山因为"黄大仙"的"叱石成羊"而成为道教圣地,明开国文臣之首宋濂所在的浦江郑义门和《郑氏治家规范》被誉为中国古代家庭文化和儒学治家的典范,粉墙黛瓦马头墙的婺派建筑成为独特的文化迹象。还有骆宾王、张志和、李渔、黄宾虹、艾青等历史文化名人,金华火腿、金华府酒等地方名特产品,金华斗牛、舞龙灯、抬阁、拉线狮子、金华道情等民间艺术与地方风俗,南宋初抗金名将义乌宗泽爱国爱家、百折不挠的爱国主义精神和民族气节等,这些具有浓浓"婺"色的文化形态和特质,是婺文化的重要组成部分,构成特色鲜明、兼容并蓄的婺文化体系。

---

① 引自金华市图书馆"金华历史文化研究成果展示厅"之"序",2012 年 11 月。
② 见陈国灿主讲《宋代婺学的特点与历史价值》,婺文化大讲堂系列之二十三,2013 年 6 月 29 日。

(一)以婺学为代表的学术文化

"婺学"是对宋元时期金华地区兴盛的诸家学术与流派的地域性统称,因为当时金华地区称为婺州,所以又称"婺学"。因为婺学文化的兴盛,金华有了"小邹鲁"之称。婺学兴起于南宋,又兴盛于南宋,其学术体系的后世传承,一直延续到明清时期。婺学以发展传承儒家学术思想为主,是南宋重要的儒家学派之一,也是"浙学"的重要源头。婺学"以吕祖谦为代表的金华学派和以陈亮为代表的永康学派最为著名,金华学派以传播两宋程朱理学而闻名遐迩,永康学派则传播朴素唯物主义观点的功利思想以抵制程朱理学的扩散"①。婺学在南宋具有相当的影响力,吕祖谦的"吕学"与朱熹的"理学"、陆九渊的"心学"齐名,并立为三大儒家学派;吕祖谦与朱熹、张栻齐名,为"东南三贤"之一。清中叶全祖望在梳理浙学脉络及渊源时,说南宋孝宗"乾(道)、淳(熙)之际,婺学最盛,东莱兄弟(吕祖谦、吕祖俭)以性命之学起,同甫(陈亮)以事功之学起,而说斋(唐仲友)则为经制之学"(见《宋元学案·说斋案》)②。此后宋元时期金华学派的四位著名学者何基、王柏、金履祥、许谦(世称"北山四先生",又称"金华四先生")承前启后,至明初宋濂、王祎诸等人又开一代学绪之盛,对清代浙东史学、浙西经学乃至近、现代学术思想都有巨大影响。婺学遵孔孟之道又倡导经世致用,通过开设书院广纳学子著书讲学,师友相传,为浙东培养了一大批有识之士,在中国学术文化史上占有重要地位。

(二)以婺剧为代表的地方戏曲文化

金华地方曲艺表现形式多样,种类繁多,比如婺剧、浦江乱弹、永康省感戏、木偶戏等民间戏曲,金华道情、小锣书、金华宝卷等民间曲艺,金华民歌、磐安四吹、磐安先锋等民间音乐,如雨后春笋般生发涌现,繁荣了八婺大地的民间文化艺术,丰富了百姓的文化生活。

婺剧发源于金华,俗称"金华戏",1950年改称婺剧。婺剧是金华最古老、最有代表性的戏曲,是浙江省第二大地方戏曲种类。明清以来,金华物产丰饶,是盐、丝进入江西和漆、瓷进入浙江的商业贸易地区,众多商贾汇聚金华,带来各种戏曲,争

---

① 金华市文化广电新闻出版局编:《婺文化概要》,吉林人民出版社2006年版,杨鸽声"序"。

② 黄灵庚主编:《浙学读本》,人民文学出版社2019年版,黄灵庚"序"。

胜斗奇。明中叶流行于金华府属义乌县的义乌腔,明末的高腔、昆腔,清初的乱弹腔,清中叶的徽戏,均曾在金华流行。婺剧源于明朝中叶的弋阳腔和明末的义乌腔,吸收西秦腔、石湫腔等唱腔所塑成。明末清初由于战乱,大批徽州人移民到金华,徽州商人把徽戏班也带入金华。经过许多年演变,徽戏成为婺剧的主要组成部分,为婺剧带来了200多个大小剧目,逐渐合流形成了以徽戏为主体的婺剧。婺剧以金华为中心,也流行于周边的丽水、临海、建德、衢州、淳安以及江西东北部的玉山、上饶、贵溪、鄱阳、景德镇等地。在数百年的发展中逐渐形成了自己独特的艺术风格,在表演艺术上以鲜明生动与强烈粗犷相结合,既有古老的表演动作和程式,又有大量的特技表演。古代婺剧主要在乡村草台演出,着重于感情的表达和气氛的渲染,深受百姓欢迎,戏班子演出到哪里,热闹的人群就出现在哪里,并且吸引了不少小摊小贩的聚集,不仅增加了乡里的感情交流,也促进了商品的流通,丰富了乡村经济和文化生活。到了现当代,婺剧不仅在农村演出,在城市剧院也有一席之地,金华市区建造了"中国婺剧院",成为金华城市文化艺术中心和地标建筑。2016年以来,浙江婺剧团多次登上央视春晚、央视戏曲春晚、央视元宵晚会、元宵戏曲晚会、中共中央国务院春节团拜会等舞台,并多次代表国家到世界各地巡演。2020年婺剧成功入选首批浙江文化印记,成为浙江的文化名片。

李渔是金华戏剧的又一张金名片。李渔(1611—1680),字笠鸿,号笠翁,金华兰溪人,明末清初著名的戏剧家、戏剧理论家、文学家、美学家。李渔创作了《怜香伴》《风筝误》《比目鱼》《凰求凤》等大量才子佳人爱情故事题材的剧本,喜剧色彩十分浓郁,深受观众喜欢,是中国戏剧史上第一个、也是唯一专门从事喜剧创作的作家。他所著的《笠翁十种曲》在出版发行时即被抢购一空,被当时的戏剧界推为"所制词曲,为本朝(清朝)第一"。李渔亲自组建家庭戏班来演绎所作的剧本故事,常年在各地巡回演出,积累了丰富的戏曲创作和演出经验,在戏曲的艺术形式和演唱技巧上有很大的发展和创新,形成独树一帜的戏剧风格。他所著的戏曲论著《闲情偶寄》堪称生活艺术大全、休闲百科全书,是中国第一部倡导休闲文化的专著,对中国古代戏曲理论有较大的丰富和发展。

(三)以金华火腿为代表的手工技艺文化

金华的传统手工技艺,是以手工劳动进行制作的具有独特艺术风格的工艺美术,是金华人民几千年来创造的物质文化结晶,反映了金华人民的聪明才智和对美好生活的向往追求。金华火腿、婺瓷、金华酒、东阳木雕等是八婺大地著名的特色手工技艺。

金华火腿在唐代就已经成名。唐代开元年间陈藏器编纂的《本草拾遗》中记载:"火腿,产金华者佳",说明在唐代金华火腿已经成为佳品。两宋时期,金华火腿生产规模不断扩大,成为金华的知名特产。元朝时期,意大利人马可·波罗将火腿的制作方法传至欧洲,成为欧洲火腿的起源。明朝时期金华火腿已成为金华乃至浙江著名的特产,并被列为贡品。到了清代,金华火腿已外销日本、东南亚和欧美各地。1905年金华火腿获德国莱比锡国际博览会金奖,1915年获巴拿马国际博览会金奖。2001年国家质检总局批准"金华火腿"为原产地域保护产品(即地理标志保护产品)。金华火腿的产生与金华地区特殊的地理环境、气候特点等自然地域环境有关。金华境内多山,交通不便,导致百姓生活不方便,当地百姓以肥瘦适度、肉质细嫩、腿心饱满的"两头乌"猪后腿为原料,用独特的腌制和加工方法制成火腿,便于储存猪肉以时常食用,由此形成了千百年延续不变的腌制火腿的习俗。在金华农村,每逢过年时会杀头年猪,农家往往会留下猪腿腌制火腿。金华火腿的产生也与金华的人文历史有关。据说宋代抗金名将、义乌人氏宗泽,战胜后回到义乌老家,乡亲们争送猪腿让其带回开封慰劳将士,因路途遥远,乡亲们撒盐腌制猪腿以便携带。宗泽将"腌腿"献给朝廷,康王赵构见其肉色鲜红似火,赞不绝口,御名"火腿"。南宋时期的东阳、义乌、兰溪、浦江、永康、金华等地均属金华府管辖,这些地区生产的火腿统称为金华火腿。明末清初文学家张岱咏金华火腿律诗赞曰:"至味惟猪肉,金华早得名。珊瑚同肉软,琥珀并脂明。味在淡中取,香从烟里生。腥膻气味尽,堪配雪芽清。"①

婺瓷是产于婺州窑的瓷器,最早出现于汉代,在唐宋时期盛行一时。婺瓷以青瓷和银斑纹瓷为代表,《景德镇陶录》记载:"婺窑亦唐时婺州所烧者,今之金华府婺州窑也是历史名窑。"陆羽在《茶经》中记载:"碗,越州上,鼎州次,婺州次……"如果以此作为排名,婺瓷可列为第三。婺瓷在中国陶瓷史上独树一帜,长期处于领先地位,对宋以后的龙泉窑的兴起具有推动作用。

金华酒是产自婺江流域的东阳、义乌、金华、兰溪诸县的外销酒的统称,也称金华府酒。金华酒自唐宋以来一直声名在外,据《武林旧事》载,金华酒在南宋时期已扬名京都。在元代金华酒已成为名酒,袁枚在《随园食单》中曾有记述:金华酒,有

---

① 金华市文化广电新闻出版局编:《婺文化概要》,吉林人民出版社2006年版,第124—125页。

绍兴酒之情,无其涩,有女贞之甜,无其俗,也以陈者为佳,盖 路金华水沽之故也。据史料记载,吴越王钱镠偏安江南,年年都向五代各王朝进贡,其中的绍兴酒和金华酒就是定制的贡酒。宋代金华酒业发达,北宋熙宁年间(1068—1077)金华的酒税收已高达"三十万贯以上"。元代的金华是我国主要的产酒区之一,元人宋伯仁在《酒小史》中将金华酒排在第六位。明代冯时化在《酒史》中说:"金华酒,金华府造,近时京师嘉尚语云:'晋字金华酒,围棋左传文。'"1915 年,在美国万国商品博览会上,金华酒、金华火腿同时获得金奖。

东阳木雕来源于素有"百工之乡"的东阳。据文献记载,在唐代已具备雏形,到了宋代已经有了相当高的艺术水平,明代盛行雕刻木版印书后,东阳逐渐发展成为明代木雕工艺的著名产地。至清代,东阳木雕已闻名全国,形成了一套完整的工艺体系,品类为建筑装饰和家具陈设,当地民间出现了"十里红妆"的木雕嫁妆之风。2006 年,东阳木雕被列入第一批国家级非物质文化遗产名录。

(四)以商贸为代表的婺商文化

金华是个以农为主的地区,农耕文化突出,随着社会的发展变迁,因着历史、地理、文化的机缘,从唐宋时期起,尤其是明清以来,义乌等地货担贸易和兰溪商帮崛兴,八婺大地的工商业兴旺起来并形成相当规模,商贸文化全面兴起。水路在八婺商人开拓市场中起到极为关键的作用。金华兰溪有"六水之腰"("六水"指衢江、婺江、兰江、新安江、富春江、钱塘江)、"七省通衢"("七省"指江西、福建、江苏、安徽、湖南、广东和江西)之称,八婺大地因拥有兰江、衢江、婺江、义乌江、永康江、东阳江和武义江这些纵横交错的水路而迅速发展起来。沿水建立了许多农村集市,"有水就有市",外地商客和货物也由水路进入,金华因交通便利吸引、集聚四方来客,成为南来北往各色货物的集散地。据志书记载,从宋代开始,八婺大地的农村已形成一定规模的集市,至明万历年间,这些农村集市的范围和数量进一步扩大,估计拥有近百个。乡村集市的出现,推动了商品批发中心的形成。

金华古代的商业大抵起源于农副产品加工、手工业和陶瓷、纺织、造纸、印刷等传统产业。比如婺州窑瓷器在全国享有盛名;程姓铁匠父子三人创制出"永康刨刀",至今仍被奉为创刀祖师;婺州丝织业比较发达,婺罗等丝绸产品享有盛名;婺州造纸作坊日趋发达,上细黄白状纸已是进贡名纸;南宋时婺州已采用雕版印刷术。清朝时,在金华开办的店行有估衣店、典当行、钱庄、火腿店和布店等 30 多个,仅仅布的月销量就达 10 万匹。民国二十六年(1937)后,上海、宁波、广州、汉口和杭州等地沦陷,浙江省政府及一些工商企业迁往金华等地,金华更加热闹,货物远销云南、贵州、四川等地,一度成为浙东南繁华的都市。[①]

婺商主要是指八婺商人,旧时还包括祖籍在宁波、绍兴、江西、福建和徽州等地的商人,特别是徽商对金华旧时商贸发展起了很大作用。徽州商人在兰溪先后创办的行业有花爆、估衣、茶漆、南北货、茶食糕点、山货、地货、蜜枣加工、典当、钱庄、绸布、卷烟、酱园等32个行业。清末民初,徽州商人户数占兰溪商人总数的33.33%,资金占兰溪商户总资本的80%以上。旧时的婺商,资本来源多种多样,资本运作大致有四种:共同出资合伙经营,资本所有者授予资本委托给商人经营,自己积累一定劳动资本后开始经商,由同乡会和亲戚援助资本等。[②]

婺商文化是八婺人民在工商流通过程中所铸就的一种特殊的文化现象。婺商文化以义乌拨浪鼓文化、永康五金文化、东阳百工文化和兰溪丹药文化为代表,具有深厚的传统底蕴和鲜明的技艺性、创新性、开放性特色,并对八婺商业的形成和发展产生了重要的影响,产生了"义乌一面鼓、永康一只炉、东阳一把斧、兰溪一剂药"等具有地方特色的工商业行业。[③]婺商文化是一种相对独立的地域文化体系,瓷文化、宗教文化、名人文化、工技艺文化等逐渐形成了婺商文化,成为具有鲜明地方特色的文化体系,婺商表现出朴实勤劳、自主自强、博采众长、善学精思等文化特质。[④]婺商文化的兴起和发展,标志着金华由单纯的传统农耕文化向与商业文化共存的方向转变。

(五)以粉墙黛瓦马头墙为代表的婺派建筑文化

婺派建筑是指在金华各县市以及市域外围婺文化区内保存下来的明清大宅院式居住建筑,这些古建筑区别于当地普通民居,具有独特的风格。典型的如以武义俞源村为代表的集木雕、砖雕、石雕于一体和粉墙黛瓦马头墙的建筑风格,以浦江郑义门古建筑群和东阳卢宅为代表的家族宅院结构,以兰溪诸葛村和武义郭洞村为代表的聚落建筑布局,以八咏楼为代表的亭楼建筑,以太平天国侍王府为代表的

---

① 蒋中意:《追根溯源话婺商》,《金华日报》2006年2月25日。
② 蒋中意:《追根溯源话婺商》,《金华日报》2006年2月25日。
③ 冯涧:《婺商文化的特色与八婺商业》,《当代经济》2009年9月(下)。
④ 冀春贤、王敏杰:《甬商与温商婺商越商的比较与借鉴》,《浙江万里学院学报》2011年第5期。

府衙建筑,以武义熟溪桥为代表的桥梁建筑等。[1]这些最具金华特色的建筑统称为婺派建筑。

婺派建筑最早可以追溯到浦江上山遗址中的建筑遗迹,西周时期磐安金钩遗址中的建筑遗迹,唐代时期东阳便有婺派建筑存在,明朝时期婺派建筑进一步发展,清朝达到繁盛,修建了很多代表性的宅院,现有存量最多的主要是明清时期的民居建筑。在婺派建筑中,最经典、最常见的基本单元是由 13 间房子构成的三合院——"十三间头"。与北京四合院相比,"十三间头"建有二层,比四合院多一层,房间更多、面积更大。与徽派建筑相比,徽派建筑以屏风墙、小天井、小堂屋、小户型为特色,属于"紧凑型"住宅建筑单元,小巧玲珑,十分精致;婺派建筑以马头墙、大院落、大厅堂、大户型为特色,属于"巨宅型"住宅建筑单元,气势宏伟,精雕细刻,是比较理想、科学、合理的一种构造方式。[2]

婺派建筑受徽派建筑影响,与徽派建筑有许多相似之处,在婺派建筑中可以看到徽派建筑的影子。但是婺派建筑自成为一个独立的建筑体系,具有五大特征:马头墙、敞口厅、大院落、大户型与精装修。[3]婺派建筑是八婺民众智慧的结晶与代代传承的文化成果,"是物化了的四书五经、唐诗宋词、朱子家训,融经史子集之精华,涵琴棋书画之神韵,集八婺百工之智慧,具中国儒家形象、气质与品位,是儒家文化的产物,很礼仪,很家园,很大匠,很中国,有着不可低估的历史、文化、科学、艺术、社会和经济价值,是中国国学的活标本、活化石"[1]。

(六)以斗牛为代表的民俗文化

八婺民众在农耕生产生活过程中形成了一系列风俗生活文化,包括民俗及民众的日常生活,创造、共享、传承了民间风俗生活习惯。斗牛、舞龙灯、十八蝴蝶、踩高跷、炼火、迎大旗等是八婺民众在生产生活中形成的民间风俗,流传至今,反映了金华世代劳动人民的生活和文化娱乐方式,是金华社会文明变迁的民间映照。

金华斗牛风俗始于宋明道年间(1032—1033),清末民初尤其盛行,至今已有千

---

① 陈国灿:《婺文化的特点与定位》,《婺文化大讲堂文集》(第一辑),北京团结出版社 2014年版,第 1—6 页。
② 杜羽丰:《建筑学家洪铁城 30 年心血巨作〈中国婺派建筑〉今日出版》,浙江新闻客户端,2018 年 12 月 24 日。
③ 洪铁城:《婺派建筑五大特征》,《建筑》2018 年第 11 期。
① 洪铁城:《中国婺派建筑》,中国建筑工业出版社 2018 年版,序。

年历史。金华斗牛与西班牙的人与牛斗不同,其独特之处在于牛与牛相斗,其风情可与西班牙斗牛相媲美,被称为"东方一绝"。据《金华市志》《金华县志》记载:金华斗牛土话叫"牛相操",昔日把斗牛作为娱神活动,并与庙会相结合。相传永康人胡则在北宋仁宗明道年间为官时曾为婺、衢两州百姓奏免身丁税,乡人对他感恩戴德,他死后被尊为胡公大佛,立庙祀奉,并定时(农历八月十三日)举行斗牛以娱胡公,祈求庇护以及解除杀气。发展到后来,斗牛逐渐成为一项民间的娱乐活动。金华斗牛在农闲时进行,一般多在春秋两季进行。每年稻秧插竣"开角"(一年第一次斗牛),至次年春耕前"封角"(一年最后一次斗牛),除农事大忙或风雪相阻外,一般是一月一大斗,半月一小斗,斗满一周年,称"一案"。斗牛选择对手,须经双方主人预先商定,虽是两牛相斗,但其主人却往往因相斗而相识结交,俗称"牛亲家"。参加竞斗之牛的装束打扮都是头扎彩牌戴着金花,身披红绸插着彩旗,冠军之牛更是背挂"帅"旗领路,威风凛凛。号炮响起,预先约定的斗牛由牛主及壮士护送,从对角两座旌门入场,让两牛相对而视,顿时两牛眼红耳竖牛性大发,夹尾低头四角相架奋力争斗。两牛相斗招数颇多,有撞、挂、顶、抽、落头等。金华斗牛体现的是人对牛的感激、敬畏和庆贺,表现出喜庆与和谐,折射出中国农耕文明时期的浓郁特色。

舞龙灯是金华民间正月十五闹元宵的传统民俗文化活动。金华灯彩品目繁多,有龙灯、花灯、瓜果灯、十二生肖灯、故事人物灯等。龙灯是灯会的主灯,龙灯中最有代表性且最具金华特色的要数"桥灯"(金华、兰溪称"板凳龙",浦江称"长灯")。桥灯分"龙头"和"灯桥"两部分,灯桥往往以农家里的八仙桌长板凳为主,取材方便,每条龙一般都有百余桥(一节为一桥),长的达到数百桥甚至上千桥。桥上置灯烛,一人扛一桥连接而成,随着龙头蜿蜒而舞,蔚为壮观。正月十五元宵节晚上,准备接龙的家庭将正门大开挂上花灯,摆上香案备好酒菜,龙灯队伍一路鼓乐,各家燃放鞭炮迎接龙灯并送上红包。龙灯从龙头开始,龙身及龙尾在主人堂屋转一圈后出来。人们通过迎龙灯以示驱邪除瘟去灾祈福,祈求来年风调雨顺吉祥如意,寄托着对美好生活的向往和朴素的审美情趣。

三、婺文化的特征与价值

婺文化凝结着金华历史文化的意蕴,从中可以审视金华文化的地域特征和金华文化的独特基因,以及金华人在长期的文化选择中形成的深层的文化心理结构。

（一）婺文化的特征

区域性。婺文化分布于金衢盆地，因为自然地理环境和人的影响，形成了与其他区域有着较为明显差异的丘陵盆地文化模式。丘陵和盆地的自然地理环境，提供了不同的物质基础和气候条件，创造了不同的物质文明。金华因为雨水丰沛形成了以水稻播种为主的农业形态，因为人多地少出现了走家串户的货担和修铜补锅的手工匠等，在这个基础上产生了以传扬儒家思想为主的婺学，形成了耕读传家的农耕文明。

稳定性。因为历史的累积性，婺文化要素与婺州区域之间有较为稳固的联系。婺文化如果从上山文化开始起源，已经延续了 10000 多年，其中的人工栽培水稻技术、制陶技术和酿酒技术一直延续至今，如今的金华农村依然大面积种植水稻，酿酒和制陶的工艺在各地依旧保存。婺剧发展至今已有 500 多年的历史，仍旧活跃在乡村、城市的舞台上。金华火腿、东阳木雕等手工技艺一直传承沿袭下来并发扬光大，舞龙灯、斗牛等民俗文化在农村长盛不衰。"金华话"及各地方言没有发生明显变化，老百姓基本的饮食习惯等生活方式也大致保留。

包容性。婺州包含 8 个县，其多元性与混合性奠定了婺文化的包容性。区域内 8 个县所具有的方言、习俗、生活习性等相对稳定，又善于接纳包容外来的人员和文化。南宋时期，大批官宦人家及文人雅士进入金华，北方的生活方式及学术思想和文学、艺术等一并进入，出现了婺文化和北方文化的大融合，产生了新的思想理念和生活方式。著名词人李清照晚年旅居金华，留下了《题八咏楼》："千古风流八咏楼，江山留与后人愁。水通南国三千里，气压江城十四州。"许多佳句被广为传诵。明清时期大批徽商进入金华，他们不仅带来了资金和技术，徽戏、徽派建筑等文化艺术也随之流入，与本地戏剧和建筑风格相融糅合而成婺剧和婺派建筑。婺文化通过商贸、人口迁徙等渠道，吸纳周边多种文化中的优秀成分，博采众长、兼容众善，实现了物质文化、制度文化和思想观念的融合与升华。

（二）婺文化的价值意义

作为历史文化的婺文化，承载着金华的文明印记和人文精神，铸就了金华人的价值取向和集体人格。从万年上山文化起源而来的婺文化，承载着金华的文明印记和人文精神，积淀着八婺人民最深层的精神追求，代表着八婺人民独特的精神标识。千百年来金华人民积累和传承了深厚底蕴的文化，婺文化是金华人的根，是金华人生息繁衍的精神家园。婺文化符号如婺学、婺剧、婺瓷、婺商、婺派建筑、金华火腿、金华酒、金华斗牛、金华龙灯、金华道情、黄大仙道教文化等是具有浓厚金华特色的文明印记,记载着金华农耕文明时代的生活方式和人文特征,并逐渐形成"义利并重""农商并举"的传统人文思想,耕读传家的生活方式和古代士人的儒家人生价值观融合在一起,构成一个牢不可破的稳固传统。"耕读传家"和"工商兴家"表达了婺文化熏陶下的金华人既修道德人品又学谋生手段,读书知礼节修身养性以立高德,耕田事稼穑养家糊口以立性命,以技艺立身以商贸繁华。余秋雨先生说过,文化是一种成为习惯的精神价值和生活方式,它的最终成果是集体人格,中国人有中国人的生活方式,中国人的精神价值,中国人的集体人格。中国文化的最后成果不是一大堆书,而是一大批人。同样,婺文化具有儒学思想浓厚而普及、民俗文化稳定而繁荣、佛教文化影响长期而深远之特点,婺文化的最后成果养育了金华人民,铸就了金华人的集体人格。"婺之民也,蕴盆地之厚实而勤勉,容中枢之通达而开放;纳婺水之灵秀而聪慧,染仙山之伟岸而刚强。"[1]婺文化涵养了金华人朴实勤劳、自主自强、求真务实、崇尚正气、敢为人先、义利并重、乐观向上的精神[2],造就了金华人"忠诚守时、吃苦耐劳、信义为本、勇于权变、文化包容、盆地意识"之性格[3],凝练出"信义和美、拼搏实干、共建图强"的新时代金华精神,铸就了金华人共同的精神血脉和价值追求。

婺文化虽然是区域文化,但也是中华文化的组成部分,其间的优秀传统文化已经不仅限于八婺大地,而是超越了本区域范围,甚至具有了全国性的意义和影响。[4] 比如婺学的传播和影响,开启了中国学术思想史上崭新的篇章,成为古代"浙学"开始走向全面兴盛的标志;吕祖谦讲学的明招寺成为当时少有的影响全国的最高学府之一,金华一度成为南宋理学传播中心。吕祖谦所属家族东莱吕氏的家规家训"吕氏家规"荣登 21 世纪中央纪委监察部网站并受到高度赞誉。又比如婺剧发展到当代,其形式和内容都与时俱进不断创新变化,演出场地不仅在乡村戏

---

① 杨鸽声主编:《金华非物质文化遗产大观(上)》,线装书局 2009 年版,金华赋"代序"。

② 中共金华市委:《关于大力弘扬和践行新时代金华精神的决定》(2018 年 7 月 27 日中国共产党金华市第七届委员会第三次全体会议通过),《金华日报》2018 年 8 月 3 日。

③ 陈山有:《从人文地理角度看金华文化特点及市民性格》,《世界家苑·学术》2018 年第 11 期。

④ 陈国灿:《婺文化的特点与定位》,《婺文化大讲堂文集》(第一辑),北京团结出版社 2014 年版,第 1-6 页。

台也在城市剧场更走向了全国乃至国际舞台,多次代表国家到世界各地演出。2008年入选第二批国家级非物质文化遗产名录,2020年入选首批"浙江文化印记"名单。再比如黄大仙道教文化。黄大仙的传说在广东和港澳台等地流传甚广,东南亚国家亦不乏黄大仙的信仰者,金华作为黄大仙祖庭所在地,一直是国内外信众的朝圣之地,虔诚的信众每隔两年都会来金华朝圣。2008年"黄初平(黄大仙)传说"被列入国家级非物质文化遗产名录。丰富的婺文化遗产,通过不断的继承与创新,进一步增添了婺文化的内涵和影响力,成为金华的独有标识。

作为开放创新的婺文化,博采众长,融会贯通,焕发出生生不息蓬勃绵延的生命力。八婺区域自古以来就是贯达东西、沟通南北的重要区域,交通、信息流畅,金华人也因之得风气之先,辛勤耕耘创造出丰富的区域文化,并赋予其强劲的开放特征。历史上婺州人在文化创造的过程中,从不故步自封,而是长于吸纳、融会,善于吸收其他地方文化并融会贯通博采众长成己之锐。比如婺剧是金华本地民间曲艺与外来戏剧腔调互相融合而形成的综合性剧种;先秦时期的乌伤文化、宋元时期的婺学、明清时期的商业文化等,也是在吸收有关外来文化的基础上形成的;流传在兰溪、义乌一带的"金丝琥珀蜜枣",是徽州商人将其加工工艺从家乡带到兰溪,对兰溪乡间的大青枣进行蜜枣加工而成并推向全国市场。婺文化在学术、戏曲、技艺、生活方式等方面都有着较为突出的体现,正因为如此,婺州人才创造出丰富的地方文化。另外,婺文化通过辐射外播,对周边地区的文化甚至全国性的同质文化都产生了不小的影响,比如婺学对浙东地区乃至全国都产生了一定的影响,婺剧在周边地区都有广泛传播,金华火腿的制作技艺被全国许多地方仿效。婺商文化、戏曲文化、古建筑文化等的兴起和繁荣,既是古代江南文化多样性的反映,也是地方文化互相融合的一种折射。婺文化因其广泛吸纳而繁荣,又因其积极外播而扬名,这种吸纳与外播正是开放的典型特征,也是婺文化优秀的品质。婺文化因为具有如此强劲的开放特征而生生不息异彩纷呈。

作为传统文化的婺文化,从文化优势转化为发展优势,为金华高质量发展奠定了基础,积蓄了力量。到了近现代特别是改革开放以来,婺文化与时俱进不断传承发展,成为金华经济社会发展的深厚底蕴和坚实基础。在婺文化的孕育涵养下,兰溪国有企业文化、义乌小商品文化、永康五金文化、东阳木雕文化、横店影视文化、武义养生文化、磐安生态文化等特色文化在金华八婺大地开花结果、香飘万里,成为金华的金名片。从婺商文化延续而来的兰溪,计划经济时期国有企业独领风骚,凤凰肥皂、兰江味精、凯旋燃具、少林运动鞋等都是响当当的名字,"凤凰化工"更是上海证交所的"老八股"之一。起源于拨浪鼓文化的义乌小商品市场,在市场化浪潮中敢于拼搏、勇于创新,以小商品闯大市场,产品买卖全球,"义新欧"班列连通"一带一路",带领中国商品走向世界。东阳"百工之乡"的民间技艺造就了东阳木雕漂洋过海远销国外,为横店影视提供丰富精美的道具,"无中生有"的横店影视文化产业成为业内的龙头标兵。"来武义,我养你"的武义养生文化、"身心两安、自在磐安"的磐安生态文化、"万年上山、书画之乡"的浦江廉政文化等,金华特色文化通过产业化、市场化、集聚化、专业化的发展转化为产业发展优势,特色文化产业成为金华经济的支柱性产业,为金华经济社会发展提供了强大的物质力量和文化力量。

第三节　婺学:浙学之源

婺学又称金华学派,是宋元时期盛行于婺州(金华)地区、以发展传承儒家学术思想为主并具有婺州特色的地域性学派。婺学学术体系的后世传承一直延续到明清,在浙江乃至中国学术思想史上都具有重要地位。婺州古属浙东地区,婺学与永嘉学派同为浙东学派两大重要分支,是浙东学派先声之一,成为浙学的重要源头,金华是宋元时期浙学的核心地区。婺学倡导的经世致用、义利并举、兼容并包等思想,深刻影响了南宋以后中国的学术格局,确立了浙学的基本精神。

一、婺学的兴起与发展

一种学术思想的产生,往往是一种时代思潮的反映。婺学是在婺州特定的地域环境和宋代以来特定的社会历史条件下形成的,婺州的地域、经济、政治、历史、文化环境,对于形成富有婺州特色的学术思想具有决定性影响。[①] 一是地理环境的影响。婺州地处浙江中部,是浙东的重镇,农耕文明悠久,社会手工业经济和小商品经济一向比较发达。二是文化环境的影响。婺州自两宋以来学者辈出,讲学论道之风甚盛,学术活动特别活跃,加上当时的地方官多重视教育,一度成为全国学术思想最发达的地方。三是区位环境的影响。南宋建都临安,婺州地处京都通

---

① 徐儒宗:《婺学的地方特色》,《国际儒学研究》(第十九辑上册)国际儒学联合会专题资料汇编,第308－324页。

向西南各地的交通要道,几乎大半南宋领土与京都联系都必须经过婺州,因而这里成为文人荟萃之区。四是政治环境的影响。"靖康之变,导致北宋灭亡。宋都南移,历史便进入了南宋。南宋定都临安,中原文化随之南移。金华属浙中腹地,东北临宋都,西南接赣闽,水陆交通畅达,信息沟通快捷。而此地又聚集了一大批矢志于学、期望报效国家的文人,面对衰微的国势,面对复国的呼声,他们不得不在政治理想和社会现实面前寻求出路,于是,婺学派也就横空出世了。"①由此婺州逐渐成为学术区域化发展的一个重镇,名儒接踵而至,人文荟萃,赢得了"小邹鲁"和"东南文献之邦"的美誉。

婺学源远流长。北宋中期,在二程理学传入婺州之前,婺州即有范浚(兰溪香溪人)的香溪之学卓然崛起,其学自得于孔孟遗经,其旨与程学相合,被誉为"婺学开宗、浙学之托始"②。到了南宋,以吕祖谦、陈亮、唐仲友等为代表的婺州学人,因致力于传播两宋程朱理学而闻名遐迩蔚为大观,与当时朱熹的理学、陆九渊的心学鼎立为三,形成了婺学的第一次高峰。到宋元时期,以金华学派四位著名学者何基、王柏、金履祥、许谦("北山四先生")为代表的婺州学人,接续传承程朱理学,师门兴盛而硕儒辈出,成为宋元明初朱子学说的重要倡导者,影响了此后金华数百年的学术格局与精神气韵,形成了婺学的第二次高峰。到元末明初,被誉为明"开国文臣之首"的宋濂,以传承和振兴婺学为己任,发挥婺学经世致用的精神,成为继吕祖谦之后在元明时期婺学发展史上最耀眼的一颗明星,将婺学再次推向新的高峰。婺学在宋元明清持续了800多年,余波延续至清末、民国乃至现代。③ 婺学的发展传承历程大致可以分为三个阶段:第一阶段是以南宋吕祖谦、陈亮为代表的南宋婺学,以吕祖谦为代表的丽泽诸儒,陈亮的"事功之学"、唐仲友的"经制之学"等,是金华学派的鼎盛时期;第二阶段是以宋末元初"北山四先生"为代表的北山学派,分为宋末元初的"北山四先生"和元代至明初的"四先生"后学两部分,前后延续200余年,"北山学派"被后世尊为"朱子世嫡";第三阶段是以明清金华学派延续时间为代表的名家大儒,如明代的章懋、魏骥、程文德,清代的朱一新、张祖年、王崇炳、汤寿潜、刘焜,民国时期的何炳松、何炳棣二兄弟,早期的马克思主义理论家、宣传家施

---

① 刘成陆:《婺学人物评说》,线装书局2009年版,刘成芝"序"。
② 徐儒宗:《婺学开宗、浙学之托始》,《浙江社会科学》2014年第8期。
③ 徐儒宗:《婺学开宗、浙学之托始》,《浙江社会科学》2014年第8期。

复亮、陈望道都可视为金华学派的余波。①

婺学于南宋时期最为鼎盛,以吕祖谦、陈亮、唐仲友为典型代表。吕祖谦之学后称"吕学"或"金华学派",陈亮之学后称"永康学派",均传于后世,唐仲友之学因故失传。清中叶全祖望《宋元学案·说斋案》中说,"考当时之为经制者,无若永嘉诸子,其于东莱、同甫皆互相讨论,臭味契合。东莱尤能并包一切,而说斋独不与诸子接,孤行其教"。全祖望所称的"婺学"即指金华学派。"婺州是'浙学'的原创地,吕祖谦是'浙学'的开山。"②明初金华著名学者王袆说"吾婺学术之懿,宋南渡以还,东莱吕成公(祖谦)、龙川陈文毅公(亮)、说斋大著唐公(仲友),同时并兴。吕公以圣贤之学自任,上继道统之重;唐公之学,盖深究帝王经世之大谊;而陈公复明乎皇帝王霸之略,有志于事功者也"③。

二、婺学的主要代表人物及思想

婺学以儒家思想为主要研究对象,以发展传承儒家学术思想为重任,在阐述儒家学说诸多思想中侧重于倡导经世致用。在宋至清初婺学产生发展的历程中,出现了许多代表人物和学术思想,如范浚的"治气养心",吕祖谦的"明理躬行",陈亮的"事功之学",唐仲友的"经制之学",金履祥的"知行合一"等,在浙江乃至中国学术思想史上都具有一定的影响力。

(一)范浚之"婺学开宗"

范浚(1102—1150),字茂明,婺州(金华)兰溪香溪镇人,被誉为"婺学之开宗,浙学之托始"。范浚是两宋之际著名的理学家,其家族有"一门双柱国,十子九登科"之佳话。范浚一生不仕而闭门讲学笃志研求,学者称其为香溪先生。范俊之学"主要渊源于家学""直宗孔孟遗经""其学在道德心性方面,居然与伊洛之学相合,而其兼重经世事功,则与伊洛之学略异"④。

范浚治学多在明道修德、经世致治等方面。对道德心性之学以及修身养德之法都有较为系统的论述,讲究存心养性。他认为"心"具有本体意味,同时主张

---

① 王锟、金晓刚:《金华学派简说》,浙江新闻客户端,2021年12月23日。
② 黄灵庚主编:《浙学读本》,人民文学出版社2019年版,第2页。
③ 引自周梦江:《南宋婺学与永嘉学派》,《浙江学刊》1990年第2期。
④ 徐儒宗:《婺学开宗、浙学之托始》,《浙江社会科学》2014年第8期。

性善论、"存心养性"的修养工夫,并秉持以"人心道德"为主轴的经史观[①];继承孟子的性善论,肯定人性至善,提倡"存心尽性",认为"凡学始于存心,中于尽心,终于尽性"[②]。范浚对济世安民之道有切实可行的论述,重视民生实用,蕴含忧国爱民思想,以心性之学为基础,对事功经世与"王霸义利"进行讨论,受到朱熹的高度赞赏。范浚讲学"教以孝悌忠信之行,物理性命之学",远近负笈而至者甚众,授徒至数百人。范浚一生著作甚丰,著有《范浚集》二十二卷,于《四库总目》传于世。清乾隆十九年(1754),浙江督学使雷鋐为范香溪祠题"婺学开宗"四字匾额,《光绪兰溪县志》谓雷氏之题词"以明婺之道学由于先生,婺学之开宗,浙学之托始也"。由此可见,香溪范氏之学,不仅为婺学的特色定下了基调,而且也是"浙学"之先导。[③]

(二)吕祖谦与"金华学派"

吕祖谦(1137—1181),字伯恭,婺州(今金华巾)人,出身"东莱吕氏",学者称其"小东莱先生",是南宋重要的经学家、理学家,入孔庙配享从祀。隆兴元年(1163)举进士,复中博学宏词科,任南外宗学教授,后历任太学博士、秘书郎、国史院编修官、实录院检讨官等,曾参与重修《徽宗实录》,著有《东莱集》《历代制度详说》《东莱博议》等,并与朱熹合著《近思录》。吕祖谦的学说被称为"吕学",是当时最具影响的学派,在理学发展史上占有重要地位,与朱熹、张栻齐名,并称"东南三贤"。

吕祖谦学识渊博,思考和研究问题广泛,善于兼采众长。管敏义主编的《浙东学术史》评述说:南宋的吕祖谦,承有"不私一说""不名一师"的家风。他气度宽宏,"公平观理而撤户牖之小",力图克服各学派之间的门户之见,采取"泛观广接""未尝倚一偏、主一说"的态度。他兼取"朱学"和"陆学"之长,又吸收"永康""永嘉"事功之说,创金华学派。[④] 他在解释经典的时候,一方面注重"以理解经",注重经学、史学之间的互释与会通;另一方面也不忽视章句注疏之学的基础意义,强调兼收并

---

① 王琨、石寅:《范浚思想的心学迹象及其"婺学开宗"地位再认识》,《浙江师范大学学报》(社会科学版)2014 年第 5 期。

② 范浚:《香溪集》,中华书局 1985 年版,第 162 页。

③ 徐儒宗:《婺学之开宗、浙学之托始》,《浙江社会科学》2014 年第 8 期。

④ 浙江省武义县政协文史资料委员会:《吕祖谦与浙东明招文化》,社会科学文献出版社 2006 年版,第 293 页。

蓄,并折中当时流行的朱学、陆学、浙学三家之学,从而建构了"广博"的学术体系。[1] 吕祖谦曾力图调和朱熹理学与陆九渊心学的理论分歧,主持著名的"鹅湖之会",搭建平台让双方就各自的哲学观点展开激烈的辩论,希望双方"会归于一"。他对朱熹和陆九渊的争论持调和折中态度,既认为心是天、心是神,心的一念之发可以流金炼石、奔雷走霆,又认为理在天下,犹如气在万物。

吕祖谦为学主张明理躬行,治经史以致用,反对空谈心性。吕祖谦的学说"以性命之学起",提出要以"三德三行"立根本的学规,"三德"即"至德以道本""敏德以为行本""孝德以知道恶","三行"即"孝行以亲父母""友行以尊贤良""顺行以事师长"。但他又提倡注重实际,提倡经世致用之学的思想,在他的著作中并不是一味地空谈道德性命,也提倡治经史以致用,要求"学者当为有用之学"(《左氏东莱博议》卷5)。《两宋思想述评》中把吕祖谦的学术思想归纳为"吕祖谦之致用学说"[2],吕祖谦对于儒学研究至深,并成为一家之学,开"浙东学派"之先声。吕派学问以史为根基,又注重实用,既取朱、陆之理又汲取功利之学经世致用的要旨,既穷物理之变又知经纶之本。其务实追本的特点在后世显现出鲜活的生命力,元朝以后至明清时期,如王阳明、黄宗羲、章学诚、龚自珍等以经名世的大儒多类似于吕祖谦的学问路径,推行以经为史的学术理念。[3] 全祖望认为吕祖谦的学问既能承家学中原文献之统,又能融朱学、陆学之长,所以自成一家,"宋乾淳以后,学派分而为三:朱学也,吕学也,陆学也。三家同时,皆不甚合。朱学以格物致知,陆学以明心,吕学则兼取其长,而复以中原文献之统润色之"[4]。吕祖谦之于儒学的意义在于他以吕学为基础,开创了浙东学派,这个学派在元明清三朝作为主流意识形态中的支流一直稳健地发展。

吕祖谦一生长期从事讲学以传播儒学,从学者众多,影响力甚大。吕祖谦在金华创办了丽泽书院,以"孝悌忠信"为办学理念,倡导"性善"和"学知",学人从各地蜂拥而至,门徒遍及天下,丽泽书院成为理学人才的培养基地,为南宋理学的发展做出不小贡献。丽泽书院与同时期张栻的岳麓书院、朱熹的白鹿书院、陆九渊

---

① 姜海军:《吕祖谦的经学传承、诠释方法与思想探析》,《宋史研究论丛》2017年第2期。

② 陈钟凡:《两宋思想述评》,东方出版社1996年版,第287页。

③ 邱江宁、唐芸芝:《吕祖谦孔庙从祀论议》,《国学学刊》2014年第1期。

④ 全祖望:《同谷三先生书院记》,全祖望撰,朱铸禹汇校集注:《全祖望集汇校集注》中册,上海古籍出版社2000年版,第1046页。

的象山书院并称南宋四大书院，金华也成为当时受教育者心中最理想的求学之地。为了使门人学子学业精进，吕祖谦广邀朱熹、张栻、陆九渊、陆九龄、薛季宜、叶适、陈亮等大儒名家来书院切磋探讨学问。吕祖谦因为在发明学问、传播儒教、平衡学派以及克己奉儒等方面为儒学奉献至多，在南宋景定二年(1261)获得从祀孔庙的资格。① 朱熹在追悼吕祖谦的《东莱先生祭文》中赞道："故其讲道于家，则时雨之化；进位于朝，则鸿羽之仪；造辟陈谟，则宣公独御之对；承诏奏篇，则右尹《祈招》之诗。"

(三)陈亮与"永康学派"

陈亮(1143—1194)，字同甫，号龙川，学者称其龙川先生，婺州永康(今金华永康市)人，南宋思想家、文学家。他所开创的学术流派被称为"永康学派"，主要著作有《龙川文集》《龙川词》等。

陈亮主张义利双行，王霸并用。朱熹认为"天理""人欲"不可并存，主张"存天理、灭人欲"，强调修身养性的"性命之学"。陈亮认为"道"不是神秘的先验精神，而是存在于日常事务中，"义"要体现在"利"上，"义"和"利"双行，"王"和"霸"并用，强调功利事业的本领。朱熹认为"理在事先、道在物先"，陈亮提出"道在物中、理在事中"的观点，"夫盈宇宙者，无非物；是用之间，无非事"，"夫道非出于形气之表，而常行于事物之间者也"。② 陈亮和朱熹两人的思想主张不同甚至针锋相对，两人数次交锋进行所谓"王霸义利之辩"，一时轰动南宋思想界。陈亮据理力驳朱熹，朱熹惊叹陈亮"才太高、气太锐、论太险、迹太露"。

陈亮提倡经世致用、注重事功。事功之学是南宋时期反对理学谈论心性而强调事功的学说，永嘉学派的叶适和永康学派的陈亮为事功之学的代表人物。陈亮认为不能空谈"道德性命"，读书应求"实用"，"义利存于功利之中"，主张"因事作则"，强调从客观存在的事物中探求法则，倡导注重实际、经世济民的"事功之学"。当时的陈傅良把陈亮的思想归结为"功到成处，便是有德，事到济处，便是有理"，视事业的成功为言论的标准。陈亮的事功之学对于批判当时朱熹、陆九渊的唯心主义哲学有一定的意义，对以后颜元乃至近代魏源提倡的"实事""实功"和认识论上

---

① 邱江宁、唐芸芝：《吕祖谦孔庙从祀论议》，《国学学刊》2014 年第 1 期。
② 金华市文化广电新闻出版局编：《婺文化概要》，吉林人民出版社 2006 年版，第 3 页。

的"及之而后知"的唯物主义思想也有积极的影响。①

陈亮主张农商并重,认为农和商应该是互惠互利、互相促进的。两宋时期经商风气盛行,城市商业贸易日盛,农村"墟市"商业活动渐起,人多地少导致越来越多的人参与到商业活动中,对财富和利义的公开追求已不再是一种禁忌。商业的盛行对促进经济发展、对传统农耕社会秩序的冲击越来越大,传统的重农抑商、农本商末的思想面临挑战。陈亮鲜明地阐述了农商之间的关系,提出"商借农而立,农赖商而行,求以相补,而非求以相病"。认为商业和农业不是对立的关系而是相辅相成,应该根据实际情况正视商业的存在和发展。陈亮和陈君举、叶适等人都十分讲究实事事功,经世致用,后来被人称为"事功学派"。王阳明进一步发展了陈亮的观点,提出了"四民同道"命题:"古之四民,异业而同道。士以修治,农以具养,工以利器,商以通货,各就其资之,所近则一而已。"清朝黄宗羲继承了这种观点,发展为"工商皆本"。②

陈亮怀揣爱国之心、报国之志。他聪颖精明、才华横溢、志气宏大。据《宋史·陈亮传》记载:"生而且有光芒、为人才气超迈,喜谈兵,议论风生,下笔数千言立就。"他曾五次上书力主抗金反对投降。1169 年,他连上五书《中兴论》《论开诚之道》《论执要之道》《论励臣之道》《论正体之道》,即《中兴五论》,全面论述了中兴图强的政治和军事主张,强烈要求抗金;1178 年,在入太学期间,20 天内三次上书,抨击南宋统治者的苟安心态和投降路线,提出强烈要求变革政治、富国强兵、收复中原、重新统一祖国的政治主张,令朝臣对其提出的三条"变而通之"相顾骇言;1188年,再次冒死上书,主张把长江天险作为北伐中原、恢复失地的跳板长驱直入,因为其中的内容指陈时弊也因此惹怒了许多官僚。陈亮五次上书力陈己见,但是当时朝廷还是投降的思维占主流,故其一生的政治抱负未能实现。

陈亮一生,由青年时代单纯研究军事到壮年时代研究政治、军事,直至后期的研究政治和哲学,其思想不断成熟,渐趋完善。但不论其单纯研究军事也好,还是政治军事一道也罢,抑或政治哲学齐头并进,陈亮所研究的一切,都是围绕抗金中

① 韩永学、裴宁敏:《浙东学派学术思想综述——浙商创新学术思想根源》,浙江省社会科学重点研究基地浙江工商大学浙商研究中心专题资料汇编《浙商创新——从模仿到自主》,中国发展出版社 2008 年版,第 100 页。

② 韩永学、裴宁敏:《浙东学派学术思想综述——浙商创新学术思想根源》,浙江省社会科学重点研究基地浙江工商大学浙商研究中心专题资料汇编《浙商创新——从模仿到自主》,中国发展出版社 2008 年版,第 98 页。

兴这一大前提进行的。陈亮为此创立了南宋浙东学派中,能与程朱理学相抗衡的永康学派。① 陈亮与吕祖谦的学术思想有争议也有共识,两人在哲学思想上有本质的分歧,但在经世致用的理念上观念基本一致,在政治上志同道合,在维护南宋政权反对与金和谈上有着共同的目标与话语。吕祖谦的金华学派与陈亮的永康学派,同声相应,同气相求,共同构成婺学丰富的体系内涵。

(四)"北山四先生"与朱熹嫡传

"北山四先生"也称"金华四先生"(北山即金华山),是对宋元时期金华学派的四位理学大家——何基、王柏、金履祥、许谦的统称,因为对理学的重大贡献,四人逝后均入孔庙配享从祀。明末清初思想家黄宗羲在《宋元学案》卷八十二《北山四先生学案》中,将"何王金许"四先贤自成一派的师徒递相传授,命名为"金华学派",全祖望后续更名为"北山四先生学派",学界称"北山四先生"。"北山四先生"继吕祖谦、陈亮之后"在婺州大地高举朱学道统,传承程朱理学,形成了婺学的第二次高峰,为金华争取了朱学正宗嫡传的地位,影响了此后金华数百年的学术格局与精神气韵"②。

"北山四先生"四人是递相传授的师生关系。何基师从朱熹的大弟子、女婿黄榦,黄榦代表了正宗的朱学,朱熹的学说从此在金华生根发芽。何基开宗立派传承程朱理学并延续金华学派之风,而后何基传给王柏,王柏传给金履祥,金履祥传给许谦。"北山四先生"成为宋元时期朱学的正宗和嫡脉,以"北山四先生"为首的婺学成为最为纯粹的朱学。"北山四先生"传播朱子理学于婺州大地,开书院著书立说教化四方。"四先生以身践道的高尚品格和有教无类的教育方法,使金华成为朱学重镇,北山学派成为宋末至明初浙东学派的中流砥柱。"③

何基(1188—1268),字子恭,号北山,今金华人。终身讲学著述,隐居北山盘溪。何基是北山学派的开创者,他亲受黄榦之传且笃信朱子学说,强调朱子—黄榦一系的道统,纵论太极阴阳说、理气论及"理一分殊"说,毕生读《四书章句集注》而

---

① 吕纯儿:《陈亮:创立永康学派的南宋状元》,《金华晚报》2019年3月14日。

② 李国跃、王锟:《北山四先生:绍朱学之正统,扬婺学于千秋》,浙江新闻客户端,2022年3月24日。

③ 李国跃、王锟:《北山四先生:绍朱学之正统,扬婺学于千秋》,浙江新闻客户端,2022年3月24日。

涵养心性,终成为知行合一、学修并重的醇儒,开启了北山学派之先河。王柏(1197—1274),字会之,号鲁斋,今金华人。王柏从学于何基,是"北山学派"第二代中坚。他把朱子的"理一分殊"作为该道统的法门,批判地继承了朱子"无极而太极"的命题,并把朱子的"太极说"与邵雍的"元会运世说"创造性地结合起来,形成了一套独特的宇宙演化论,并强调了朱子的"天地生物心"及"理气合一说"。金履祥(1232—1303),字吉父,号次农,今金华兰溪人,学者称其"仁山先生"。金履祥从学于王柏,又从登何基之门,是"北山学派"第三代中坚。金履祥一生不仕,执教钓台书院、齐芳书院、丽泽书院。他系统阐发了朱子的"天地生物心"及"格物致知"说,明确提出了"知行合一"及"理之气""气之理"的命题,撰文对《四书章句集注》进行补正和阐发,促进了朱子学说的发展。许谦(1269—1337),字益之,号白云山人,今金华人。许谦从学金履祥,是"北山学派"第四代传人,隐居东阳八华山讲学。许谦读书涉猎广泛,儒家经典、天文地理、典章制度、医学术数等莫不钻研,尤其致力于探求所谓圣人之微言大义,认为应当以圣人之学为准进行学习,必须先学习圣人的思想才能够学到圣人的做人处事方法,而圣人的思想都在"四书"里,而"四书"之义备于朱熹。他发挥了朱子的"格物致知"说,疏解了《四书章句集注》,对"理""气""鬼神""太极阴阳"等有自己的感悟和独见,不轻易苟同前人之说有误者,著有《许白云集》。许谦与北方的许衡并称为"南北二许",对朱学的传播做出了很大贡献。

三、婺学的特点

婺学历经代代传承弘扬,形成了鲜明的学术特色,对后世婺文化的发展以及婺州文人学者做学问有着重要的借鉴和参考意义。"受婺州的环境、民风、习俗的影响,婺州士人在学风上形成了治学严谨、敢于批判、注重创新、提倡经世致用、崇尚事功之学等共同的地方特色。"①婺学突出的特色主要表现在以下方面。

经世致用的思想理念。婺学是婺州之学术总流派,虽然其中因为代表人物不同各自又形成一些小流派,但总体的核心理念基本一致,认为心性义理与事功实学应该相互统一,达成了经世致用的思想共识。婺学讲求实学实用,在实际的政治话语中见事功之效,体现了儒家积极济世之道。"金华学派,无论是以南宋的吕祖谦、陈亮为代表的事功实学,还是元代的北山四先生,明清的章懋、朱一新,把追求心性

---

① 徐儒宗:《婺学的地方特色》,《国际儒学研究》(第十九辑·上册),九州出版社 2012 年版,第 308—324 页。

义理与事功实学统一作为鲜明的宗旨。"[①]与程朱理学、陆王心学专重于内在的心性而讳言外在的功利、重理性而轻事功、把修养心性超越于功利之外不同，以吕祖谦、陈亮等为代表的婺州学者不是空泛地谈论"道心""天理"，而是以实学作为理论的基础，主张心性与事功并重，主张把修养心性贯穿于事功之中，旨在经世致用之学，把修养道德心性的内容包含在造就经世致用之学的内容之中。[②] 不仅如此，经世致用也是浙东学派的宗旨所在。陈亮主张"谈功利而辟性命"的事功之学，叶适也提倡要务实而不务虚，黄宗羲强调要"通今致用"，万斯同在《与从子贞一书》中说"经世之学，实儒者之要务也"[③]。

兼收并蓄求同存异的治学态度。婺学在学术上倡导广泛交流，博采众长，不私一家、不名一师的兼容并包精神。吕祖谦继承发扬了吕氏"不私一说、兼取其长"的家学之风，主张不同的学术观点之间应该通过充分交流沟通而达成共识，即使没有达成共识也应该彼此尊重、互相兼容，以利于学术水平的提高。吕祖谦反对学派之间无谓的争论，提出求同存异的治学态度，符合儒家"君子和而不同"的主张。吕祖谦与朱熹在学术思想上有分歧，但两人一起讨论编辑《近思录》。吕祖谦与湖湘张栻"在商榷中互相指正，在切磋中互相提高"[④]。他与陈亮在学术思想上也时有争议，金华学派与永康学派在哲学思想上有许多的分歧，但不影响多种思想、不同观点的传播与共存。这种求同存异的治学态度，造就了婺学内容的包容性和思想理念的多元性，可见当时婺州学术氛围的宽松豁达。

勇于创新敢于批判的精神。两宋时期儒家学术主要讨论的内容为义理、天命之学，被称为理学，又名为道学。从周敦颐、张载、二程到朱熹，理学以研究无极、太极、阴阳、五行、动静、性命、善恶等课题为要，宣扬存天理、灭人欲、"三纲五常"伦理道德，践行"修、齐、治、平"信条。婺学一方面以义理天命之学为要，阐述传承儒家学说；另一方面反对理学只是空谈道德天命，主张心性义理与事功实学相统一，义与利可以相融，提出"经世致用"的思想理念，在当时崇尚空谈道德性命的理学氛围

---

① 王锟、金晓刚：《金华学派简说》，浙江新闻客户端，2021 年 12 月 23 日。

② 徐儒宗：《婺学的地方特色》，《国际儒学研究》（第十九辑·上册），九州出版社 2012 年版，第 308 - 324 页。

③ 韩永学、裴宁敏：《浙东学派学术思想综述——浙商创新学术思想根源》，浙江省社会科学重点研究基地浙江工商大学浙商研究中心专题资料汇编《浙商创新——从模仿到自主》，中国发展出版社 2008 年版，第 94 页。

④ 朱汉民、徐艳兰：《论婺学、湖湘学的交流与共识》，《浙江社会科学》2021 年第 8 期。

里是一大思想创新。吕祖谦与朱熹多次论学,屡遭对方轻视"陆学有头无尾,婺学有尾无头,禅学首尾都无",被认为功利之心太重、不符正统,但仍然坚持"经世致用"之主张。陈亮更是与朱熹展开激烈论战,提出"道在物中、理在事中"的观点针锋相对朱熹"理在事先、道在物先"的观点,认为"功到成时,便是有德;事到济处,便是有理"①。"北山四先生"有着强烈的质疑精神,治学喜欢质疑问难,绝不轻信盲从,对儒家经典《尚书》《诗经》及朱熹的《四书集注》都提出过疑问,虽然是朱熹的嫡传弟子,但并没有墨守朱学,有继承也有批判创新,因此在思想和学术上屡有突破。

广开学院论学布道的教育方式。婺学的学者大多是著名的教育家,重视文化教育,通过开设书院、广授门徒、著书讲学、师友相传,传播儒家经典,宣传婺学思想。吕祖谦在武义明招寺讲学,在金华办丽泽书院;陈亮在永康方岩办五峰书院;金履祥在兰溪办仁山书院,至元明清历代金华地区都有不少有名的书院,这些书院和私塾为浙东培养了一大批有识之士,有些成为婺学的骨干力量。继吕祖谦创建丽泽书院后,宋、明、清三朝又出现20余所"丽泽书院",分布在浙江、湖南、山东、山西、广东、广西、甘肃等省区,创下同名书院数量的最高纪录。"明招学者,自成公(吕祖谦)下世,忠公(吕祖俭)继之,由是递传不替,其与岳麓之泽,并称克世。……明招诸生,历元至明未绝,四百年文献之所寄也……为有明开一代学绪之盛。"(《宋元学案》卷七十三《丽泽诸儒学案》)。金华一直以来都有尊师重教的传统,"北山四先生"师生相传,对师门道统极为爱重。先生学者在书院私塾学习中形成了刻苦读书、敏于探究、尊师重教的精神,一代代传承延续至今。

四、婺学的影响

婺州是宋元时期浙江学术的重镇,婺学对于"浙学"有着举足轻重的作用。范浚的学术思想,讲究存心养性,追求文道合一、经史并重,提倡笃学致用,而开浙东学派之先河,对婺州之学乃至两浙之学影响久远,成为"婺学之开宗,浙学之托始"②。南宋理学盛行,以吕祖谦为代表的金华学派和以陈亮为代表的永康学派,与以薛季宣、陈傅良、叶适为代表的永嘉学派,合称"浙东学派"。从浙东学术史的角度来看,浙东学术缘起可追溯到汉代,但真正全面兴起和走向兴盛是在宋代,尤其是南宋时期,婺学不仅成为浙东学术体系的重要组成部分,而且在许多方面也是

---

① 金华市文化广电新闻出版局编:《婺文化概要》,吉林人民出版社 2006 年版,第 3 页。
② 张宏敏:《婺学之开宗,浙学之托始》,浙江新闻客户端,2018 年 5 月 21 日。

当时浙东学术的代表。如吕学和金华朱学代表了宋元时期浙东地区的理学形态和特点，唐氏经制之学和永康之学则更是浙东事功之学的典型。即使明初以来婺学走向式微，但其学术思想和为学风格，对后世浙东学术的发展仍然产生了广泛而深远的影响。

婺州是"浙学"的原创地，婺学是"浙学"之源。历史上，金华学派和永嘉学派、永康学派并称为南宋浙东学派。吕祖谦之于儒学的深远意义在于他以吕学为基础，开创了浙东学派，这个学派在元明清三朝作为主流意识形态中的支流一直稳健地发展。[①]吕祖谦作为金华学派的大宗师，对永嘉地区的陈傅良、叶适有直接影响；以吕祖俭为代表的丽泽诸儒与宁波地区的四明心学互动密切。"北山四先生"及其后学以传承、护翼朱学为主，融合吕祖谦之学，成为元代朱子学的重镇和明初洪武、永乐儒学的主流。明代中期的章懋对阳明心学具有某种开启作用。由此可见，金华学派对永嘉、宁绍地区的学术思想影响很大。如果不重视金华学派的影响，就很难弄清楚永嘉学派、阳明心学和宁波浙东史学的来龙去脉。[②]婺学的学术与福建的朱子学、江西的陆学，以及湖湘学派成为当时最有影响的思想，不仅如此，"湖湘学的传承在张栻去世后并没有中断，而是参与到其他不同学派之中，其中有一部分与婺学合流"。"婺学与湖湘学虽然属于两个不同的地域性学派，但婺学对湖湘学继承以及后来湖湘学者从学吕祖谦，表明婺学与湖湘学的学术旨趣存在明显的相通性。"[③]

婺学源远流长、博大精深，沉淀为婺文化的底色。婺学经世致用、崇尚务实的理念，为当代金华文化建设和发展奠定了厚实的思想理论，成为金华文化和金华精神的根与魂。婺学对金华传统地域文化有着重大而深远的影响，为当代金华文化建设和发展奠定了厚实的思想理论基础。婺学代表了当时朝野社会的思想文化主流，代表了儒家文化传承中的现实要求。婺学具有深厚的儒家思想底蕴，其务实、立德、担当、博通、绩学婺学的价值意义[①]，是金华人民勤劳智慧、豁达气度以及奋斗精神的历史本源，涵养了金华人孝善信义、宽厚包容、朴实肯干、吃苦耐劳的品质，孕育了金华人崇尚求真务实、拼搏实干的价值理念，对婺州大地上婺商、婺工兴

---

①　邱江宁、唐芸芝：《吕祖谦孔庙从祀论议》，《国学学刊》2014年第1期。

②　王锟、金晓刚：《金华学派简说》，浙江新闻客户端，2021年12月23日。

③　朱汉民、徐艳兰：《论婺学、湖湘学的交流与共识》，《浙江社会科学》2021年第8期。

①　黄灵庚主编：《浙学读本》，人民文学出版社2019年版，序。

盛发达以及当代义乌小商品、永康五金的崛起有着重要的推动作用。婺学思想也渗透到人们的思想和社会生活之中。婺学倡导的为人准则和行为规范深刻影响了金华人的生活方式,通过家风、家法、家规将儒家思想传播到家族社会,使理学思想成为普通百姓的行为规范,导致八婺一带儒风盛行,成为长期影响这一地区发展的文化血脉。

婺学家强调修身养性,将儒家文化中的民本思想及对人格的尊重提升到极致。婺州学人强调"格物致知",强调"正心诚意",强调"内圣外王",崇尚务实事功。他们不尚空谈崇尚践行,追求学以致用,以至于八婺大地在宋、元、明、清间文化繁荣、教育兴盛、名人辈出,由此形成婺州地区"尊师重教""耕读传家"的良好社会风尚。婺学家强调读书须有"立志居敬"的功夫和"涵养充拓"的胸襟,主张专心苦读、学以致用,提倡问难质疑,反对轻信盲从。① 婺学家广开学院、论学布道的教育方式和敏于探究、严谨求实的学风,为金华教育发展和人才培养奠定了深厚的基础。婺学经世致用的思想对当今社会治理有重要的参考意义。2022 年 1 月 17 日,习近平主席在 2022 年世界经济论坛视频会议上发表题为《坚定信心勇毅前行,共创后疫情时代美好世界》的演讲,其中借用了吕祖谦《东莱博议》中"天下之势不盛则衰,天下之治不进则退"之句,说明天下大势此消彼长,如果不能继续强盛就会走向衰落,国家治理不进则退,如果不能继续前进就会走向倒退,为如何战胜新冠疫情和建设疫后世界指引了前行方向。②

---

① 刘成陆:《婺学人物评说》,线装书局 2009 年版,刘成芝"序"第 1 页。
② 杨立新:《如何战胜疫情、建设疫后世界? 习近平"典"明方向》,人民网,http://politics.people.com.cn/n1/2022/0121/c1001-32336753.html,2022 年 1 月 21 日。

第二章 婺文化传承

"中华文明延续着我们国家和民族的精神血脉,既需要薪火相传、代代守护,也需要与时俱进、推陈出新。要加强对中华优秀传统文化的挖掘和阐发,使中华民族最基本的文化基因与当代文化相适应、与现代社会相协调,把跨越时空、超越国界、富有永恒魅力、具有当代价值的文化精神弘扬起来。要推动中华文明创造性转化、创新性发展,激活其生命力,让中华文明同各国人民创造的多彩文明一道,为人类提供正确精神指引。"[1]金华婺文化是中华优秀传统文化的组成部分,自上山文化开启金华文明史以来,万年历史孕育了生生不息、独具魅力的金华文化。悠久厚重的传统历史文化经历创造性转化和创新性发展而传承不断,滋养涵育着八婺大地,形成金华独特的城市品牌。

第一节 千古风流"信义金华"

南宋著名词人李清照在旅居金华期间写下了许多赞誉金华的诗句,其中"千古风流八咏楼"成为金华的绝佳写照。"八咏楼"建于南朝时期,原名元畅楼,宋太宗至道年间更名八咏楼,是金华古城的地标。"千古风流"原意指风雅之事久远流传,在此诗句中意指金华历史悠久长远,金华文化丰富灿烂。厚重的婺文化中,信义是婺文化的精髓和特质,是金华人世代相袭的价值追求和精神信仰,"信义之邦、礼仪之城"是金华城市文化的基石。

---

① 习近平:《在哲学社会科学工作座谈会上的讲话》(2016 年 5 月 17 日),《人民日报》2016年 5 月 19 日。

一、"信义"的内涵

"仁义礼智信"是两千多年来影响中国社会至深的基本道德。汉贾谊《新书卷八道德说》云："道者,道之本也;仁者,德之出也;义者,德之理也;忠者,德之厚也;信者,德之固也。""信""义"居其中之二。"信"的本意是"人言为信",是诚心实意、言行一致、说话算数的意思。现代意义上对"信"的简单理解是诚实守信,进一步分析其含义包含三种词义:一是信用,信的价值即应用;二是信义,信的道理;三是信誉,信的荣誉。"义"繁体字为"義",由"羊"与"我"构成,"我"是兵器,又表仪仗,而仪仗是一种信仰;"羊"表祭牲,也就是愿意为了信仰而做出牺牲之意,后来"义"演化成与羞恶有关的德行,孟子曰"羞恶之心,义之端也",意为坚持道义去恶扬善。"信义"在当代社会发展语境下,指的是无论是个体的人还是社会,应该做到有信仰、讲信义、守信用、正直道义、去恶扬善。

信义是婺文化的精髓和特质。南宋时期,吕祖谦极力主张"蓄其德",提出"见害而先谓之义,见利而后谓之廉"。陈亮的事功学说推崇"义利并举、以义为先",提出"天布大信"。以范浚、吕祖谦、陈亮、宋廉、金履祥、许谦等为代表的婺学,发扬光大了儒学的信义思想,强调明理躬行、事功务实、和谐包容、本末并举、义利双行,形成了金华人特有的"既已信奉,便当义无反顾"的信义特质。婺文化及八婺子孙,秉承着先人圣贤的教诲,以信义为立身置业的根本,成为自觉的道德行为。被誉为"江南第一家"的浦江郑义门,以孝义传家900年,15代同居,173人为官不贪,孝义、诚信是郑义门之所以成为"江南第一家"的内在文化基因;兰溪八卦村诸葛亮后裔,牢记祖先《诫子书》训诫,"不为良相,即为良医",把信义视为生命;金华火腿起源的宗泽和"八字军"能征善战、精忠报国,家乡父老不离不弃、历经千山万水倾力支持,表现了金华人重情重义、爱憎分明的特性;邢公为民请愿、舍身一抱,赢得免税三年,造福家乡百姓,表现了金华人仗义执言、以民为本的本性。冯雪峰、陈望道、邵飘萍等一大批先烈为革命信仰抛头颅洒热血,是近代忠义之士;拾荒老人五里亭夫妇收养弃婴,军人孟祥斌舍身救人,交警吴连表以身殉职,老妇人张凤英默默偿还儿子生前欠债,他们是当代金华信义的楷模。代代相传的信义精神,镌刻着金华深厚的历史文化足迹,形成了金华人勤奋善良、乐于助人、忠诚信义的品格。

二、"信义金华"建设的背景与意义

"信义金华"建设直接的缘由是为了推进全国文明城市建设,也基于培育和践行社会主义核心价值观、传承弘扬八婺文化、推进经济社会文化发展等方面的考虑。2015年金华市委、市政府作出"信义金华"建设的决定,提出以"信义金华"推进文明城市创建工作,把"信义金华"打造成为文明城市的金字招牌。根据"信义金华"的丰富内涵与文明城市创建的要求,结合当地社会发展的现实特征,金华市委、市政府对"信义金华"建设加以规划和部署。一是合力打响"信义金华"品牌,将"信义金华"打造成为精神家园、城市气质、市场准则和旅游城市形象,使信义文化成为时代风尚。二是强化社会实践体验,推进政务诚信建设、社会诚信建设和司法公信建设,以家风带民风、以民风带社风、以社风促政风,让信义文化成为共同自觉。三是强化制度体系建设,建立健全覆盖全社会的征信系统,建立守信激励制度和失信惩戒制度,使信义文化成为刚性约束。① "信义金华"建设对于金华城市的发展具有重大的意义。

(一)"信义金华"建设是金华文明城市的金名片

一个健全的社会离不开诚信,信义是立业之本,人无信不立,商无信不誉,市无信不兴,企业无信不昌。"信义金华"建设就是要在当代传承弘扬婺文化的特质,倡导宣扬信义文化,使整个社会养成有信仰、讲信义、守信用、正直道义、去恶扬善的习惯和氛围,传承信义文化、弘扬信义精神、遵守信义规矩,让信义成为老百姓的精神家园,把"信义金华"打造成为金华的金名片。"信义金华"建设涵盖政府、社会、市民等各个层面,关系到政治、经济、文化、社会等各个领域。在政治建设方面,着力塑造诚信政府,建设"廉洁高效、务实诚信"的信义政府,做到信守法律的承诺,合理地履行职责,公平地对待公民,以此获得老百姓对政府的信任和对权威的服从。在经济建设方面,着力建设信用市场,以诚实信用原则规制市场主体和市场行为,将诚信融入市场建设、监督、管理等全过程,推崇"信义至上、利从义生""诚招天下客,誉从信中来"的市场理念,营造公平竞争的市场环境,建立健全市场诚信体系,不断提升市场信用水平。在社会建设方面,着力构建诚信社会,大力推进诚信政

---

① 《徐加爱书记在"信义金华"建设动员会暨全国文明城市创建推进会上的讲话摘要》,《金华宣传信息》2015年第15期。

府、司法公信建设,建立健全覆盖全社会的征信系统,形成守信激励、失信惩戒的机制,营造重承诺、守信义、以诚立业、以信取人的社会氛围,让守信者处处受益,让失信者处处受限,建设一个有信有义、互帮互爱的社会。在文化建设方面,着力弘扬信义精神,以社会主义核心价值观为指引,把信义文化融入群众生活的方方面面,内化于心外化于行,增强全市人民的信义意识、信义观念和信义自觉;深入挖掘信义精神的丰富内涵、历史渊源、现实基础和道义力量,广泛开展"八婺好家风"、"最美人物"、道德模范评选等活动,传递正能量,倡导新风尚,增强信义文化的渗透力,强化信义规矩的约束力。

(二)"信义金华"建设是大力培育和践行社会主义核心价值观的重要载体

"信义"是一个人安身立命的根本,是人们对精神层面和展现自我价值的强烈需求,是一个国家巩固发展的基础,是社会和谐有序的稳定器。信义是社会主义核心价值观的重要内容,社会主义核心价值观从国家、社会、公民三个层面提出了价值目标、价值追求、价值规范,爱国、敬业、诚信、友善是在个人层面的价值目标、追求和规范。信义是中华民族的传统美德,信义既是私德也是公德,既是个人道德也是社会价值。孔子说:"人而无信,不知其可。"《中庸》云:"惟天下至诚,为能尽其性;能尽其性,则能尽人之性;能尽人性,则能尽物之性;能尽物之性,则可以赞天地之化育;可以赞天地之化育,则可以与天地参矣。""信义金华"建设是创建全国文明城市的有效抓手,通过"信义金华"建设,让信义文化深入人心,让信义成为金华人为人处世的基本准则和社会风尚,成为金华城市的品质和品牌。

(三)"信义金华"建设是市场经济的试金石

信义是现代契约精神的核心基石,信义的本质是诚信守诺,体现了对法律和道德底线的共同坚守,与法治精神相契合。从经济学层面解释,"信"是指委托人给予代理人充分的信任,"义"是指代理人对委托人的忠诚,委托、代理双方互相信任忠诚,是市场经济发展的道德基础。市场行为要遵循"道义"原则,"信义至上、利从义生","据义求利真君子,散财取义大丈夫",没有诚信原则就没有市场经济秩序,就没有市场经济效率,也就没有市场经济的生命力。金华是市场大市和网络经济强市,无论是实体市场还是虚拟市场,诚信都是安身立命、发展壮大的根本。2014年7月,金华市委六届七次全体(扩大)会议暨市政府六届八次全体会议上提出"要增强'实事惠民'的合力,加强信义金华建设,进一步保障和改善民生,促进社会和谐稳定,着力提升社会治理水平"。2015年2月,金华《政府工作报告》中提出要"推进信义金华建设,倡导契约精神,弘扬公序良俗,构建以企业信用为重点的社会诚信体系"。"信义金华"建设成为金华经济社会发展的助推器。

(四)"信义金华"是文明城市建设的核心和灵魂

一个城市既有物质的载体又有精神的寄托,有特色、有品位、精致美化的现代文明城市是金华的物质载体,信义是金华城市的精神寄托。文明城市建设,既是物质的也是精神的,既是经济的也是文化的,既是自然的也是人文的,其中精神、文化、人文是城市的核心和灵魂,信义就是金华城市的精神、文化、人文之和,是金华城市繁荣发展的根本。一个城市如果市民有信仰、社会有信用、政府讲诚信,就能够持续有序地发展。金华已经被授予国家历史文化名城、国家卫生城市、中国优秀旅游城市、全国双拥模范城、全国科技进步先进城市、全国十佳宜居城市等许多荣誉称号,"信义金华"是金华自觉而为之实现的称号,是金华无上的荣誉。在2014年精品城市建设暨大气污染防治工作推进会上,金华市委、市政府提出通过三年努力,基本达到"环境宜居宜游、社会秩序井然、市民行为文明、形象开放大气、产业产品高端"的目标,以此打响"千古风流,信义金华"的城市品牌。2015年在全国文明城市创建推进会上,市委提出把"信义金华"打造成为文明城市的金字招牌。通过"信义金华"建设,宣扬了信义文化,培植了信义精神,遵守了信义规矩。通过"信义金华"建设让诚实、守信、正直、道义成为市民的信念,成为市场的规范,成为政府的规矩,让信义成为城市的核心和灵魂,成为老百姓的精神家园。

三、"信义金华"建设的问题与路径优化

在"信义金华"建设初始,市委、市政府高度重视,相关部门采取了一系列措施,设计了许多载体,组织了许多活动,全市掀起了信义建设热潮。但要真正达到建设的目标,还面临着许多困难和问题。

一是信义内涵挖掘不足。当下对于信义内涵的挖掘,侧重于文化领域,侧重于精神文明建设,其他政治、经济、社会领域挖掘不足。信义涉及金华建设的各个领域,其内涵也随着经济社会的发展而发生变化。在当代,政府和官员应该遵守的信义内涵是什么?市场、企业、商人应该怎样守信?社会和市民的信义要求和规范是什么?如何实践?对于这些内容还比较模糊,只是一般的文化解释,缺乏深层的解

读和构建,缺少与时俱进的新意,难以抓住老百姓的眼球并成为焦点。

二是市民自觉参与的意识与热情不够。"信义金华"建设由政府主导,宣传文化部门是主力,全体市民是主体。前期还处于政府部门主导和推动阶段,市民被要求参与,整个社会还没有形成人人主动参与、自觉参与的氛围。政府推动的力度还不足,没有抓"五水共治""三改一拆"那样强有力的具体措施和全民参与的氛围,缺少必要的政策配套和经费投入,仅依靠宣传文化部门的倡导,进展比较缓慢。市民还没有形成自觉的信义意识,参与热情不足。

三是全社会共同参与的载体不多。信义建设最终落实在践行,需要设计多种多样的活动载体和搭建各种各样的平台。宣传和文化部门已经搭建了不少平台,组织了一些活动,产生了较好的影响,但是热度和效果明显不够,影响范围比较窄,参与人数不多。要探索设计出更多的让全社会共同参与的活动和载体,让金华的各行各业、每个人都参与其中,真正做到横向到边、纵向到底。

"信义金华"建设具有大众性、文化性和实践性,需要发挥人民群众参与的积极性和主动性,以信义文化滋养涵育人民群众,在实践中探索创新模式与有效路径。

第一,强化共识,激发全社会的参与热情。一是加强宣传,创造良好环境,让信义的气氛无处不在,让人们相信信义,推动信义观念浸润人心。二是把信义文化融入群众生活的方方面面,体现到市民公约、村规民约、学生守则、行业规范之中,增强全市人民的诚信意识、诚信观念和诚信自觉。三是推进信义建设更大众化,更接地气,使信义充满街头巷尾,让信义成为老百姓的生活必备。

第二,深挖内涵,弘扬"信义金华"的时代精神。一是深入挖掘"信义金华"的文化内涵,让信义成为一种文化、一种观念、一种行为,充分挖掘信义的行为内涵,激发人们对金华历史的记忆,了解金华的信义文化、信义人物和信义事件,使信义的内涵既具有历史记忆,又具有时代特征。二是深入挖掘"信义精神"的丰富内涵、历史渊源、现实基础和道义力量,把"信义精神"融入教书育人、建设用好文化礼堂、创建全国文明城市等活动之中。三是注重"信义金华"的理念识别、行为识别、视觉识别的建设,既要传承历史,更要创新拓展。

第三,创新载体,深入开展主题实践活动。一是开展"信义金华"核心词征集活动,提炼出几个简洁精要、通俗易懂、朗朗上口的核心词,广为宣传,深入人心。二是开展"信义金华人"主题实践活动,探索信义践行模式,开展"信义志愿者在行动"活动,让信义成为每个金华人的自觉行动。三是开展信义评比活动,在全社会开展信义人和信义事的评选活动,开展"八婺好家风"、"最美人物"、道德模范评选等活动,大力宣传八婺大地涌现的"感动中国""浙江骄傲"人物,积极传递正能量,大力倡导新风尚。

第四,转化资源,促进文化资源和产业发展相结合。一是促进信义文化与工业相结合,把信义文化植入地方产业发展的各个环节,把"信义金华"的标识打在企业产品包装上,印在城市建筑显眼处,使历史经典产业更具浓郁的文化气息。二是促进信义文化与旅游业相结合,在各大旅游景点、景区、各种公共场合进行信义文化宣传,使文化旅游业更具地方特色,增强吸引力。三是促进信义文化与城市建设相结合,进行以信义为内核的城市形象建设,设计制作"信义金华"标识系统,设计制作系列公益广告,建设信义文化主题休闲广场、信义文化主题休闲公园、信义林、信义墙,建设金华信义人物纪念馆、陈列馆,塑造好"信义金华"的城市形象,打造金华城市特有的气质和品牌。

第五,建立长效机制,推进"信义金华"建设常态化。一是搞好顶层设计和规划,出台有关条例措施,制定规划,分步实施,营造良好的环境,保障"信义金华"建设持续有效开展下去。二是树好政府标杆,政府带头讲信义是"信义金华"建设的关键,老百姓对政府的信任和对权威的服从,来自政府信守法律的承诺和合理地履行职责,以及公平地对待公民。三是立好信义规矩,牢固树立诚信无价的理念,把信义有效融入行政、市场、司法活动中,大力推进诚信政府、司法公信建设,把信义建设和精神文明创建、市民公约、百姓日常生活等紧密联系在一起,建立健全覆盖全社会的征信系统。

四、"信义金华"建设的成效与特色

(一)以社会主义核心价值观为指引,弘扬新时代金华精神,打响"信义金华"文化品牌,使信义文化成为时代风尚

1.聚焦文化传承,以社会主义核心价值观为指引,弘扬新时代金华精神,将"信义金华"打造成为城市精神

1993年,金华提炼了"自信自强、负重拼搏、创新创业、奋力争先"的金华精神,激荡起全市上下投身改革发展的热潮,有力促进了全市经济快速发展和社会全面进步。进入新时代的金华以一种新的城市精神,为金华在新时代发展铸魂、聚力、引路。2018年7月,市委通过了《中共金华市委关于大力弘扬和践行新时代金华精神的决定》,提出"信义和美、拼搏实干、共建图强"的"新时代金华精

神"。"信义"即诚信、重义,是金华人民一直坚守的精神品质,体现了金华"既已信奉,便当义无反顾"的人文历史和素有特质;"和美"即和谐、美丽,是金华人民孜孜以求的未来图景;"拼搏"即敢闯敢拼、敢为人先;"实干"即求真务实、担当干事;"共建"即齐心协力、共同建设;"图强"即励精图治、奋勇争先。"新时代金华精神"凝聚了金华人民的思想、精神、文化、历史共识,彰显了金华大力倡导的价值取向和目标追求,是社会主义核心价值体系在金华的具体体现。弘扬"新时代金华精神",是金华践行社会主义核心价值观的具体举措。"新时代金华精神"使信义成为金华的文化坐标和精神皈依,成为凝聚一方民众的精神纽带,成为全市上下的共同追求。

2.聚焦道德高地,挖掘"信义金华"的好故事,让"信义能量"在社会广为传播,将"信义金华"打造成为城市气质

一是加深对八婺文化"以义为先、崇尚道德"核心和精髓的理解,讲好当代金华信义好故事。开展"信义金华·最美人物"、道德模范评选等活动,截至2021年底,金华相继涌现出5位"感动中国"人物、15位"浙江骄傲"人物、4位全国道德模范、29人获评"中国好人"、229人获评"浙江好人",并且一大批成为最美金华人物,"好人频出"成为金华打造精神文明新高地的一道亮丽的风景,生动诠释了这座城市的内涵。打造"信义金华·德耀八婺"公民道德品牌、未成年人思想道德品牌、"信义金华"信用品牌等更多具有金华辨识度的特色品牌,使信义成为金华城市的特有气质。二是实施"八婺好家风"建设工程和"美丽家庭"创建工程。以兰溪市诸葛村少年儿童传唱《诫子书》为范例,实施优秀家训家规传承工程;以浦江郑义门168条家规为先声,实施"八婺好家训"传扬工程;以共产党员为表率带动城乡居民群众,实施"八婺好家风"践行工程;开展"村规到村""家训入户""晒家风、弘美德、承家训、促和谐"等形式多样的活动,挖掘、研究、编立、展陈、传承、传扬、践行家训家规,形成一批"慈孝""信义""善美""忠厚""清廉""勤俭""和善""孝义"的家风品牌[①],以好家风促进好政风好民风,推动社会主义核心价值观在广大家庭中落地生根,为建设"信义金华"提供良好的社会环境与精神支撑。

3.聚焦旅游开发,将"信义金华"打造成为旅游新干线

把八婺深厚文化底蕴植入旅游业,全力打响"千古风流婺州城、大仙圣地金华

---

① 杨振华、许乾虎、刘小红、王莹:《"信义金华"系列报道⑧|八婺好家风凝聚信义力量》,浙江新闻网,2015年7月8日。

山、东方影都横莱坞、购物天堂大市场、休闲养生浙中行"等五大品牌,着力塑造"千古风流、信义金华"的旅游城市形象。比如,首创"海外名校学子走进金华古村落"外事旅游项目①,2021年分别在金东区澧浦镇琐园村和金华开发区汤溪镇寺平村两个古村落举办,招募海外名校学生入住金华古村落,第一期有来自14个国家的64名海外名校学生报名参加,第二期有来自12个国家的37名海外名校学子参与。此活动开创"家+"民宿新模式让学生进行全方位体验,推动金华旅游国际化,将古村落打造成本土文化元素鲜明、生态环境一流的"洋住家"型国际休闲养生度假示范村,将金华故事讲给世界听,让世界了解金华。比如,推进文旅融合,发挥横店影视文化产业基地效应,以5A旅游景区横店影视城为龙头,发展横店影视文化旅游产业,2020年旅游收入超200亿元,累计接待游客近2000万人次,并且辐射带动了周边乡镇及其他县市的影视旅游产业发展。比如,发展红色旅游,开发陈望道故居——义乌市分水塘村《共产党宣言》首译地等特色旅游,打造"真理味道、信仰之源"红色文化长廊。

据金华市文化广电旅游局2020年统计,在旅游经济规模方面,全市共接待游客11816.59万人次,实现旅游收入1298.6亿元;在文旅项目投资方面,全市共有在建文化和旅游项目254个,总投资1853.37亿元;在旅游经营主体方面,全市旅行社接待国内游客59.98万人次,全市酒店总数3686家,客房数量13.9万间,床位数22.2万张,床位出租率46.75%,酒店主要集中在市区约722家、东阳约842家、义乌约582家,全市A级景区接待游客4152.2万人次,实现门票收入4.4亿元;在乡村旅游方面,全市完成创建A级景区村庄552个,全市共计接待乡村旅游游客3419.9万人次,实现乡村旅游收入21.8亿元。②

(二)探索信义践行模式,以诚信政府建设为先导,全面推进诚信建设

1.探索信义践行模式

成立由市长任组长的"信用金华"建设领导小组,成立示范创建工作专班,建立

---

① 金华市外事办:《首创"海外名校学子走进金华古村落"项目》,金华市政府网站,http://swb.jinhua.gov.cn/art/2021/2/24/art_1229168187_52114098.html,2021年2月24日。

② 金华市文化广电旅游局:《金华市2020年旅游业基本情况》,金华双龙风景旅游区管委会网站,http://jhsgwh.jinhua.gov.cn/art/2021/6/8/art_1229535990_3849193.html,2021年3月2日。

健全工作协同机制和督查考核机制,将创建工作纳入各地各部门的年度目标考核内容。制定实施《金华市社会信用体系建设"十三五"规划》《金华市"十四五"社会信用体系建设规划》《金华市创建第三批全国社会信用体系建设示范区工作方案》等配套制度,推动信用建设工作有章可依、有序进行。加大对"信用金华"建设的资金投入,为全市社会信用体系建设夯实基础。探索"1+6"信义践行模式,"1"即在全社会广泛开展"建设'信义金华',创建全国文明城市"主题实践活动,"6"即在机关开展"信义机关天天在你身边"活动、在企业开展"信义企业、金牌产品"活动、在学校开展"信义从我做起"活动、在服务行业(窗口单位)开展以诚信联盟体系建设为重点的"诚信服务天天3·15"活动、在农村(社区)开展"信义社区争先、信义家庭创先"活动、在新居民(外来者)中开展"我为'信义金华'添光彩"活动。不断推出"信义+"创新应用,"信义金""信义贷""信义居""信义地"等应用产品和模式广泛运用,推动信用在融资贷款、物业服务、项目管理等领域深度渗透,启动县(市、区)创新应用赛拼机制,打造"一县一场景"信用创新应用品牌。

2.以诚信政府建设全面推进诚信建设

一是以"四张清单一张网"建设撬动政府改革。根据国务院、浙江省关于"推进简政放权放管结合优化服务工作"的通知,出台《2016年金华市深化"四张清单一张网"改革推进简政放权放管结合优化服务工作要点》,从不同的方面和角度规范政府的履职行为,把转变政府职能的任务落到实处。理清"政府权力清单"防止行政主体"乱作为",做到"法无授权不可为";理清"政府责任清单"防止行政主体"不作为",做到"法定职责必须为";理清"企业投资项目负面清单",做到"法无禁止即可为";搭建"政务服务网","晒"出清单接受社会监督,倒逼政府加快自身改革。"四张清单一张网"从限制政府权力、赋予市场自由、减少微观干预、打造阳光政务、强化政府责任等5个维度,搭建诚信政府全面履行职能的制度架构。二是通过以简政放权放管结合为重点的政务诚信建设,深化商事制度和行政审批制度改革,严格规范行政自由裁量权,破除审批"当关"、公章"旅行"、公文"长征"等乱象,树立诚信政府的良好形象。深入推进"阳光办案""阳光执法",加大对残疾人、老年人、妇女儿童、农民工等弱势群体和对农民工讨薪、工伤索赔等事关百姓切身利益案件的法律援助力度,切实保障弱势群体的合法权益,让人民群众在每一件司法案件中都能感受到公平正义。三是组织开展"信义金华"主题实践活动,把诚信的要求融入市民公约、乡规民约、学生守则、行业规范之中,加大诚信建设在文明城市、文明村镇、文明单位测评中的权重,着力打造信用城市、信用村镇、信用单位、大力弘扬优良家风,将社会主义核心价值观融入现代家风家教的培育上,发挥以家风带民风、以民风带社风、以社风促政风的积极作用,增强全市人民的诚信意识和诚信观念。[①]

(三)建立健全市场诚信体系,构建以信用为核心的新型市场监管体系,不断提升市场信用水平

1.建设市场诚信体系

金华市政府出台了《关于进一步推进企业信用体系建设的实施意见》《金华市企业信用信息归集应用管理办法(试行)》《金华市社会信用体系建设"十三五"规划》等系列意见办法,将"信义金华"融入市场建设、监督、管理全过程,大力开展国家级诚信市场、星级文明规范市场和文明示范农贸市场等创建活动,并与推进依法治市紧密结合起来,从工商、税务、融资担保、安全生产、产品质量、环境保护、食品药品等事关群众日常生产生活的重点领域开始,分步推进协调发展。2015年3月,义乌市启动了"我诚信,我吉祥"工程,推动诚信建设制度化、常态化,把义乌打造成名副其实的"诚信之都""信用之都"。义乌市场靠着"守合同、重信用"这块金字招牌,30多年屹立不倒而且越办越红火,率先成为社会信用体系建设全国试点示范城市。东阳市依托省公共信用信息服务平台,在行政管理中实施信息记录和信用报告核查,实现守信激励和失信惩戒,企业信用、农村信用体系建设取得良好效果。2015年,金华市政府出台《关于进一步推进企业信用体系建设的实施意见》,明确了金华市企业信用体系建设的总体目标、基本原则和重点工作,标志着作为市场经济基石的"信用"建设已有章可循。诚信是建设法治社会和维系市场秩序的基石,义乌小商品市场、东阳建筑、永康五金、磐安药材、武义温泉等迅猛发展的历程,生动诠释了市场诚信体系建设的金华内涵。

2.建立以信用为基础的新型监管机制

一是落实《国务院办公厅关于加快推进社会信用体系建设构建以信用为基础的新型监管机制的指导意见》,全面推动社会信用体系建设。2019年,金华创新推出减证便民的"无证明城市"改革,规定政府机关、公共事业单位、服务机构不得要求群众和企业提供由第三方权威部门出具的任何形式的证明材料,推动"减证便

---

① 吴炜、宁可:《金华全面推动社会信用体系建设 打造"信义和美之城"》,浙江新闻客户端,2021年12月22日。

民"向"无证利民"转变,取消证明事项 2001 项。2021 年,金华在全省率先打造极简急速审批办事模式,持续深化"无证明城市"改革,全面推行证明事项和涉企经营许可事项告知承诺制,为企业和群众办事带来更大的便利,通过告知承诺等信用管理手段取消证明 613 项,为办事群众取消证明 107.1 万个。二是形成信用承诺闭环管理,2021 年归集各类信用承诺书 144.9 万余份,在"信用金华"门户网站公开并接受社会监督,将虚假承诺信息纳入公共信用信息平台,形成事前承诺替代、事中履约情况监管、事后失信惩戒的业务闭环。三是探索公共信用评价和行业信用评价融合,在全省统一公共信用综合评价基础上,根据行业特点和地方特色,在房地产中介、工程建设、出租巡游汽车、气象防雷、审批中介等领域建立行业信用评价体系。四是通过行业信用评价、建设行业信用监管平台、推进分级分类监管等一系列措施,建立以信用为基础的新型监管机制。五是搭建行业信用监管平台,统一归集企业公共信用评价和行业信用评价结果,多维度科学绘制企业信用状况,根据信用状况开展研判分析和风险预警,将公共信用评价结果和行业信用评价结果对接统一执法平台,根据不同信用等级采取差异化监管措施,对不同风险等级、信用状况的企业设置不同抽查比例、频次,降低守信企业抽查频率,提高失信企业抽查频次。[①]

3. 建立守信激励和失信惩戒制度

金华市相继出台《金华市工程建设领域招标投标活动诚信"红名单"、"黑名单"管理办法(试行)》《金华市企业信用联合奖惩实施细则(试行)》等一系列相关领域的信用监管制度和规范制度,对市场主体和行为的守信、失信进行规范。建立守信激励制度,对信用良好的企业和个人,在行政审批、资格认定、市场准入和公共服务等方面给予优待政策;开展诚信示范企业创建工作和信用单位、个人的评选工作,定期表彰一批诚信先进典范,使守信者处处受益,形成诚实守信的正向激励。研究制定社会法人和自然人失信惩戒办法,建立企业和个人的"黑名单""红黑榜"发布制度,按照失信类别和程度,综合运用行政、司法、市场和社会等手段予以限制和惩戒,实现"一处失信,处处受限"的局面。自 2014 年建立失信被执行人名单制度以来,截至 2020 年,全市两级法院共将 154430 人列入失信被执行人名单,已有 14022 名失信被执行人履行义务。

---

① 陈浩洋:《"信义金华"成高质量发展新引擎》,《金华日报》2021 年 10 月 14 日。

(四)搭建公共信用信息平台,创新信用惠民模式,全面升级社会信用体系

1.搭建公共信用信息平台

社会信用体系的运行需要对信用信息进行收集和使用,金华市建立健全信息交换共享机制,持续推动公共信用数字化建设,"信义金华"成高质量发展新引擎。[1] 已建立信用信息记录、归集、处理制度和信息修复、异议处理等保障制度,保障信息安全。制定出台《金华市信用信息归集目录清单》,扩大数据归集范围,提高数据质量,夯实市公共信用数据库,实现信用信息的全归集、全覆盖,着力破除"信息孤岛"。在此基础上,金华市完成县市一体化的公共信用信息平台提升改造,结合数字政府建设,升级建成信用记录报告应用、"信义金"评价、信用承诺、行业信用监管等核心应用。各县(市、区)政府服务大厅全部接入信用信息共享平台,并在信用网站、市民卡 App、市行政服务中心 24 小时自助服务区开通信用报告自助打印服务,为社会各界查询信用信息提供便利,将包含公共资源交易、不动产登记、公积金等 38 个业务系统与信用系统进行嵌入式对接。在行政审批、公共资源交易等领域全面开展信用核查,截至 2021 年上半年已为各地各部门在社保费返还、道德模范评选等事项提供 105 万余次批量核查服务,已实现信用协同应用 571 万次,涉及356 类事项。依托公共信用信息平台,金华市出台《行政管理和公共服务事项信用信息核查目录清单》,制定完善"对象清单、部门清单、措施清单、事项清单"相互映射的联合奖惩核查清单,在政府采购、资金奖补、评优评先、行政审批等领域构建信用联合奖惩大格局。[2]

2.创新信用惠民体系

以"八婺好家风"信用贷等为主要活动载体,以"信义金"城市礼遇为抓手,金华市全力构建广覆盖、多层次的信用惠民体系。2017 年以来,金华推出"好家风信用贷"专项贷款试点,"文明家庭""道德模范""身边好人"等无须抵押担保,就可以获得额度最高 50 万元的信用贷款,有效地缓解了金华居民特别是农村居民因为无抵押物融资抵押担保难的问题。人民银行金华市中心支行引导金融机构优先将文明户推荐到"信用户"的评选中,并将"文明家庭"占比高的村镇优先推荐申报省、市级

---

① 陈浩洋:《"信义金华"成高质量发展新引擎》,《金华日报》2021 年 10 月 14 日。

② 陈浩洋:《"信义金华"成高质量发展新引擎》,《金华日报》2021 年 10 月 14 日。

信用村(社区)、乡(镇、街道)。同时建立了"八婺好家风"信用贷激励约束机制,引导金融机构对还款纪录好的文明家庭,在金融服务方面给予进一步优惠,对借款人失信行为及时采取惩戒措施。"八婺好家风"信用贷的试点成功,实现了"无形"资产与"有形"信贷的有效转化,实现了政府信息与银行信息的共建共享,实现了礼遇好人与争当好人的相互促进,达到了"增加守信红利,礼遇身边好人"的社会效果。2019年,金华又推出"信义金"城市礼遇系列产品,在全省首次将省统一自然人公共信用评价纳入地方文明信用评价体系,将市民的信用、公益、荣誉、文明等指标结合起来赋以分值折合成"信义金",以此评价市民的个人信用和文明状况。市民通过"浙里办"可查询自己所拥有的"信义金","信义金"分值较高的个人在出行、阅读、住宿、餐饮、贷款等领域可以享受城市礼遇,以正向激励措施鼓励市民诚实守信。"信义金"为金华人民搭建了一个看不见的"信义银行",将无形的信义转化为有形的价值资产,构建起"信义银行、创新激励、一城通惠"的激励体系,真正体现了"诚信是金"的社会价值取向。截至2021年6月,金华全市已累计发放"八婺好家风"信用贷157.66亿元,惠及13.75万户。"信义金"被评为2020年度浙江省信用数字化改革应用场景十大优秀案例之一。

3.全面升级社会信用体系

以政府信用为表率,企业信用为重点,个人信用为基础,进一步加大"信用金华"建设力度,建设以"信义金华"为品牌的新型社会信用应用体系,全面推动社会信用体系建设。搭建县市一体化的金华市公共信用信息平台、建立健全机制、落实奖惩措施,开发承诺替代证明、信用地图服务、信用保险业务、"标准地"信用监管、建立市场信用、信用医疗服务等项目,不断创新社会信用体系建设。设计"信用金华"徽标以提升城市信用品牌形象,徽标整体结构以"金"字作抽象表达,又好似一朵盛开的茶花,同时融入印章的传统文化元素寓意取信之物,徽标整体呈金黄色,寓意"诚信是金",传递以信用为重的金华本土特色。把"信用金华"徽标印制于"信义金"城市礼遇产品及各种应用场景,建设和打造"信用金华"品牌。拓展"信义金"的应用范围,从线上到线下进入社区打通信用惠民"最后一公里",从金华拓展到周边地区与嘉兴、温州、湖州等城市实现信用互认互通,享受同城待遇,把"信义金"融入城市管理服务的各个领域,渗透到群众生活的方方面面。2021年11月,金华被国家发改委和中国人民银行确定为第三批社会信用体系建设示范区。

第二节　薪火相传"红色金华"

金华是一方具有光荣革命历史传统的红色热土,大批共产党人和革命志士在八婺大地上谱写了感天动地的英雄壮歌。陈望道首译《共产党宣言》、邵飘萍为宣传马克思主义慷慨献身、金佛庄英勇就义雨花台、冯雪峰在白色恐怖之下坚持文艺活动和斗争、台湾义勇军在金英勇抗日、粟裕将军领导新四军挺进师在金坚持游击战争等等,这些英雄人物、英勇事迹和众多的革命文物及遗址是金华宝贵的不可再生的政治资源和精神财富,为金华党员干部进行革命理想教育提供了丰富的红色资源,成为党员干部坚定理想信念、加强党性修养的生动教材。"真理味道、信仰之源"成为金华的红色基因。

一、金华的红色资源

红色资源是党在革命时期留下的革命遗址、革命文物、革命人物、革命精神等珍贵资源,承载了中国共产党波澜壮阔的革命史、艰苦卓绝的奋斗史、可歌可泣的英雄史,蕴涵了中国共产党人的崇高理想和坚定信念,展现了革命先辈的高尚品德,继承了中华民族的优良传统和民族精神,反映了中国人民捍卫民族独立、国家尊严的责任感和使命感。

品尝出"非常甜的真理味道"的陈望道(1891—1977)是义乌市城西街道分水塘村人,我国著名教育家、语言学家、翻译家。1920 年 3 月,陈望道携带《共产党宣言》英译本和日译本秘密回到了家乡义乌分水塘村,在老家僻静的柴房里仔细研究翻译《共产党宣言》,夜以继日,废寝忘食,在 1920 年 4 月下旬完成了《共产党宣言》的全文翻译工作。[①] 1920 年 8 月,由陈望道翻译的首部中文全译本《共产党宣言》在上海出版,对引导大批有志之士学习了解马克思主义、树立共产主义理想、投身民族解放事业发挥了重要作用。习近平总书记在不同场合多次讲述了陈望道在翻译《共产党宣言》时"蘸着墨汁吃粽子还说味道很甜"的故事。2021 年 8 月,人民出版社和人民日报出版社联合出版发行了《真理的味道非常

---

① 吴婷:《陈望道翻译〈共产党宣言〉》,《人民政协报》2018 年 3 月 8 日。

甜:重温马克思主义经典》(上、下)一书,该书被列入中宣部"书映百年伟业"好书荐读书单。

金华积淀了深厚的红色底蕴,具有丰富的红色资源。金华义乌是《共产党宣言》中文全译本的首译地,红色文化薪火相传,红色名人不胜枚举。金华一直在深入挖掘、宣传、展示本地丰富的红色文化资源,打造金华"真理味道、信仰之源"的红色文化品牌。截至 2021 年底已经挖掘开发的红色资源覆盖 9 个县市区全域,涵盖革命遗址、革命文物、革命人物、革命精神等珍贵资源。据有关部门统计,金华有革命遗址目录 246 个,八婺红色印迹目录 46 个,不可移动革命文物 139 处(其中列入省第一批革命文物名录 70 处),红色旅游精品线路 20 条,红色旅游教育基地 30 家(其中省级红色旅游教育基地 2 家),干部教育现场教学基地 21 家(见附录)。面向全国征集设计的金华红色文化标识,体现了金华"真理味道、信仰之源"的辨识度,有利于直观地解读金华红色文化精髓。2022 年 6 月,金华启用"真理味道、信仰之源"红色文化长廊,开通金华市区到义乌的"真理号"城市轻轨专列,距离陈望道故居最近的义乌官塘站被打造成为"真理车站"。站台上,游客们在基层红色讲解员带领下,通过"时空对话机"聆听真理故事,体验拓印《共产党宣言》。① 义乌陈望道故居及其"望道信仰"线在 2020 年接待游客超过 46.6 万人次,成为金华最具影响力、知名度、美誉度的爱国主义教育基地。金华用一条红色文化长廊把散落在八婺大地的红色印记串联起来,涵盖各县(市、区)数十条红色文化旅游线路,凸显真理之旅、烽火之旅、先行之旅、幸福之旅等红色主题,彰显出金华"真理味道、信仰之源"的红色基因。

二、红色资源在党员干部教育中的作用

红色资源是中国共产党在探索中国革命与中国特色社会主义建设道路中形成的精神财富和政治资源,具有丰富的革命精神和厚重的历史文化内涵,是党员干部坚定理想信念、领悟初心使命的重要源泉。金华把红色资源作为乡土教材融入党性教育中,引领党员干部追寻"真理的味道",让党员干部当好"红色根脉"的传承人、守护者,在学习经典中坚定理想信念,传承红色基因,赓续红色血脉。

---

① 夏斌婷、陆健:《浙江金华打造"真理味道、信仰之源"红色文化长廊》,《光明日报》2022年 8 月 1 日。

（一）红色资源在党员干部教育中的作用

1.红色资源是传承红色基因、赓续红色血脉的重要源泉

2021年第10期《求是》杂志发表习近平总书记《用好红色资源，传承好红色基因，把红色江山世世代代传下去》的文章，习近平指出："要发掘好、运用好，丰富'红色基因代代传'工程内涵，加强党史军史和光荣传统教育，确保官兵永远听党话、跟党走。""我们要铭记光辉历史、传承红色基因，在新的起点上把革命先辈开创的伟大事业不断推向前进，鼓舞激励广大干部群众和全军广大指战员坚定中国特色社会主义道路自信、理论自信、制度自信、文化自信，努力为实现中华民族伟大复兴的中国梦、为把人民军队建设成为世界一流军队而不懈奋斗。"[①]从中可以看出，习近平总书记非常重视红色资源体现出的重要价值，强调要把红色资源作为坚定理想信念、加强党性修养的生动教材，讲好党的、革命的、英雄和烈士的故事，加强革命传统和爱国主义教育，把红色基因传承好，确保红色江山永不变色。

2.红色资源为党性教育提供教学资源

党的十八大以来，习近平总书记在讲话中多次强调红色资源是党性教育的优质资源，要把红色资源作为党性修养的生动教材，发挥红色资源在党性教育中的重要作用。金华众多的革命遗址、名人故居、纪念馆等是党性教育的红色基地，红色资源为党性教育提供现场教学教材，成为党员干部进行党性教育的重要基地。通过故事的讲述、情景的再现、实物的展示、思想的提炼，以及多媒体影像的声光、情景交融情节的演示、历史片断的模拟，使革命故事、革命人物、革命精神生动丰满起来。党员干部身临其境感悟"红色思想"，在"看、听、思、悟"的过程中真正触及思想和灵魂，感觉到震撼和醒悟，增强党性教育的体验度和鲜活性。

3.红色资源为党员干部提供精神食粮和价值追求

红色资源蕴涵了中国共产党人的崇高理想和坚定信念，展现了革命先辈的高尚品德，继承了中华民族的优良传统和民族精神，反映了中国人民捍卫民族独立、国家尊严的责任感和使命感。通过党性教育将红色资源中崇高的理想信念、丰富的革命精神和高尚的人格魅力转化为金华党员干部的精神食粮和价值追求，让广大党员干部在接受红色教育中传承红色基因，当好"红色根脉"的传承人、守护者，

---

① 习近平：《用好红色资源，传承好红色基因，把红色江山世世代代传下去》，《求是》2021年第10期。

坚定理想信念,守牢初心,担起使命。"事业发展永无止境,共产党人的初心永远不能改变。唯有不忘初心,方可告慰历史、告慰先辈,方可赢得民心、赢得时代,方可善作善成、一往无前。"[①]

(二)红色资源应用中存在的问题

金华拥有丰富的红色资源,但是在应用中还存在一些问题和短板。

一是红色资源呈现的主题比较单一。红色资源都具有相同的"红色"特性,偏于宏大叙事的主题,所蕴含的终极意义与价值也大多相同。一些地方在开发、转化过程中存在仿效现象,求新求全求大,个性特色不鲜明,"同质化"现象比较严重,党性教育主题雷同单一,缺乏深度挖掘和多角度呈现。

二是影响力巨大的党性教育基地不多。金华红色资源众多,但是与其他资源大市相比,资源比较小、散,重大的有影响力的历史事件和人物相对较少,相应地,具有重大影响力的党性教育基地缺乏,只有陈望道故居等少数具有全国影响力,作为完整独立的教学基地的资源相对缺乏。

三是教育过程中存在"走过场"现象。一些红色资源基地教育形式比较简单,开发力度不足,主题提升不够,人员配备不足,导致现场参观学习中存在"走过场"现象,走过路过却未入脑入心,讲而不释、感而不悟,党性教育效果打了折扣。

(三)发挥红色资源在党性教育中的作用

1.规范化数字化整理整合红色资源

把碎片化、点状化的历史融合起来,形成党性教育红色资源体系,将金华市丰富的历史文化遗存和改革实践成果转化为干部教育培训资源的乡土教材。规范统一红色资源宣传口径,建立解说词、红色精神等内容研究审查制度,统一红色故事和红色精神的内容宣传,严把政治关、质量关、艺术关。数字赋能红色资源,以数字化融通多媒体资源,对红色资源进行全景式、立体式、延伸式展示宣传,建立全市统一的红色资源平台,制作数字化红色党性教育资源布局图,一图览尽红色资源,一键直达教育现场。

---

① 习近平:《用好红色资源,传承好红色基因,把红色江山世世代代传下去》,《求是》2021年第10期。

2.精心打造党性教育现场基地

抓住重大的具有特色的红色资源进行深度开发、精致打造、精细管理,做大规模,做强品牌。进一步做深做精陈望道故居、毛泽东主席视察双龙电站纪念馆等党性教育基地,不仅用于本土教育更要吸引全国各地党员干部前来开展党性学习教育。打造党性教育特色线路,整合旅游、研学、培训、教育等众多基地,依托重大红色资源的辐射效应,以大带小、以重点带一般,集聚和串联周边的小、散资源,突出特色,以点成线、以线成面而集成放大规模。丰富教育主题,从宏大叙事中提炼与时俱进的主题,结合当代党员干部思想、行为、价值取向多样化的现状,阐释红色资源承载的革命精神、时代价值、优良传统,把历史的抽象的红色资源转化为富有时代气息、符合干部学习特点、成长规律的教学形式和内容,就如百年前陈望道粽子蘸墨汁的故事酿出浓浓"信仰的味道",鼓舞一代又一代党员干部坚定对马克思主义的信仰,坚定对中国特色社会主义的信念。

3.提升党性教育现场教学效果

制作声情并茂的多媒体影像,演示情景交融的感人细节,模拟激人奋进的历史片段,使红色资源"活"起来。聘请专家学者进行理论阐述和提升,邀请英雄人物后代或事件参与者亲临解说或座谈,邀请模范人物、党务工作者、青年志愿者等各界代表参与红色故事的讲述,使红色资源"亲"起来。采用数字化手段,通过远程教学,使红色资源"动"起来。设计升国旗、重温入党誓词、朗诵、合唱、情景剧等环节,使红色资源"融"起来。使学员在参观过程中走过路过又听有感、看有悟,增强党性教育的效果。

4.发挥党校作为党性教育主渠道的作用

"党校姓党,决定了党校工作的重心必须是抓党的理论教育和党性教育。领导干部到党校学习,主要任务是学习党的理论、接受党性教育。"①要充分发挥党校作为党性教育主渠道的作用,把党性锻炼贯穿到党校教育的全过程,渗透到党校学习的各个环节,使学员党性得到锻炼,提高党性修养。推动红色资源进党校课堂,把红色资源融入理论教育中,转化为党性教育乡土教材,充实党性教育内容,擦亮党校"红色学府"底色。把课堂搬到现场教学基地,把学员带到红色资源现场,参观遗迹遗址遗存,体验艰苦岁月的残酷环境,感悟先辈坚定的理想信念,

---

① 习近平:《在全国党校工作会议上的讲话》,《求是》2016年第9期。

深刻认识中国共产党为什么能,马克思主义为什么行,中国特色社会主义为什么好。开发"八婺红色课堂",围绕一个主题、讲述一个故事、总结一种精神、受到一次教育、得到一次启迪,精心设计主题突出、导向鲜明、内涵丰富的"八婺红色课堂"。发挥党校理论研究优势,深入挖掘红色资源内涵,总结提升金华在革命、建设、改革开放、现代化建设各个阶段的做法和经验,增强党性教育的时代性和科学性。

5.构建党性教育开放共享格局

提高红色资源开发能力,委托国内一流社科机构开展金华重大红色资源、红色精神理论研究,特别是对陈望道文化、陈望道精神的深入研究,借智借力打造重大特色品牌,争取纳入长三角乃至全国红色阵地一体化路线。借鉴延安、井冈山、嘉兴等地对红色资源开发利用的经验,学习各地党性教育基地建设的做法,采取引进来和走出去相结合,加强与上海、江西、陕西等红色资源大省(市)横向合作,做到同类资源互通互动,协调联动共建,进一步打造具有重大影响力的本土红色资源党性教育基地,构建跨市域党性教育新格局。

三、让"清廉"成为党员干部的集体人格

每个国家和民族都有自己独特的文化,这些独特的文化形成了这个国家和民族长期的精神价值和生活方式,塑造了不一样的国民性和民族性,最后沉淀成为这个国家和民族的集体人格。瑞士心理学家、文化人类学家卡尔·荣格提出"一切文化最后的成果是人格"。余秋雨对文化的解释是"文化是一种成为习惯的精神价值和生活方式,它的最终成果是集体人格"。大到一个国家和民族,小到一个团体,文化塑造了它的集体人格。中国共产党是一个有9600多万成员、100多年历史的超特大团体,清廉文化是其独特文化之一。红色文化内容丰富,其中如方志敏等许多革命先辈清正廉洁的光荣事迹感人至深,教育了一代又一代的党员干部,打造出清正廉洁的执政队伍,确保红色江山风清气正永不变色。中国共产党大力弘扬和建设清廉文化,就是要让清廉成为每个党员干部的精神价值和生活方式,让清廉沉淀成为共产党人的集体人格。

(一)清廉是我国历代好官的集体人格

清廉文化在我国有着非常悠久的历史传统,把清廉视为做人和从政的美德,是中华民族传统文化的重要组成部分。孔子说"欲而不贪",把"不贪"作为从政的美

德之一。孟子说"可以取,可以无取,取伤廉",提出了不取的清廉观。法家提出为官的道德标准和行为规范,即"礼义廉耻",将为官廉洁视为"国之大维""人生大纲""仕者之德"。韩非子指出"所谓廉者,必死生之命也,轻恬资财也。所谓直者,义必公正,心不偏党也"。《周礼》提出官吏任事应具备"六廉",即廉善、廉能、廉敬、廉正、廉法、廉辨,意思是一个官员必须具备善良、能干、敬业、公正、守法、明辨是非等基本品格,而这些基本品格均以"廉"为冠。《晏子春秋》中提出"廉者,政之本也",将清廉视为从政的根本。北宋欧阳修著《廉耻论》,提出公正清廉乃"士君子之大节",强调清廉是官员必备的政治品德。南宋理学家、吕祖谦的伯祖吕本中著《舍人官箴》,对家人门生从政提出规诫:"当官之法,唯有三事:曰清,曰慎,曰勤,知此三者,则知所以持身矣。"明朝郭允礼撰写《官箴》,提出了"吏不畏吾严而畏吾廉,民不服吾能而服吾公;公则吏不敢慢;廉则民不敢欺。公生明,廉生威",对"公"和"廉"进行了系统而明确的阐释。清初思想家王夫之认为,清廉是为官者的品质根基。清廉文化给历代为官者从修身养性到执政行为设定了道德规范,成为历代为官者做人和从政的精神价值追求。

我国古代民间把好官称为清官,清官成为好官的代名词。司马迁著《史记》时,给予好官的标准是:行教、清廉、守法。司马懿把清廉、谨慎、勤恳作为为官的根本标准。西门豹为官一生,清正廉明,造福百姓,死后邺地百姓专门为他在漳水边建造了祠堂四季供奉。包拯一生清廉简朴从不讲究排场,即使做了大官穿着仍与布衣时一样,对贪污深恶痛绝,他在给宋仁宗的奏疏《乞不用赃吏》中说"廉者,民之表也;贪者,民之贼也"。离任时当地精制一好砚相送,他婉言谢绝"不持一砚归",深受百姓赞扬和称颂。海瑞在户部供职时,面对迷信道教、一心求仙而纵容各地大兴土木修建庙坛道观的嘉靖帝,以六品小官身份抱着必死决心毅然上疏进谏而遭入狱,之后他为匡正时弊严肃法纪,主持制定了贪污满"八十贯绞"等严刑。诸如这些名留千古的清官好吏,因为清廉,所以无欲无求、无畏无惧、慷慨潇洒、积极乐观,清廉成为历代好官的集体人格。传统的清廉文化,给当代党员干部的从政道德和规范留下一笔宝贵的精神财富。

(二)清廉是党员干部的精神价值之追求

清正廉洁是中国共产党人与生俱来的价值取向和一以贯之的政治本色。中国共产党的根本宗旨是全心全意为人民服务,执政理念是立党为公、执政为民,体现了作为执政党的中国共产党没有自己的私心和利益,所有的作为和追求都是为了民族的复兴、国家的富强、人民的富裕。坚定共产主义理想和中国特色社会主义信念,坚持全心全意为人民服务根本宗旨,坚守立党为公执政为民的理念,是共产党人的价值追求。在百年砥砺奋进的进程中,我们党涌现出如方志敏、焦裕禄、孔繁森、杨善洲等一批批清正廉洁的模范党员干部,清正廉洁的政治本色在一代代共产党人中生生不息地薪火相传,清正廉洁成为中国共产党的重要人格。广大的党员干部是建设中国特色社会主义的中流砥柱,是治国理政的中坚力量,党员干部清廉,则政治清明,政府清正,社会清朗。反腐倡廉是领导干部必须修好的政治必修课,干部廉洁自律的关键在于守住做人、处事、用权、交友的底线,决不能把权力变成获取个人私利的工具,守住清廉底线就能守住党和人民交给的政治责任,守住自己的政治生命线,守住正确的人生价值观,永葆共产党人政治本色。加强清廉文化建设,就是继承发扬党的优良传统和作风,培养高尚的共产主义道德情操,努力弘扬中华民族优良的清廉文化,把清廉作为做人和从政的基本道德准则,传承共产党人清正廉洁的红色基因,赓续清正廉洁的政治本色。

(三)清廉是党员干部的一种生活方式

孔子称赞弟子颜回"一箪食,一瓢饮,在陋巷,人不堪其忧,回也不改其乐"。对于颜回清贫乐道的生活方式及精神,孔子称其为贤德,认为是一种很高的人生境界。清廉的生活方式为古代许多君子贤人、文人雅士所推崇。

方志敏同志作为党的高级领导干部,经他之手的款项总在数百万元,而他一向过着朴素的生活,从没有奢侈过,被捕时全身除了一块表和一支钢笔,没有一文钱,让国民党士兵大跌眼镜。原因就如他所著的文章《清贫》中所说:清贫,洁白朴素的生活,正是我们革命者能够战胜许多困难的地方。兰考县委书记焦裕禄,他用过的一条被子上有42个补丁,褥子上有36个补丁,同志们劝他换床新的,他说这比我要饭时披着麻包片住在房檐底下避雪强多啦,灾区的群众比我更需要。毛泽东同志经常嘱咐工作人员,生活用品需要多少就买多少,不要多买,以免浪费,他的生活用品总是能跟随他很久,即使破旧不堪了,也不允许工作人员随便丢掉。中国共产党之所以能够带领中国人民从站起来到富起来、强起来,是因为千千万万的党员领导干部把清贫廉洁作为一种生活方式和态度,坚守清贫,乐于清贫,耐得住寂寞,守得住清贫,经得住诱惑,始终做到慎始、慎独、慎微,成为中华民族的坚强脊梁。

金华也涌现出许许多多清正廉洁的干部,如金华市沙畈水库工程指挥部党委副书记、常务副指挥陆乌铁,人民公仆杨东海等,他们情系百姓、淡泊名利、忘我工作、廉洁自律,成为党员干部学习的楷模。中共金华市委一直重视党员干部的廉政教育,不断推动"清廉金华"建设。2018年7月市委通过《中共金华市委关于推进清廉金华建设的决定》,明确要全面深化党风廉政建设,坚决打赢反腐败斗争,建设山清水秀政治生态,提出到2022年、2035年分两步走,基本建成"清廉金华"。在推进"清廉金华"建设过程中,市委强调要促进清廉思想、清廉制度、清廉规则、清廉纪律、清廉文化一体净化、一体培育、一体建设,努力建设政治生态清朗健康、政务运行清廉高效、党员干部清正有为、基层治理清淳惠民、社会环境清新崇廉的"清廉金华";不断推进落实"清廉金华"建设各项工作,做到"五个一",即一个架构、一套制度、一组清单、一大路径、一种声势,系统性抓好"清廉金华"建设。通过"清廉金华"建设,在政治生态层面,着力打造好政治生态的绿水青山;在政务运行层面,着力推进公共权力运行廉洁高效;在党员干部层面,着力建设一支忠诚干净担当的金华铁军;在基层治理层面,着力提升基层监督体系和监督能力现代化;在社会环境层面,着力弘扬清风正气,形成全社会崇廉倡廉的良好风尚。

清廉建设的目标、内容、成效等系统性结果表明,"清廉"作为一种文化,已经影响了思想制度、政府社会、环境生态、党员干部等方方面面,成为地方党委政府执政的一种常态。加强清廉文化建设,落实到领导干部个体身上,就是要求把清廉作为一种人生态度,使清廉成为一种生活方式。每个党员干部要把清廉融入思想中,树立清廉意识,让清廉入脑入心,成为精神价值。要把清廉融入学习中,见贤思齐,让清廉事迹成为学习楷模;要把清廉融入工作中,秉持立党为公执政为民的理念,廉洁奉公、勤政为民;要把清廉融入生活中,两袖清风,即使囊中羞涩,却无愧于心,坚守清廉底线。

"文化润其内,养德固其本。""清廉"已经成为党风廉政建设的重要内容,成为党员干部党性修养的必修课,不敢腐、不能腐、不想腐既是反腐倡廉的有效机制,也是党员干部的自觉思想。加强清廉文化建设,就是发挥制度优势将其转化为治理效能,让清廉成为党员干部习惯了的精神价值和生活方式,成为党员干部的集体人格,形成风清气正的政治生态、经济生态和社会生态。

第三节　文化厚重"文明金华"①

文明是一座城市的内在魅力,是一个城市最美的风景,也是人民群众的幸福底色。创建全国文明城市推动了城市在更高层次、更高水平上的发展,增加了城市的知名度和美誉度,提高了老百姓的生活品质。2017年4月7日,时任中共中央政治局委员、中宣部部长、中央文明委副主任刘奇葆在全国创建文明城市工作经验交流会上提出,创建文明城市,就是建设崇德向善的文明城市、文化厚重的文明城市、和谐宜居的文明城市。② 金华是历史文化名城,历来有"小邹鲁"之称,被誉为文化礼仪之邦、名人荟萃之地、文风鼎盛之城。金华是现代化都市区,改革开放以来,文化事业繁荣兴盛,文化产业蓬勃发展。深厚的传统文化底蕴、蓬勃发展的文化事业和文化产业、良好的人文素养和城市品位,既是金华社会经济发展的文明成果,也为金华文明城市创建打下坚实的基础。

一、以厚重的文化夯实文明城市创建底气

金华拥有丰富的物产文化。火腿是金华的传统特产,1995年金华被授予"中国金华火腿之乡"称号。酥饼是金华的传统名点小吃,1989年荣获"省优产品"称号。佛手是金华的特色花卉植物,2014年获农产品地理标志登记保护。除此之外,还有寿生酒、婺州窑、两头乌、高山茶等许多特产,这些物产是千百年来金华劳动人民共同创造的文明成果,是金华经济社会发展的物质基础。

金华拥有丰富的人文文化。金华是黄大仙道教文化的发源地,是婺学的创始地和"浙学"的源头。金华诞生了"中国戏剧理论始祖"李渔、"中国近现代美术史上的开派巨匠"黄宾虹,孕育了"人民诗人"艾青、"人民音乐家"施兴南,哺育了《共产党宣言》中文首译者陈望道、一代报人邵飘萍、左翼文艺领导人冯雪峰等革命先驱。历代文化名人的杰出成就、革命先驱的英勇壮举,造就了金华"小邹鲁"的盛名,成就了金华人信义担当的品格。

---

① 本部分内容曾发表于《江南论坛》2021年第2期,题目为《发挥文化滋养涵育作用 建设文化厚重文明城市》。

② 刘奇葆:《建设崇德向善文化厚重和谐宜居的城市》,新华社,2017年4月7日。

金华拥有丰富的艺术文化。地方戏婺剧在 2008 年被列为第二批国家级非物质文化遗产，多次在中国艺术节、中国戏剧节上荣获优秀剧目奖并走出国门参与文化交流。道情是浙江省五大地方曲种之一，2008 年被列为第二批国家级非物质文化遗产。婺派建筑以五花马头墙、三间敞口厅、一个大院落、千方大户型、百工精装修为特征，典雅大气，独具金华地方特色。婺剧、道情、婺派建筑是金华极具代表性的艺术形式，以流动和凝固的艺术展现出千年来金华经济社会发展的人文风貌，呈现金华人的艺术审美态度。

金华拥有丰富的民俗文化。金华斗牛起源于宋朝，场面惊险而壮观，被称为"东方一绝"。舞龙灯是金华农村元宵节的传统活动，规模宏大、气势磅礴，展示了一个村的人口和经济实力，2006 年浦江板凳龙入选首批国家级非物质文化遗产。抢头杠是婺城区汤溪范姓村民清明祭祖的传统活动，以游戏活动的形式为青年男女搭起交往的平台。以斗牛、舞龙灯、抢头杠为代表的金华民俗文化，反映了金华世代劳动人民的生活和文化娱乐方式，是金华社会文明变迁的民间映照。

金华拥有丰富的地方产业文化。横店影视文化产业具有从剧本创作到发行交易、从人才培养到产业孵化、从"拿着本子来"到"带着片子走"的影视文化产业链。义乌小商品经济几十年来创造了令人瞩目的经济奇迹，小商品生产和销售领跑国内国际市场，"小生意赚大钱"的理念、"拨浪鼓"精神创造了小商品文化。起步于"熊熊炉火映汗水，走街串巷闯四方"的永康五金产业文化，见证了金华人艰苦创业、拼搏奋进的精神。以横店影视产业、义乌小商品、永康五金为代表的金华现代产业文明，映照着金华这个传统农业大市向工业文明迈进的历程。

金华拥有丰富的现代数字文化。金华是浙江省首个数字创意产业试验区，已经建成数字经济园区 80 多个，名列地级市之首。2019 年 1—11 月，金华全市网络零售额居全省第二。经过近几年的发展，金华数字创意产业平均每年增速 16%，进入数字文化一线梯队。数字文化产业的发展，提升了金华城市品位，引导了文化消费，引领了文化时尚。

2004 年以来，金华市深入贯彻习近平总书记在浙江工作期间作出的金华要争创全国文明城市重要指示精神，坚持不懈抓创建，先后荣获国家历史文化名城、国家卫生城市、国家双拥模范城市等荣誉称号，为全国文明城市创建奠定了良好基础；2014 年，金华市正式启动全国文明城市创建工作；2018 年，金华作为地级市被列入 2018—2020 年创建周期全国文明城市提名城市，正式获得第 6 轮全国文明城市创建的"入场券"；2018 年，中央文明办公布了对全国文明城市提名城市中的 141

个地级以上城市、城区 2018 年文明城市年度测评结果,金华以总分 96.47 的成绩在全国 113 个地级提名城市中排名第一①;2019 年,金华以总分 96.96 分的成绩再次在测评中排名第一,成为当时全国唯一一个连续两年获得全国文明城市国测第一的城市;2020 年,金华以全国排名第三的优异成绩成功获得全国文明城市荣誉。连续两年的全国第一和综合第三的耀眼业绩,是金华文明城市创建工作的辉煌写照,也是金华建设厚重文化城市的成果检验。

二、以文化滋养涵育城市文明

文明是一个城市的标志,文化是一个城市的底蕴,文明城市是一个城市文化厚实、文明进步的象征。2019 年 11 月,习近平总书记在上海考察时指出:"文化是城市的灵魂。城市历史文化遗存是前人智慧的积淀,是城市内涵、品质、特色的主要标志。要妥善处理好保护和发展的关系,注重延续城市历史文脉,像对待'老人'一样尊重和善待城市中的老建筑,保留城市历史文化记忆。"②这段话表明习近平总书记对于城市文化建设的高度重视,认为文化是一个城市的历史文脉和历史记忆,是区别于其他城市的独特魅力所在。金华的文明城市建设正是基于深厚的国家历史文化名城的文化底蕴,并充分发挥历史文化名城的文化滋养涵育作用,以厚重的文化彰显了一座城市的文明。

从文化层面看,一座城市的品位,可以从城市的"物文化"和"人文化"中得到印证。从"物文化"层面看,城市是"文化的容器",比如别具一格、独具风情的建筑展现了一个城市的品位,造就了一个城市特有的文化底蕴。从"人文化"层面看,文化更多地侧重于人的精神风貌、道德素养、文化娱乐、欣赏品位,体现城市的人文精神。金华在文明城市创建中,立足文化的特色和魅力,发挥文化的滋养涵育作用,塑造了独有的城市气质,提升了城市的文明程度。

(一)以婺派建筑提升城市品位

在创建文明城市中以婺派建筑彰显城市个性。别具一格、独具风情的建筑展现了一个城市的品位。金华的传统建筑以婺派风格为代表,呈现出金华人独特的精神世界,承载着金华的文化涵养和历史文脉。金华人的祖先多是读书人,创造了

---

① 《全国文明城市 2018 年度测评结果》,中国文明网,2019 年 3 月 20 日。

② 习近平:《习近平论文化是城市的灵魂》,"学习强国"每日金句,2019 年 11 月 7 日。

极具儒家气质、典雅大气的以"五花马头墙"为特征的婺派建筑,比如东阳卢宅、兰溪诸葛八卦村、浦江郑义门等,承载着金华先人的文化涵养,延续着金华的历史文脉。金华对传统文化进行创造性改造和创新性发展,融婺派建筑风格于现代城市建筑中,凸显"五花马头墙"的特色,打造婺派古街、古巷、古坊,形成具有婺派特色的住宅区、办公楼、商业群综合体,在现代城市建设中彰显着与众不同的古婺文化特色。

以城市标识彰显城市形象。金华的城市标识由汉字"金华"构成,整体造型为塔状,包含了万佛塔、八咏楼、婺州公园传统牌坊等金华最具历史文化性质的地标建筑,包含了"金华山"等金华特色元素;图案最底下为一叶轻舟,代表金华的江河文化;整体图案结构上窄下宽,展现金华的深厚历史文化根基。金华的文明创建标识,以金华最著名的特产之一"佛手"与汉字"文"的篆体图形相结合抽象得来,整体形态形似两人并肩作战,又似三人的众字,寓意文明创建以人为本,以文明为核心,万众一心,携手共建。金华在文明城市创建中把城市标识、创建标识、志愿服务标识和城市吉祥物等物化为城市形象,把城市标识融入城市建筑、景观、公园中,使得金华的自然地理风貌、历史人文精神、城市品牌形象更加鲜明,让人们更全面、更深入地认知和了解金华城市,塑造了极富个性的金华城市形象。

(二)以人文精神增添城市魅力

人文精神是城市独特的精神文化,体现在人的精神风貌、道德素养、文化娱乐、欣赏品位中。金华在创建文明城市中大力弘扬新时代金华精神,打造"信义金华"。以婺学之精髓"务实、立德、担当、博通、绩学"为崇尚,培育出崇德向善、热血忠心的文化基因,涵养了金华人重信尚义、事功务实、开放包容的独特精神品质。倡导"信义和美、拼搏实干、共建图强"的新时代金华精神,凝聚优秀的传统文化和经典的人文精神,指引着新时代金华的创业创新。大力培育和践行社会主义核心价值观,爱国、敬业、诚信、友善在新时代金华人中入脑入心。"信义金华"的建设,使金华既有风清水洁的绿色生态环境,又有和善和谐的人际关系和良好的治安环境,更有爱国敬业、拼搏实干的城市精神和人文风貌。

在创建文明城市中争创全国信用示范城市,打造"信用金华"。建设覆盖全市的公共信用信息平台,重点打造企业、个人、查询等三大信用大数据平台。推进个人信用平台建设,建立健全企业、个人、政府部门、社会组织信用信息的公开、查询、服务等功能。完善推广"好家风信用贷",把好家风作为个人信用资本,推动良好家风的传承和城乡消费体系的建设。以联合惩戒为手段,建立黑名单,对列入失信黑名单的个人和企业进行集中公示和曝光。以此把金华建设成为老百姓崇尚诚实诚信、市场讲究守时守信、社会奉行信义信用的城市。

(三)以多彩文化生活打造城市气质

城市的气质和这个城市的个性、品位、文化厚重感有关,取决于它给人们带来的文化感官享受、愉悦和美感。在创建文明城市中用文化的色彩、味道熏陶城市的气质,建设"书香金华"。有书香气的城市才有未来,"最是书香能致远,唯有读书方宁静"。政府不断增加有效供给,建立更多的"阅读书箱""共享书屋",倡导图书流转、图书共享,实现有书可读。开展"悦"读节活动,举办阅读年会,形成系列阅读推广,推动全民阅读。发挥图书馆、博物馆等公共文化服务的职能,为市民提供更多的阅读机会,培养市民的阅读意识和习惯。通过全民阅读提升市民的知识积累和文化素养,增强城市的人文底蕴和创新动力。以"书香满城",提升"腹有诗书气自华"的城市气质。

在创建文明城市中用文化活动打造城市气质,建设"文化金华"。开展送戏下乡活动,用婺剧、道情和现代传媒,演绎八婺人民几千年勤劳信义的故事,讲述40多年改革开放的奇迹,弘扬崇德向善的价值力量。开展评选"道德模范""好家风家训"等活动,弘扬新时代新风尚,树立道德高地。举办"火腿节""佛手节"等名优特产展销会,传播金华美食文化。举办"斗牛节""黄大仙节"等活动,宣传金华民俗文化和宗教文化。推广农村文化礼堂建设,弘扬传统文化,传承中华美德。

三、文明城市的文化建设

城市因文明而生,因文明而充满魅力。文化是文明的外在表现,文化越厚重,文明程度越高。文化厚重是提升城市品位、夯实文明城市创建的根本。金华市文明城市创建的成功案例,说明建设文化厚重的文明城市,必须以发展文化为重心,以人为核心,以提升文化软实力为中心。

建设文化厚重的城市,文化大发展大繁荣是中心。文化是一个城市的"根"和"魂",优秀的传统文化记录着一个城市成长的轨迹,先进的文化引领着城市走向未来,文化是城市的来处和归处,文化自信了城市才会真正的文明。文化是城市的特质品位和形象风格,是城市的独特魅力所在,丰厚的文化底蕴是城市文明进步的坚实基础。城市文化的建设必须以文化的大发展大繁荣为中心,以此夯实文化基础,坚定文化自信。一个城市的文化建设,首先,要有文化,并且是让人自豪的文化,包括优秀的传统文化、革命文化和社会主义先进文化。文明城市建设,必须大力培育和践行社会主义核心价值观,形成市民文明有礼、人际关系和谐、公共秩序井然、社会风尚良好的氛围,建设崇德向善的城市。其次,文化要在国家和社会层面产生重大的影响,进行广泛的传播,能够得到世人的认可。再次,文化不是烧钱的摆设,而是能够切实解决现实中的许多问题,在促进经济发展、推动社会进步、提高人的素质和增强综合竞争力方面发挥重要作用。最后,文化要具有强大的生命力,源远流长,能够从历史走向未来。

建设文化厚重的城市,以人为本是核心。城市的核心是人,城市因人而存在,城市的发展是为了人能够更好地生存和生活。2000多年前亚里士多德说过"人们为了生活而来到城市,为了生活得更好而留在城市"。文明城市的创建归根到底是为人服务的,必须贯彻以人民为中心的发展思想,坚持文明城市为人民、文明城市人民建的理念,建设和谐宜居的城市。坚持文明城市为人民的理念,把让群众生活得更舒适这一理念融入城市规划建设管理之中,为群众带来看得见、摸得着的进步和变化,不断提高城市的宜居程度,提升群众的幸福指数。要创造丰富多彩的文化内容,提供标准化均等化的公共文化,根据不同人群的文化需求提供差异性的文化服务,开展不同类型的文化活动,丰富人们的精神生活。同时,坚持文明城市人民建的理念,更好地发挥人的作用。文化的数量和质量归根到底取决于人的参与程度以及人的作用的发挥程度,文明城市的创建要吸引人,文化的项目必须更多地考虑人性化因素,考虑到市民的便利和感受,文化的成果必须能够真正惠及人们的生活,能够提升市民更多的获得感和幸福感。

建设文化厚重的城市,提升文化软实力是重心。文化软实力是一个城市文化建设的重要着力点,也是衡量一个城市文明程度的重要因素。城市文化软实力是基于文化滋养而成的城市魅力和潜力,也是支撑城市发展的底气和力量。文明城市建设,必须注重发挥文化的滋养涵育作用,把城市的文化建设摆上重要位置,用建筑风格提升城市品位,用人文精神增添城市魅力,用文化生活打造城市气质,提升城市文化软实力。提升城市文化软实力,必须突出城市的文化特色和地域特点,彰显城市的历史文化品位,凸显城市的特质风格和独特魅力,通过城市联结历史、文化和传统。提升城市文化软实力,必须涵养城市精神,以城市精神为灵魂凝聚人心,统一意志,团结力量,引领城市精神文化风尚。提升城市文化软实力,必须提高市民的文化素养和文明程度,以人的文明带动城市文明,着力改变落后的生活方式,养成良好的生活习惯和健康的处世态度,提高思想修养,培育具有时代特征的新时代精神品格。

第三章　变文化传承与发展的良机：乡村治理与振兴

乡村振兴，乡风文明是保障。传统文化是乡风文明的观念基础，为乡村治理提供文化资源与治理经验，乡村振兴为传统文化转化为治理策略提供良机。2018年，中共中央、国务院在《关于实施乡村振兴战略的意见》中提出"传承发展提升农村优秀传统文化""在保护传承的基础上，创造性转化、创新性发展，不断赋予时代内涵、丰富表现形式"。实施乡村振兴战略必须重视传统文化的传承和发展，"把当下语境中的'传统文化'视为构建社会秩序、组织社会关系、参与社会实践、形成生活方式的一股强大力量，将其看作多元社会主体表达自身的一种方式，从社会治理的角度来思考其如何助力乡村振兴战略的问题"①。金华在实施乡村振兴战略中结合当地传统文化，提出每个农村都要有"一口波光潋滟的池塘、一座其乐融融的文化礼堂、一个充满温情的居家养老服务中心"，以此作为美丽乡村的"标配"，更用以承载浓浓的乡愁。作为"精神家园"的文化礼堂成为乡村的文化地标，沿袭着乡村文脉，承接着现代文明，推动乡村从粗鄙走向文明，从传统走向现代，从田野走向世界。

第一节　现代化乡村治理之道②

乡村治理是国家治理的有机组成部分，乡村治理的现代化进程，直接影响着国

---

① 鞠熙：《传统文化与乡村振兴》，《社会治理》2019年第4期。
② 本部分内容曾发表于《中共山西省委党校学报》2016年第2期，题目为《从现代化视角探析乡村治理之道》。

家治理的现代化进程。中国的乡村治理既要适应现代化进程，又要维系乡村既有秩序；既要融于国家治理大体系中，又要保持乡村社会的独特性。现代化背景下的当代中国乡村治理，面临着众多的机遇和挑战。有人担忧："脆弱的小农能支撑得起一个农村的现代化体系吗？"①同理，脆弱的乡村治理能支撑得起一个国家的现代化治理体系吗？乡村治理会成为一道绕不过去的坎吗？伴随着乡村社会的转型，乡村治理也将经历从传统到现代的转型。

一、我国的乡村治理与现代化背景

中国是一个有着悠久农业文明的大国，乡村治理思想自古有之，并在几千年的发展中不断变化。中国的乡村治理思想大多是以宗族、血缘关系为纽带，并与古代传统道德观、法制观相协调而形成的。随着社会的转型，传统的治理理念的作用越来越微弱，但是作为一种和中国农耕文明相伴随的治理模式，它或多或少地还在影响着乡村的生活方式和社会结构。

对于我国乡村治理的研究和探索，也早已有之。近代以来，在 20 世纪 20—30 年代，以梁漱溟为代表的乡村建设派，以吴文藻、费孝通为代表的社会学本土化派，以毛泽东、陈翰生为代表的马克思主义派，就对中国农村进行过深入研究，提出了建设和改造乡村的设想。② 国内把"乡村治理"作为一个研究的正式概念提出，始于 1990 年末。③ 20 世纪 80 年代初期人民公社解体后，农村推行了村民自治，国内一批学者由此开始关注村民自治制度，对村民自治在农村的实践过程与机制进行深入研究，提出"乡村治理"的概念，并以此为平台研究乡村秩序和发展。随着村民自治进程的不断推进，村民自治的内涵也不断扩展，由"村民自治"为主变成"村级治理"为主。④

国内关于"乡村治理"的定义概述有很多，归纳起来大致可以分为三类⑤：一是"乡村治理"即"村治"，比如张厚安(1992)认为，村治是指乡镇以下的农村自治，是

---

① 徐勇：《脆弱的小农能支撑得起一个农村的现代化体系吗？》，贺雪峰主编《三农中国》总第 2 辑，湖北人民出版社 2004 年版，第 9 - 12 页。

② 贺雪峰等：《乡村治理研究的现状与前瞻》，《学习与实践》2007 年第 8 期。

③ 贺雪峰等：《乡村治理研究的现状与前瞻》，《学习与实践》2007 年第 8 期。

④ 贺雪峰等：《乡村治理研究的现状与前瞻》，《学习与实践》2007 年第 8 期。

⑤ 万小艳等：《乡村治理与新农村建设：湖北秭归杨林桥社区建设与治理的实践探索》，知识产权出版社 2011 年版，第 17 - 18 页。

村民自治的治理结构,村委会的关系行为属于群众性自治行为。二是指村庄政治,比如徐勇等认为,村级治理是通过公共权力的配置与运作,对村域社会进行组织、管理和调控,从而达到一定目的的政治活动。三是指村民自治,如郭正林(1999)认为,乡村治理概念主要指"村民自治"。虽然学界对于"乡村治理"的内涵概述不一,但关于"乡村治理"有着共同的认知,即乡村治理是目标向善的多主体共治,通过有效治理来维系乡村秩序、发展乡村社会、创造乡村幸福。

乡村治理在我国古已有之。传统的中国农村以小农自然经济为主,一直以来国家对于乡村社会的治理是"王权止于县政",县级以下实行乡村自治。[①] 因而在中国历史上很长一段时间里,乡村社会主要由士绅阶层、宗族势力,以及以宗族为基础、以士绅为纽带而形成的保甲制度,它们相互联系和作用,成为维系中国乡村自治的三大基石。[②] 到了20世纪中期新中国成立后,才逐步在县以下建立起乡级政权体系。50年代后期形成了人民公社体制,实行"政社合一"的治理模式,国家权力向乡村社会延伸。70年代末和80年代初农村兴起了以家庭承包经营为主的农村经济体制改革,废除了人民公社体制,在乡一级建立乡政府,实行乡镇行政管理,在乡镇以下设立村民委员会,实行村民群众自治。[③] 新中国成立以后的中国乡村治理,伴随着中国社会的深刻变化,伴随着民主化、现代化的进程,其理念、结构和模式也不断发生着深刻的变化。在人民公社化时期,推行人民公社领导下的村级基层组织治理,实行自上而下的管理体制,乡村主要任务是维持社会秩序、改善人民生活,重点在政治、社会领域进行。改革开放后,推行村民自治,实行村民自我服务和自我管理的体制,乡村主要任务是维持社会秩序、发展经济、建设美丽乡村,对政治、经济、社会、文化、生态等多领域进行全方位治理。

中国的乡村治理离不开现代化的大背景。尤其是近现代以来,现代化深刻影响着乡村治理。一是国家为了实现现代化,但是又没有建立起完整的国民经济体系,工业化所需要的各种资源非常匮乏,农业就义无反顾地承担起原始积累的重任,农村为城市发展提供强大的物质支持。二是在由传统向现代的转型过程中,现

---

① 徐勇:《乡村治理与中国政治》,中国社会科学出版社2003年版,第138页。

② 杨海坤、曹寻真:《中国乡村自治的历史根源、现实问题与前景展望》,《江淮论坛》2010年第3期。

③ 徐勇:《县政、乡派、村治:乡村治理的结构性转换》,《江苏社会科学》2002年第2期。

代性冲击着乡村社会的既有传统,各种新的制度安排开始在乡村开展,乡村治理原有的规则体系发生了很大变化。三是现代化常常伴随着城市化的进程,城市极大的辐射和凝聚力,使得乡村的人力物力财力等资源不断积聚到城市,乡村社会越来越弱化,乡村社会固有的秩序基础也遭受到了冲击。

二、现代化背景下的乡村治理困境

现代化背景下的当代中国乡村治理,面临着众多的机遇和挑战。随着新农村建设的日益深入,国家减少了对乡村的提取并加大了对乡村的供给,农村的基础设施如道路、桥梁、通信、网络等建设得到普遍改善,乡村生活条件和生态环境得到提升。全国范围内没有大幅度的乡村政治改革举措,国家在乡村制度的安排上依然沿袭村民自治,乡村社会日趋常态化,乡村治理也日趋常态化。但由于各种新的外生性制度不断地进入乡村社会,冲击、涤荡着乡村社会的小传统,在传统与现代的碰撞与交织中,乡村治理中原来固有的规则体系正在发生很大的变革,而新的规则和体制尚未建立或成熟。村落社会的解体和乡村社会的衰落趋势难以阻挡,乡村秩序的基础面临着来自社会转型的根本性冲击。

农村社会的社会个体化在逐渐加强,造成乡村社会的离散化。徐勇在《乡村治理与中国政治》一书中提道,从乡村社会的特性看,中国的乡村社会经历和正在经历着由"分"到"合"的四个阶段[①]:第一阶段是古代农业社会,以"散"为主要特征,家庭是生产和生活的基本单位,是家户本位的"家—户主义"。第二阶段是进入20世纪后,典型特征是"统",以人民公社时期达到"极致","国家—集体主义"取代了"家—户主义"。第三阶段是七八十年代农村经济体制改革时期,典型特征是"分",联产承包责任制使家户成为相对独立的组织单元,由于市场经济的影响,由于村民自治的实施,个体主义开始兴起。第四阶段以"合"为特征,以家户为单位的生产组织难以抗衡来自自然、市场和社会等的多重风险,必须进行合作,乡村社会将进入一个由分化到整合的阶段。由此看来,现在的农村社会正处于"散"的阶段,政治上的村民自治,经济上的市场经济,导致社会个体化在逐步加强,农村社会不再是铁板一块,个人之间、家庭之间、社区之间的联系合作不如以前那般紧密,彼此关联性不足。个体化的增强必然造成乡村社会的离散化,原有的人际基础被破坏,原有的

---

① 徐勇:《乡村治理与中国政治》,中国社会科学出版社2003年版,第137页。

乡村秩序被分化,致使乡村治理陷入新的困境。

基层组织动员能力和社会整合能力在逐渐变弱。传统的农村基层干部被赋予了双重角色,一是上级政权的"代理人",二是村内事务的"当家人"。①"上面千条线,下面一根针",上级政府各项政策的落实,最终都由村两委这根针来穿梭编织,动员带领大家完成各项任务;村里的柴米油盐酱醋茶、邻里婆媳、家长里短等都由村干部这些"当家人"来协调处理。在传统社会里,因为上级赋予的权利和村级治理的委托,基层干部基本能顺利地行使各种权力,进行乡村动员和力量整合,维持各项活动的正常运转。但是改革开放后,处于政治、经济体制转型期的农村,乡村干部手中传统的许多权力被削弱甚至解除,乡村干部不再是说一不二的"土皇帝",动员和整合的能力也随之变弱。另外,现在的乡村,干部被期待和扮演的不再是单纯的"代理人"和"当家人"的角色,还有"经营者""领头雁"等角色,乡村干部不仅要管理乡村社会公共事务,更要发展乡村经济,壮大集体力量,带领乡民发家致富奔小康。而对于一些集体经济普遍缺失的农村来说,这些角色越来越难以扮演,村干部越来越难当,村干部的领导和号召力越来越弱化。另外,随着农村商品经济的发展和社会各项事业的进步,对基层组织的功能要求也不断增加,如壮大集体经济、发展乡村公共建设和公益事业、引导农民参与社区管理等,这已经超过了现有组织的承载能力,出现了功能缺位。再者,随着村民个体意识、民主意识、法律意识、市场意识逐渐觉醒并增强,农村利益逐渐分化,农民处于分散状态,乡村社会日趋离散化,乡村治理基础发生了很大变化。社会关系的松动,基层组织功能的缺位,导致了基层动员能力和社会整合能力的逐渐变弱,特别是在2006年税费改革之后,基层动员能力更加弱化,一些农村要召开村民大会都很难,村民选举参会率很低,更不用说参与公共建设和公益事业。

由于市场经济、城市化的冲击,农村人财物资源不断流向城市,乡村日渐衰微。有研究表明,自晚清以来乃至新中国成立,有一个十分清晰的乡村治理逻辑,就是国家从农村提取资源支持和发展城市。事实上,直到改革开放后,国家仍然是依靠乡村大量的人力财力物质资源,支撑着工业化、现代化、城市化的发展。由此造成的后果是,一方面,城市化的推进,促使越来越多的资源向城市集聚,乡村社会的人力资源、生产资料、生活资料等持续不断地流向城市,城市经济依托工业、服务业的

---

① 吴毅主编:《乡村中国评论》(第二辑),山东人民出版社2007年版,第283页。

发展而快速发展,科学文化教育也迅猛发展,城市越来越繁华,越来越像欧洲。而另一方面,乡村社会的人力资源、生产资料、生活资料等持续不断地流出,大量的农村人口外出务工经商,直接造成了乡村人口急剧减少,乡村出现"空心化"现象。外流的主体人员以年龄、知识、才能等方面都居优势地位的农村精英为多,他们是乡村发展的紧缺资源,而在家务农的只剩下老人、妇女和儿童,这直接导致传统的农村生产方式由于缺乏知识、技术等先进生产要素的注入而只能维持原有水平的简单再生产,各项基础设施建设不足,文化教育事业发展停滞不前,农民生活水平提高缓慢,乡村越来越像非洲。在这种情况下,乡村治理可利用的手段严重匮乏,乡村社会物质基础薄弱,发展越来越缓慢,凝聚力越来越弱,可能导致乡村社会的日渐衰落,城乡二元结构矛盾进一步加剧。

　　依法治国限制了"传统"可能在乡村治理中发挥的作用,礼治与法治的冲突不可避免。对于传统的乡村社会而言,礼治曾经是维护社会秩序的主要力量。费孝通先生认为"礼是传统,是整个社会历史在维持这种(礼治)秩序"①。他认为中国乡土社会是基于亲疏的血缘关系建立起来的,乡土社会的基层结构是由私人联系所构成的网络,即"差序格局"。道德教化和传统习惯维系的礼治在乡村治理中曾经发挥了重要的作用。当今社会正处于传统向现代的转型,农村社会仍具有乡土社会的共同特征,农民的"法律意识"依然受到道德律令下的非法律规范的影响,比如人情关系、道德规范等。而现代国家政权建设中,"依法治村"成为强制要求,管理乡村社会的更多的是国家的法律法规,而不再是依靠"亲缘系统"或"宗族系统"来维系。在传统与现代的交织与碰撞中,现代的观念和制度开始替代传统的观念和制度,曾经是合理合法的乡村秩序的基础,现在许多变得越来越边缘化,或者合理却不合法。农村相对于城市也越来越边缘化,农民追随着城市的文明,适应着城市生活的时尚和快节奏。农村的生活方式越来越被淘汰,农耕文明延续下来的一些伦理道德也随之被抛弃,而适应于当下乡村的新的道德伦理却尚未形成,原有的礼治秩序被破坏了,新的法治秩序却没有很快建立,乡村治理常常陷于窘境。乡村社会既有礼治的性质,又深受法治的影响,礼治和法治的共存,冲突不可避免。但在全面依法治国的大背景下,依法治理乡村是不可逆的趋势,随着现代法治与传统礼治的碰撞,不合时宜的传统必将被抛弃,传统的乡村因而也必然

① 费孝通:《乡土中国生育制度》,北京大学出版社 1998 年版,第 53 页。

经历着现代化进程中的阵痛。

现代化促使农民的价值世界发生深刻变化。由于现代性因素的冲击,作为乡村治理主体的农民,他们的价值世界开始发生变化。例如,传统的以"传宗接代"为基本追求的普遍社会价值被动摇,养儿防老的观念开始淡化,家庭关系日益理性化。艰苦朴素、勤俭持家的家训渐渐被颠覆,消费主义和享乐主义在年轻一代中盛行。铺天盖地的营销广告改变了农民的传统认知,广播电视手机等改变了乡村的文化环境,乡村治理的文化基础也发生了深刻的变化。市场经济的竞争意识、村民自治的民主意识,使得个体主义开始突破集体主义,由"吃饱饭"的追求转到对"掌好权"的追逐,村两委选举竞争日趋激烈。一批土生土长的特殊人才、在经济社会领域发挥重要作用的乡村能人、草根精英日益活跃,他们不满足于经济的富裕,开始登上了乡村治理的舞台,成为乡村治理的主导者,催生了"能人治村""富农治村""非管理精英治村",出现了"能人政治"。① "能人政治"取决于"人",因人而治,使得村治可能因为能人的能力和他掌控的资源而走向辉煌,也可能因为能人的徇私和集权武断导致村民人心向背而走向衰败。农民个体价值世界的微妙变化,导致乡村的社会性价值也悄然发生着变化,乡村治理的固有价值基础也随之发生深刻变化。

三、现代化进程中乡村治理的理性思考

现代化进程浩浩荡荡不可阻挡,乡土社会转型为现代社会也是顺应潮流不可逆转。乡村社会由分化到整合,由分离到合作,必须依靠相应的治理体系变革。在中国绝大部分农民都还没有转移出农村以前,乡村治理如何既适应现代化进程,又维系乡村既有秩序,既融于国家治理大体系中,又保持乡村社会的独特性,这应该是值得学界及政府部门认真思考的问题。

重视乡村治理的顶层设计。乡村治理是个历史过程,是个系统工程,是国家治理的重要组成部分。基于此,站在国家治理的高度进行制度建设、规范确立、引领示范,需要进行顶层设计。村民自治是乡村治理在政治领域的顶层设计,联产承包责任制是乡村治理在经济领域的顶层设计,当下正在进行的新农村建设、美丽乡村建设改变了乡村社会的面貌,提升了农民的生活质量,是物质环境方面的治理,这

---

① 卢福营:《能人政治私营企业主治村现象研究》,中国社会科学出版社 2010 年版,序言。

些都只是单项设计,除此以外还应该有关于乡村治理的整体性、系统性顶层设计。对于乡村治理不仅仅是村民自治,"让农民自娱自乐",更要从国家治理高度,进行引领和规范,实现治理体系的民主化、制度化、法制化。在宏观层面,要有一个总的愿景和规划,对治理理念、治理制度、治理组织、治理方法等进行系统规划,以实现善治为目标,通过乡村治理来实现维护乡村稳定、推进乡村发展、创造乡村幸福。在中观层面,对经济、政治、文化、社会、生态文明和党建等各领域进行体制机制、法律法规的安排,设计一整套紧密相连、相互协调的乡村治理制度。在微观层面,要以问题为导向,抓大问题,从人口流动、户籍制度、土地等关键问题切入,出台政策,提出具体可操作的解决方案,不回避,敢碰硬,敢突破。顶层设计要避免"居庙堂之高"而脱离"乡土",不接"地气"。

探索多元主体参与下的共治与善治。参与式治理与合作治理,是达到真正的村民自治的一条捷径。无论是"富农治村"还是"能人治村",都要将治理的形式转到多元主体参与下的共治与善治。多元主体参与,从阶层来看,不是由富农、中农、贫农中某个阶层来领导,而是乡村中各个阶层的农民都参与其中,各自表达自己的利益诉求与立场,寻求利益共同点;从组织来看,村委会、村党支部、村民监督委员会、经济合作社,各方力量协商整合,群策群力,民主协商,齐心协力,共同管理乡村公共事务。而要实现多元主体共治,必须提高农民的组织性,增强农村地方治理的自觉性,实现在个体利益基础上的合作。充分发挥各种主体的作用,将村民自身的创造力引导到治理工作中来。要实现多元主体参与,必须创新治理模式,创造出更加贴近乡村现实的治理方法。舟山普陀区桃花镇开展的"网格化管理、组团式服务"就是乡村治理的新模式,把干部群众组织、发动起来共同参与治理,细分管理服务单元,横向到边纵向到底,实现治理结构网状化,是多元主体参与下的共治与善治的有益实践。

协调好传统礼治与现代法治的关系。乡村社会有礼治的传统,又有法治的现代基础,重要的是要协调好两者的关系,处理好冲突,实现两者的融合。首先,要遵循礼治和法治的共同目的,两者都是为了实现乡村社会的良好秩序,推进乡村社会和谐健康地发展。其次,要实现礼治和法治在功能上的优势互补。礼治更多的在于用传统的道德教化,形成乡民共同的道德情感和认同,从而实现治理,但是缺乏强制约束力。法治依赖于国家强制力,实施有保证,但是缺乏亲和力,难以在短时间内被接受,甚至内化于心被自觉遵守,两者各有缺失。乡村社会生活在变,作为治理资源的"礼"也在变。可以说在世界历史中,没有任何一种文化和制

71

度的生命力可与中国的"礼"相提并论。因此在乡村治理中要能与时俱进地运用一些传统礼俗资源以弥补法律的缺失,要健全各项法律制度用以规范礼教,形成礼治和法治的融合,"法主礼辅"、以法治统摄礼治。再次,乡村治理需要以法治思维和法治方式来推进,以建章立制、规范村规民约来保障,打造经济发展、生态良好、村容整洁、乡风文明的美丽乡村。最后,要以礼治和法治促自治。礼和法都是手段,通过礼治和法治的共生和融合,促进村民自治的发展,共建乡村稳定秩序,推动乡村社会发展。

突破治理思维,拓展治理思路。乡村社会在发展,乡村的治理环境在变化,因而相应的治理思维和思路也必须做出变革。要形成能适应变革了的社会的新治理思路,朝着适合时代、有意义与价值的治理方向去思考。要从善政思维走向善治思维。突破传统的乡村社会管理模式,破除唯政府主体论,探索乡村公共利益最大化的善治模式,寻求政府与乡民对乡村公共事务的合作管理,协调好政府与乡民的关系。要从集权走向分权。要分享治理权,即放权,改变"名为村民自治,实则上级领导"的现状,放手探索适合乡村发展的治理模式,大胆试,不怕试,进一步完善村民自治。要以市场经济的思维方式治理乡村。不能总是沿袭计划经济的手段,采取人民公社的管理方式,要以市场经济的规律和手段从事乡村建设和管理,发展乡村名特优经济,发展乡村农家乐,发展乡村旅游,使古老的乡村能紧跟市场的节奏,跟上国家现代化的步伐。要采用现代化的科学技术和治理理论,改善治理方法,拓宽治理思路。以法治思维和法治方式推进乡村治理,以建章立制、规范村规民约来保障。采用技术化的手段解决治理困境,把网络引入百姓之中,用农村社区信息化来解决农民的利益表达问题,以网络问政与网上办事的形式,来改变农民对政府的印象,增加农民表达诉求的途径。改变从精英立场出发的理论研究,改变自上而下的思维惯性,站在农民的立场上,探索自下而上的变革通道,让农民大胆实践,创造出更多的像联产承包责任制那样的"草根"实践和理论,让乡村治理真正回归乡村。立足乡村经济社会文化发展现状,适应乡村民风遗俗,不强制改造,不搞一刀切,用灵活的政策激活乡村自身内在的潜力,让乡村焕发出不同于城市的魅力。

重构乡村共同体,实现乡村繁荣美丽。随着城市化的过度发展,城市居住环境恶化,各项生活设施建设老化,人们迫切需要开拓新的生存环境来满足自身的居住和生活要求,回归乡村的"逆城市化"潮流出现了。拯救日渐衰微的乡村社会,既是缓和城乡矛盾、促进城市和乡村的共同发展,也是满足人们对乡村的生态健康居住环境的向往。随着国家经济实力的增强,中央要加强财政转移支付力度,集各方资源向农村倾斜,以工业反哺农业,以城市带动农村。要加大乡村基础设施建设,真正做到道路硬化、村庄绿化、卫生洁化、河塘净化、环境美化。加强乡村民生建设,积极推广和完善农村医疗、养老制度,探索农村居家养老新模式,使农民不靠儿女也能养老。加强乡村文化建设,以文化大院、文化礼堂建设为载体,传承传统文化、传播现代文明、弘扬主流价值、丰富文体活动,凝聚人心,聚集人气,整合人力。加强民主建设,规范村民选举,不仅吸引能人、富人、精英回归参与到村治中,更要以法、以礼治理农村,完善村民自治。通过新一轮的新农村建设、美丽乡村建设,夯实乡村治理的物质基础,优化乡村治理的人文环境,提升乡村治理的绩效,重构乡村共同体,打造经济发展、生态良好、村容整洁、乡风文明的美丽乡村,让乡村真正"望得见山、看得见水、记得住乡愁"。

第二节　美丽乡村建设的"三个标配"

党的十九大报告中提出乡村振兴战略"要坚持农业农村优先发展,按照产业兴旺、生态宜居、乡风文明、治理有效、生活富裕的总要求,建立健全城乡融合发展体制机制和政策体系,加快推进农业农村现代化"。这是中央基于国家"五位一体"总体布局在农村的集中体现,是乡村治理的总目标总要求,是国家对于农村现代化的顶层设计。乡村振兴不仅是经济的发展,更是文化、社会、生态文明全方位的发展。乡村振兴不仅要看农民口袋里票子有多少,更要看农民精神风貌怎么样。乡村振兴是实实在在的举措,是老百姓看得见摸得着的获得感幸福感,表现在村容村貌的卫生整洁,乡风民俗的文明教化,心有所栖的精神归属,老有所养的幸福依托,找得到的一抹乡愁,等等。

金华是典型的"三农"大市,农村面积和人口比重比较高。习近平同志在浙江工作期间,多次到金华调研农村问题,对金华新农村建设作出许多重要批示和指示。金华市委、市政府以习近平总书记的重要指示为指引,认真贯彻"八八战略",部署实施乡村振兴战略,在2017年第7次党代会中提出,农村要"加快美丽村落、美丽田园、美丽经济和美丽风景线建设,让一口波光潋滟的池塘、一座其乐融融的文化礼堂、一个充满温情的居家养老服务中心成为'标配',全域打造美丽乡村建设升级版"。此后,金华以"三个标配"为抓手,治污水、除垃圾、提素质、善养老,打造乡村生态宜居推进农村生态现代化,提升乡风文明推进农村文化现代化,实现乡村老有所养推进农村社会现代化,建设宜居美丽新金华。

一、治污水治垃圾,打造乡村宜居生态,推进农村生态现代化

"脏、乱、差"曾经是农村的千年标签,污水横流,垃圾遍地,鸡飞狗跳,蚊蝇满天飞。如何改善农村居住环境,还原绿水青山,建设宜居生态,还有那一抹乡愁? 习近平同志说过:"建设生态省,打造'绿色浙江',农村是重点,是难点,也是主战场。"①金华不断探索,以五水共治、垃圾分类为突破口,提出把每个村庄要有"一口波光潋滟的池塘"作为美丽乡村的标配,努力建设生态宜居的新农村。

金华市浦江县曾经是河流污染严重、有"牛奶河"之称的地方。20 世纪 80 年代后期,水晶加工作为一项富民产业被引入浦江大力发展,在最繁荣的时期,浦江共有 2 万多家水晶加工户,生产出国内 80% 以上的水晶产品。但是,璀璨的水晶装点了外面的世界,浦江的山水却因长年累月的水晶作业而蒙尘纳垢。数据显示,治水前,浦江共有 462 条"牛奶河"、577 条"垃圾河"、25 条"黑臭河",每天有 1.3 万吨水晶废水、600 吨水晶废渣未经有效处理而直接排入河流和林地,导致固废遍地、污水横流。全县 85% 以上的水体均受污染,作为浦江人的"母亲河"——浦阳江成为钱塘江流域污染最严重的支流,出境断面水质连续 8 年为劣 V 类。2006 年和 2011 年,浦江两度启动水晶污染整治,但均以失败告终。2013 年 4 月,原浙江省委书记夏宝龙明确要求浦江为浙江全省治水打开一个缺口,树立一个样板。2013 年 6 月,夏宝龙书记来到浦江调研督办水环境综合整治工程,打响了浙江"五水共治"的第一枪。据统计,2013—2016 年,五水共治三年以来,浦江全县累计关停污染水晶加工户 19680 家,拆除违法建筑 2.04 万处;先后关停并转印染、造纸、电镀企业 23 家,依法取缔废旧塑料、铅酸蓄电池等非法加工点 360 余个;共关停"禁养区"内养殖场 754 家,减少生猪 6.1 万余头,非禁养区养殖场全部实现废水零排放和废物全利用。通过三年治水拆违,当地岸上污染源被切断,生活污水截污纳管,水质改善立竿见影。2015 年底,浦江 22 条劣 V 类支流全部消灭,全县 51 条支流中优于 III 类水质的达到 42 条,连续两年捧回浙江省"五水共治"最高奖——"大禹鼎"。②

---

① 詹新华、钟欣:《写好美丽乡村绿色发展大文章》,《新闻战线》2018 年第 8 期。

② 奚金燕:《江河复清绿满城 浙江浦江"五水共治"引城乡蜕变》,人民网,2016 年 4 月 21 日。

"五水共治"即治污水、防洪水、排涝水、保供水、抓节水，全方位系统性解决水问题。五水共治，治理污水是首当其冲的第一要务。在浙江省委的统一部署下，浦江率先打开了治理缺口，树立了标杆，金华全市紧跟而上，以壮士断腕的勇气推行铁腕治水，以破竹之势推进"五水共治"工作，打赢一场又一场治水攻坚战、持久战、巩固战。从 2013 年开始到 2016 年的三年时间，全市实施黑河、臭河、垃圾河"三河"整治，排查出垃圾河 72 条，河道长度 568 公里，黑臭河 83 条，河道长度 709.3 公里，消灭了全市所有垃圾河、黑河和臭河，实现三河三清。开展"治砂清水"专项行动，全面关停非法采砂（制砂）场，编制完善砂石资源开发利用规划，实行砂石资源有偿出让制度，完成非法制砂场的整治。实现城镇截污纳管基本覆盖和农村污水处理全覆盖。淘汰高污染的水晶等行业，整治提升有关行业实现转型升级。农业基本实现种养殖业的集聚化、规模化管理，污物排放的集中化、无害化处理，控制农业面源污染。到 2016 年，全市全面消除黑臭支流，全流域基本达到 Ⅲ 类水质，实现"一年灭黑臭、两年提水质、三年可游泳"的目标，流域生态实现良性循环，连续六年夺得治水"大禹鼎"。城市防洪标准基本达到 50 年一遇以上，有条件的中心镇防洪标准达到 20 年一遇以上；年病险水库发生率控制在 3% 以内。城区达到 10 年一遇防涝标准，重点区域达到 20 年一遇防涝标准，城市干道遇短时强降雨积水及时排除，交通不中断，重点路段不积水。县城完成 1 个以上备用水源建设，集中式饮用水源水质达标率 100%，农村安全饮用水普及率达 100%。实行水资源管理"三条红线"，万元 GDP 用水量控制在 65 立方米以内，主城区居民家庭中的节水器具普及率达到 100%。全市流域水质取得历史性突破，农村环境大幅改善，水清澈，山碧绿，天空蔚蓝，小鱼儿小孩儿在溪里欢快游泳。

为了加大农村环境整治力度，从 2014 年开始，金华在全市试点推广农村垃圾处理方法：采用"两次四分"的方法进行垃圾分类、"垃圾不落地"的方法进行垃圾转运，采用阳光堆肥房的方法实现垃圾就地转化利用，解决农村生活垃圾问题。出台《金华市农村生活垃圾分类管理规范》，规定农村垃圾分类管理、收集、处置的标准。采取"户集、村收、乡转运、县处理"的方式，由政府给农户发放标准化垃圾桶，农户按能否腐烂为标准对垃圾进行一次分类，村保洁员在收集各户垃圾的基础上，按能否腐烂进行二次分类，将不会腐烂的垃圾进行回收处理，将会腐烂的垃圾运送到村级阳光堆肥房，进行密封处理转化为肥料。利用"互联网"技术进行垃圾分类智能化管理，在垃圾桶上贴二维码，手机扫一扫即知垃圾清理情况，建立微信群，让村民自我监督。自 2014 年在 20 个行政村开展垃圾分类试点以来，金华市走出了一条

"农民可接受、财政可承受、面上可推广、长期可持续"的农村垃圾分类之路。2016年,金华全市145个乡镇4472个行政村,垃圾分类处理已覆盖全市100%的乡镇、95.59%的自然村,垃圾减量80%以上。2016年,国务院住房和城乡建设部发出《住房城乡建设部关于推广金华市农村生活垃圾分类和资源化利用经验的通知》,向全国推广金华农村垃圾处理做法和经验。2017年,金华农村生活垃圾分类、美丽乡村建设的经验入选党的十九大"砥砺奋进的五年"大型成就展。

治污水治垃圾,改善了农村居住环境。污水不横流、垃圾不落地,山清水秀、鸟语花香,农村摘掉了"脏乱差"的标签,还原了该有的面貌,改善了居住环境。农家乐、乡村游成为市民休闲出行的首选,城市回归乡村的"逆回归"成为普遍现象。治污水治垃圾,培养了农民绿色的生活方式。不乱扔垃圾,维持干净整洁的生活环境;不污染环境,保持山清水秀的居住环境;不破坏环境,留住那一抹乡愁。农民开始摒弃粗糙低质的生活,崇尚文明、绿色的生活。通过治污水治垃圾,农民树立了环保的意识、绿色的意识、健康的意识。保留绿色、保护环境,绿色生产、健康生活,绿色与健康成为乡村生产与生活之本,成为农民、农村、农业之本。农村进入了人与自然和谐相处的时期,朝着生态宜居的文明农村迈进。

二、建设文化礼堂,提升乡风文明,推进农村文化现代化

"农村人素质低、没文化"是一直以来对农民的普遍看法。和城市相比,农村是落后贫困的,农民是粗俗无知的,农村农民常常被轻视。如何摆脱粗俗无知、提升农民的文化修养和文明程度、提升乡风文明? 2013年,浙江省委省政府正式启动农村文化礼堂建设,目的是提升乡风文明、提高农民文化素质和文明素养。金华市委、市政府响应省委省政府号召,大力倡导农村文化礼堂建设,提出每个村庄都要建设"一座其乐融融的文化礼堂",以此作为美丽乡村的标配。为此,金华市克服各种困难,充分挖掘本地的特色与社会资源,以政府为主导、以农民为主体,实施农村文化礼堂建设。

农村文化礼堂建设既是一项群众呼声较高的惠民实事,也是农村宣传思想文化工作的重要阵地。守好农村意识形态阵地十分重要,农村文化礼堂建设意义重大、任务艰巨。农村文化礼堂建设由政府主抓,财政支持,村级实施,按照"文化礼堂、精神家园"的定位,以"务实、守信、崇学、向善"为内涵,传播现代文明,弘扬社会主义核心价值观。农村文化礼堂整合了农村文化宣传、党员教育、科学普及、体育健身等设施资源,实行统一领导、统一规划、统一名称、统一标志、统一风格、统一管理。农村文化

礼堂设有文化墙、文化长廊、文化窗等文化展陈，展示村庄形象，记述乡村历史沿革和村貌变迁；定期开展文体活动、文化交流、乡俗礼仪，传承农村优秀传统文化，改善农民文化生活；定期组织思想教育、道德建设、科学普及、继续教育、娱乐活动，提高农民政治文化素质，满足农民精神文化需求。农村文化礼堂基本都设有讲习所、书吧、会客厅、百姓大舞台等功能性场所，许多文化礼堂还引入社会公益组织入驻管理，将多家文化礼堂划入共享圈，推动了"多堂合一，一堂多用"。农村文化礼堂成为农村的乡村客厅、非遗基地文化地标、精神家园，成为弘扬社会主义核心价值观的主阵地。

从 2013 年开始至 2018 年，金华市农村文化礼堂达到 1000 多座。2018 年《浙江省农村文化礼堂建设实施纲要（2018—2022）》出台，提出到 2022 年全省农村文化礼堂建设基本实现行政村全覆盖。2022 年，金华全市已经实现行政村文化礼堂全覆盖。金华农村文化礼堂建设注重文化礼堂建筑风格与乡村风貌相协调，挖掘保护村落优秀历史文化和红色文化资源，加强民俗文化与现代文明的融合创新，体现文化品位、彰显文化内涵，加强对已建成农村文化礼堂的改造提升，完善功能设施、提升使用效率；进一步做好农村文化礼堂外观"美化"和标识"亮化"工作，使文化礼堂成为村落文化地标；加大农村优质文化产品和服务供给，推进文化惠民、文化乐民、文化育民，进一步提升农村文化礼堂服务质量和效能。

农村文化礼堂已经成为乡村的文化地标，标识着文明乡风。农村文化礼堂带着乡村泥土的气息一路走来，成为农村文化地标。农村文化礼堂既是文化学习中心，村民在这里学科技、学文化，在这里消闲、娱乐、健身；又是村民休闲集聚中心和行政服务中心，村民在这里聚集、议事、养老；更是农村乐民、育民、聚民的一个重要载体。因为农村文化礼堂，农村传诵着这样一段顺口溜：多写一个字，少打一张牌；多一个球场，少一个赌场；多一场演出，少一场纠纷。潜移默化，文明的种子已经根植在农民的心里并生根发芽，不久的将来定会长成参天大树。农村文化礼堂已经成为农民的"文化殿堂、精神家园"。传统农民的粗俗无知源于精神的贫困，面朝黄土背朝天的生活和生产方式，小农经济的视野和格局，使农民只能盯着一亩三分地，想着老婆孩子热炕头。在现代的农村文化礼堂里，农民用知识充实头脑，用文化提升素养，用文明涵养精神。有知识、有文化、懂文明的现代农民，在实现"身有所栖"后又实现了"心有所寄"。

农村文化礼堂沿袭着乡村文脉，承接着现代文明。农村文化礼堂的建设，使得农村不仅仅有宗庙祠堂，更有讲习所、图书室、会客厅、百姓大舞台。农村文化礼堂讲述着耕读传家的故事，记载着从哪里来的过去，更规划着到哪里去的未来。农村文化礼堂将古往今来系于一身，是乡村历史的集结，推动乡村从田野走向世界，从粗野走向文明，从传统走向现代。

三、创新居家养老模式，实现乡村老有所养，推进农村社会现代化

"养老靠儿、养儿防老、多子多福"是中国农民的传统观念。由于计划生育政策，农村普遍出现"少儿"甚至"无儿"的现象。没有儿子或者儿子出门在外，老人如何养老？面对严峻的老龄化发展形势，金华市不断探索，提出每个村庄都要建设"一个充满温情的居家养老服务中心"，以此作为美丽乡村的标配，探寻农村养老新路子。从2012年开始，金华市将居家养老服务作为保障和改善民生的一项重要举措。

金华农村居家养老服务中心是以家庭为核心、社区为依托、专业化服务为依靠，通过上门服务和社区日托两种形式建立的特色社会化养老服务体系，打造"老人安心、子女放心、社会称心"的"三心"居家养老服务，采用"统一领导、分级负责、批量建设、分散运营"的模式，以政府购买服务、社会化运作的方式，为老人提供就餐、送餐、医疗、休闲、文化等多方面的服务，解决农村养老问题。村里统一将纳入中心服务的老年人分为三类：第一类为五保老人，中心提供无偿服务，经费从五保供养经费中列支；第二类为村里所有80周岁以上老人和城乡最低生活保障家庭中60周岁以上的老人，中心提供低偿服务，每餐每人收取2元伙食费；第三类为村里70周岁以上老人，中心提供有偿服务，收费标准由村两委决定。养老中心由政府一次性投资建设食堂、活动室、休息室以及餐厨设备、娱乐设施等基础设施和基本设备，运营经费采用上级部门补一点、政府财政出一点、村集体筹一点、社会爱心助一点的筹资方式解决。农村居家养老服务中心以政府购买服务、社会化运作的方式，为老人提供就餐、送餐、医疗、休闲、文化等多方面的服务。在实践中，不断打造农村居家养老升级版：推动敬老院、居家养老服务中心、民营资本三者实现医养结合服务，逐步引入民营资本或由乡镇卫生院组建社区卫生服务站（医务室）、责任医师团队等形式开展医养深度结合，推进一批支持老年人预防保健、医疗卫生、康复护理的项目，努力实现医养结合服务全覆盖。一些有条件的养老中心已全面推开家庭医生制度，为每位老年人建立并完善健康档案，提供健康管理、健康体检、保健咨询、慢病防控等医养护一体化服务。

农村居家养老模式起源于金华市金东区，而后推行于全国。从2012年开始，金东区连续多年把"深化农村居家养老服务工作"列入区政府民生实事工程，居家

养老服务工作不断扩面提质。2013年开始，金华市连续多年将居家养老服务建设列入政府十大为民办事实事工程，从完善机制走向优化服务，推动居家养老服务事业走在全省乃至全国前列。2014年，金东区居家养老工程被评为中国养老模式十佳典型，2015年被评为全国民生示范工程，央媒、省媒等多家媒体对此展开大幅报道，将居家养老"金东模式"在全国进行推广，为全国养老事业发展提供了经验和样本。2016年，民政部、财政部出台《关于中央财政支持开展居家和社区养老服务改革试点工作的通知》，重点支持试点地区居家和社区养老服务发展，目的是通过政府扶持、社会力量运营、市场化运作，总结一批服务内容全面覆盖、社会力量竞争参与、人民群众普遍认可的居家和社区养老服务成功经验，形成比较完备的居家和社区养老服务发展环境和推动机制，全面提升居家和社区养老综合服务能力，快速提高我国居家和社区养老服务发展能力和水平，巩固居家和社区养老服务在养老服务体系中的基础地位，满足绝大多数有需求的老年人在家或社区享受养老服务的愿望，切实增强人民群众的获得感。

2020年初，金华市入围第五批中央财政支持开展居家和社区养老服务改革试点地区名单。自改革试点开展以来，金华各级民政部门积极作为，与相关部门通力协作，实施机制政策保障大提升、服务设施建设大提升、服务模式创新大提升、人才技术支撑大提升等"四大提升行动"。金华市先后出台《金华市开展第五批中央财政支持居家和社区养老服务改革试点工作方案》等20多个政策文件，为推进居家和社区养老服务高质量发展提供坚实政策保障；出台《金华市区新建住宅小区配建居家养老服务用房建设、管理和移交暂行办法》，扩大社区居家养老服务供给，提升养老服务的便捷性和可及度，形成市、县、乡、村四级养老设施合理布局，居家、社区、机构养老有机融合的多元化供给格局。在2020年底民政部、财政部下发的《关于公布第五批居家和社区养老服务改革试点验收结果的通知》中，金华市在59个全国改革试点地区中名列前茅，被评定为优秀，并且被确定为优中选优单位。①

居家养老、社区养老已经成为老年人首选的养老方式，大部分老年人都愿意选择居家和社区养老。金华把乡镇（街道）居家养老服务中心建设作为健全养老服务体系的重要组成部分，统一部署分步实施，到2022年，每个乡镇（街道）均建有兼具日间照料与全托服务功能的示范型居家养老服务中心，有条件的村（居）都建成居

---

① 夏凌、章军伟：《金华市获评优秀"全国居家和社区养老服务改革试点"》，浙江新闻，2020年12月20日。

家养老服务中心,并充分考虑老人个性需求,探索更具当地特色的服务项目,大力推进居家、社区、机构相协调,医、康、养相结合的养老服务体系,让老年人更有获得感,使家门口养老更舒心。

居家养老使老人老有所养。居家养老使老年人三餐有时,免去烧买洗汰的劳累;居家养老使老年人居家有伴,不寂寞不孤单;居家养老使老年人不离乡不离家而能安心养老;居家养老让老人安享晚年,吃得放心、住得舒心、玩得开心,充满归属感。居家养老减轻了子女的后顾之忧。年轻人外出谋发展是农村的普遍现象,村里剩下的通常是老人。年迈的双亲在家无人照顾,一日三餐、日常照顾、安全起居、消愁解闷,常常是外出子女最大的牵挂。居家养老服务中心对老人细致的照料和关怀,让外出的子女能够安心工作,减轻后顾之忧。居家养老是社会富裕的终极体现。已经实行的农村社会保险和新型农村合作医疗,基本解决了农村老人经济方面的困难,居家养老则基本解决了农村老人养老方面的困难。一切奋斗都是为了人生活得更美好,一切物质生活的富有都是为了实现精神上的满足,一辈子的打拼积攒是为了老有所养。老有所养是人终极幸福的体现,是社会富裕的终极体现。农村的居家养老,实现了老有所养,真正有了现代化的内涵。

金华通过"一口波光潋滟的池塘","逼"出了治污水治垃圾,实现了农村环境宜居;通过"一座其乐融融的文化礼堂",孕育出了文化殿堂、精神家园,实现了农村乡风文明;通过"一个充满温情的居家养老服务中心",推出了居家养老,实现了农村老有所养。乡村振兴战略是国家建设美丽乡村的顶层设计,金华通过实实在在的举措,把传统文化与乡情社情相结合,把传统文化与民情民意相融合,以传统文化赋能乡村振兴,提升了农民的幸福感和获得感。乡村振兴为传统文化的传承发展提供了广阔的舞台和良好的契机,传统文化在乡村振兴过程中得到传承发扬,焕发出新的生机和活力。

第三节　乡村振兴与乡愁文化①

乡风文明是乡村振兴战略的重要内容,加强乡风文明建设就是要发挥新时代

---

① 本部分内容曾发表于《金华日报》2019 年 4 月 22 日理论版,题目为《乡村振兴视角下金华乡愁文化建设研究》。

先进文化和传承优秀传统文化，在本土文化的内生动力基础上提升乡风文明。乡愁文化是乡村文化的重要组成部分，乡风文明是维系中华民族文化基因的重要纽带，是流淌在田野上的故土乡愁。2013年中央城镇化工作会议赋予乡愁文化以新时代的意义，习近平总书记在会议上强调城镇化过程中要处理好人与自然的关系，要有人文情怀，要让居民望得见山、看得见水、记得住乡愁。[①] 由此"记得住乡愁"成为一个诗化了的政治目标，"乡愁"也被赋予了新时代的新内涵。城市建设要留住青山绿水、记得住乡愁，乡村作为乡愁的发源地、存留地、寻梦地，更要留住青山绿水、留住乡愁。

一、乡愁文化的内涵诠释

(一)什么是乡愁

一直以来，乡愁文化多出现在文人、游子的诗词和散文中，抒发对故乡、对祖国的眷恋，其中以余光中的《乡愁》为典型代表。习近平总书记的乡愁理念给当代乡愁文化赋予了全新的时代内涵和现实特色。乡愁是什么？习近平总书记说："什么是乡愁？乡愁就是你离开这个地方会想念的。"[②] 朴素的话语，却是满满的中国式情怀。之后习近平又在多个地方提到乡愁。习近平总书记的乡愁，不仅仅是文人墨客的情怀宣泄，更是美丽乡村建设的一个重要内涵指标，是看得见摸得着的美丽乡村的独特标识。

乡是故乡，土是民间，乡土是故土、是老家。乡愁，是游子对故乡最深的眷恋和牵挂。乡愁是妈妈的味道，在记忆里挥之不去，是对家美好的记忆；乡愁是对非常喜欢的地方，离开就会永远牵挂；乡愁是留得住的记忆，此生难以磨灭、无可替代。几千年的农业文明，诞生出乡土中国的农耕文化、家族文化、地域文化等乡土文化，为乡愁文化奠定了丰厚的历史空间。这些文化相互联系相互渗透，在漫长演变中逐渐地形成中国传统文化并内生出乡愁文化。乡愁文化就是人类社会历史发展中不断创造、积累下来的物质财富与精神财富的总和，以乡土为基础，包括物质和精神的形态。

---

① 熊建、黄碧梅、林丽鹏、林琳：《新型城镇化，留得住浓浓的乡愁》，《人民日报》2013 年 12 月 16 日。

② 佚名：《习近平的三重乡愁》，人民网，2016 年 2 月 2 日。

（二）乡愁文化的特征

乡愁文化属于一种独特的传统文化类型，其特点表现在以下方面。

独特的地域性。"乡"是中国特有的地域语境，一是表达与"城市"相对的地域，如农村乡下；二是指自己生长的地方或祖籍，比如家乡、故乡、乡土；三是县之下的行政区划单位，如某某乡。乡愁以"乡"为定语，是在特定区域的一种文化感受，具有独特的地域性和地方性特征。不同地方的历史和地理、宗教信仰、民风民俗、生活习惯等造就不同的乡愁文化，"十里不同乡，百里不同俗""十里不同风，一乡一习俗"指的是不同区域乡愁文化的独特性。

丰富的民俗性。中国是多民族国家，在不同区域经长期历史发展而形成多个不同的民族，各民族历史、文化、语言与其他民族有所区别，伴随着社会进步，经济发展以及文化、语言和文明的进步而不断发展演变。乡愁文化体现了各个民族特有的个性文化，因为地域的影响，同一个民族也有不同的文化特征，其中包含大量的民风民俗，如礼节、婚丧、祭祀等，都是老百姓固化的生活方式，与日常生活息息相关。

多样的表现性。乡愁文化具有丰富的意蕴内涵，表现形式多样、复杂，既表现为当地乡民衣食住行、风俗习惯等物质层面，比如山村田野、河川湖海、花草树木、住宅庭院、景观建筑、风味小吃、方言俚语、风俗活动等，都是游子魂牵梦绕的故乡印记；也表现为观念意识等精神层面，比如民风乡俗、乡规民约等不同乡村特有的价值理念和精神品格。

生动的时代性。随着社会的不断发展变迁，乡村发生了天翻地覆的变化，乡愁的内容和形式也随之不断发展变化，产生新的乡愁文化。

二、金华乡愁文化建设的现状

金华具有独特的自然地理条件和人文历史状况，在如何建设乡愁文化的实践中不断探索，取得不少成效，也存在不少问题，值得认真研究。

（一）金华乡愁文化的特点

种类多，覆盖范围广。金华的乡愁文化从地域范围来说，包含金华市域全部范围，包括 9 个县市区，属于"八婺文化"范畴；从区域文化来说，有乡村文化和城市文化，有古代传统文化和现代新乡愁文化；从乡愁文化形态来说，表现为有形的和无形的、物质的和精神的、文字的和语言的等等;从乡愁文化主体来说,既有游子又有乡贤。总的来说,金华的乡愁文化包括了乡愁文化的主要种类,包含有乡愁文化的基本特征,具有代表性和典型性。比如好吃的东西和味道:火腿、酥饼、寿生酒、汤溪烂松菜滚豆腐、东阳沃面、兰溪鸡子粿、义乌红糖等;好听的故事和声音:黄大仙的传说、婺剧、道情、横店影视等;好玩的地方:双龙洞、尖峰山、方岩、牛头山、地下长河等;儿时喜欢的活动:跳绳、踢毽子、舞龙灯、斗牛、游戏等;老物件:水车、谷扇、锄头、畚箕、犁耙、古玩等;老地方:侍王府、古子城、八咏楼、祠堂古庙等;老人家:吕祖谦、宋濂、李渔、黄宾鸿、其他乡贤士绅等;还有金华特有的婚嫁丧事、人情往来的民俗风情,比如兰溪诸葛后裔祭祖、金华斗牛、永康方岩庙会、磐安大祭马等。

地方特色明显,影响大。乡村是乡愁文化的土壤,八婺大地文化特色丰富多样。比如武义俞源村,每年的农历六月廿六是村里的重要节日——圆梦节,已经延续 700 多年。这一天,村里都要举办盛大的庆祝活动,请来婺剧戏班连演三天四夜,称为"六月戏",附近十里八乡的乡民都会赶来参加,甚至吸引了日本、美国、印度等国家的游客前来体验山乡民俗。像俞源村这样具有浓郁乡村特色的民俗节日,许多村都保留着,一代一代传承下来,成为这个地方的集体记忆。

非遗占比高。非物质文化遗产是世代相传的各种传统文化,包括语言、艺术、民俗等。比如金华的道情,又称唱新闻、劝世文,是一种传统说唱艺术,已有 300 多年的历史,深受老百姓欢迎,是第二批国家级非物质文化遗产,道情一唱,浓浓的乡情扑面而来。像道情一样的非物质文化遗产,在金华有很多,都属于流传至今的乡愁文化。

(二)金华乡愁文化建设的案例

保护传统村落,守望乡愁。古村落是"记得住的乡愁",保护古村落是传统历史文化保护传承的一种方式。武义俞源村于 2003 年被列为"首批中国历史文化名村",2010 年上海世博会期间,俞源村俞风法家庭入选了浙江馆"最浙江"家庭,向世人展示古村落的古建筑、古装饰,宣传乡土乡音乡贤,将古村俞源推向了世界。2016 年,来自 19 个国家的 39 名海外学子来到古村俞源,吃住在乡民家,了解这古老村庄的乡村乡音和乡贤。2017 年,中国传统村落保护(武义)国际高峰论坛在俞源村开幕,商讨古村落的保护和发展。保护好传统村落,就是保护传承美丽乡愁,让更多人通过传统村落了解乡愁文化。

以农村文化礼堂为载体,对话乡愁。在庆祝改革开放 40 周年时,婺城区开展

"对话乡愁"诗歌系列活动,在安地镇岩头村文化礼堂挂牌了首个"诗歌文化礼堂",开展"对话乡愁"诗歌高峰论坛。"对话乡愁"诗歌活动通过讲座、论坛、采风等形式,吟唱乡音乡愁,借助农村文化礼堂传承地方特色文化,培养乡土情结,发扬优秀传统文化。文化礼堂是乡村的"精神家园",记载着村庄的历史、人文,承载着村庄的过去、现在。截至2020年,金华已经累计建成农村文化礼堂1000多座,实现有条件的村庄全覆盖,农村文化礼堂成为各地展示乡愁文化的重要载体。

历史文化街区活化,开发乡愁。随着城市建设的加快,许多历史建筑被拆除,许多优秀历史文化面临失传,许多历史记忆渐渐离我们远去,留住乡愁、开发乡愁成为城镇化改造的重要内容。浦江县东街在几年前还是古旧的小巷、破旧的房屋,比较萧条,街区留存着许多悠久的记忆,每条小街小巷都记录着文化、承载着乡愁。浦江在旧城改造中重视对古老历史文化街区的保护,对古街进行精心地修复打造,融合创意办公、非遗文化传承、特色餐饮、民宿公寓,成为历史文化创意街区,迎会、舞狮、滚地龙、板凳龙、鱼灯等传统文化表演,使素有"千年古街"之称的东街回复了昔日的热闹繁华,成为充满无数美好回忆的"老地方"。古街的每一座牌坊、每一块条石、每一片瓦砾、每一棵树木,都是文化的沉淀、岁月的见证、乡愁的寄托,古街的保存和开发,为城市留住了根脉。

传承非物质文化遗产,推动乡愁。金华非遗资源丰富,如婺剧、婺州窑、金华道情、火腿、寿生酒等,还有各种独特的民俗、具有地方特色的美食。近些年来金华市非常重视非遗保护,开展了100多场非遗走进农村文化礼堂活动,开展非遗集市活动和非遗年货展,形成了传承非遗的浓厚氛围。2018年10月,市非物质文化遗产保护中心和浙江师范大学共同主办金华市曲艺类非遗传承人培训班,着力培育非遗传人,提升非遗传人素养,促进曲艺创作本土化和传承创新。非物质文化遗产的发掘保护,进一步推动了乡愁文化的创新发展。

(三)乡愁文化建设存在的问题

乡愁无处安放。推进城镇化和新农村建设过程中,破旧立新是无法回避的问题,对破旧村庄进行整治,对破旧建筑进行改造或拆除,砍树、填塘、拆房时有发生。在破与立、拆与建、新与旧的转换中,当那些老屋、老路、老树都消失难寻,乡愁也就像风筝断了线,找不到安放的一隅。

乡愁文化建设重视不够。农村建设的重点仍是发展经济,有限的资源都投入其中,文化发展资源相对不足,尤其是独立的乡愁文化建设更少,其储存和展示大多依附于其他载体，内容和形式也存在于村史乡贤中。乡愁文化资源丰富，但梳理归纳、科学规划明显不足。

乡愁文化建设模式单一。以旅游带动乡愁文化建设是常见的基本模式，利用当地的名人、传说、景点、特产等，开发旅游热线，办农家乐、建民俗，吸引游客。一个模式成功后后人一拥而上，粗制滥造，最终归于寂静。

乡愁文化建设内容单薄。物质层面的乡愁文化开发建设比例高，精神和制度方面的建设比例低。新时代的乡愁文化内容创新比较少，与中心工作结合不够紧密，缺乏与时俱进的开拓性。

三、乡愁文化建设对于乡村振兴的意义

乡愁文化建设是乡村振兴的重要内容。乡村文化发展是乡村振兴的主要任务之一。乡村的文化发展，既重视现代文化的培育发展，也重视传统文化的传承和弘扬。乡愁文化是乡村传统文化的有机组成部分，是乡村文化的文脉之所在，发展乡愁文化是乡村振兴的重要内容。新农村建设要进行政治、经济、社会、文化、生态全方位的建设，而在"五位一体"建设时，离不开乡村的文脉和传承，离不开乡村的精神和信仰。有乡愁文化的农村才是真正有灵魂的农村，美丽乡村建设如果缺失了乡愁文化，就只是一个美丽的躯壳，没有核心价值和精神信仰。

乡愁文化建设有利于传承保护传统文化。乡愁文化建设是传承保护传统文化的重要途径。每个区域、每个地方、每个村镇都有自己独特的文化存在，这个独特性和当地的乡民直接相关，是当地乡民生产、生活的文化记录，是乡民衣食住行、人际关系、情感表达、民俗习惯、乡规民约的记载，一代一代流传下来，累积成为传统文化。其中非物质文化遗产是典型代表，许多非遗都和乡愁文化直接相关，建设好乡愁文化有助于建设非遗文化，有助于保护传承传统文化。

乡愁文化建设有利于传播乡土文明。乡愁是乡土文化的折射，"生之于地，善之于天，为之于人"，充分体现了"山水人""天人合一"的思想。乡土文脉源于一直以来绵延不断的乡土文化的传承，乡土文明是乡村由于文化滋养而提升的乡村文明素养。乡愁文化连接着古代和现代，连接着乡村和城市，是乡村文化的载体，是乡村文明的见证。

乡愁文化建设有利于乡村和谐稳定。文化是社会和谐的润滑剂，乡愁文化是乡村和谐发展的润滑剂。乡愁文化记载着乡村田园诗意的生活，传导乡村邻里和美的善意，是乡村真善美的宣扬。乡愁文化的建设有利于和美乡村建设，推动乡民

和睦相处,共创和谐美好家园。

乡愁文化建设有利于吸引乡贤回乡。乡村振兴,人是关键。城镇化的发展,人力资源向城镇集聚,乡村"空心化"严重。没有了人的乡村谈何建设,谁来建设? 建设了有什么用? 乡愁文化的建设实质是人与人之间的沟通,是故乡对游子的呼唤和期盼。通过乡愁文化建设,可以吸引更多的游子乡贤回乡看看,回乡投资,助力乡村建设。

四、乡愁文化的建设

(一)留住乡愁:梳理归纳,科学规划,让故乡有乡愁可记,保护传统文化

梳理整理乡愁。乡愁包括那些能够勾起与故乡千丝万缕联系的老记忆、老味道、老物件、老地方、老声音、老人家等,可以从当地人文历史、自然风情、民俗民风、古迹遗存、族谱家规中追本溯源,挖掘提炼出独特的地域文化基因。为了更好地梳理、整理乡愁文化,有必要提供专业的指导,由专人负责梳理、整理,分门别类建立乡愁馆,并从文化专项经费中给予经费保障。

多种载体展示乡愁。通过实物展示、故事传说、情景模拟等方式展示村落历史、家庭生活、生产民俗,记载乡愁文化;通过说唱、舞蹈、劳作、生活等形式体现乡愁文化;通过开发乡土教材、体验古代生活、现场观摩劳作、开展祭祀活动等办法传承乡愁文化;通过举行集会活动、节日庆典、传统习俗等方式延续乡愁文化;运用传统和现代等多种载体和手段展示乡愁。

科学规划留住乡愁。在乡村建设规划过程中,可以增加乡愁文化论证环节,做好传统古村落的活态保护。在和美乡村建设过程中,要遵循"见人见物见生活"的原则,慎砍树、不填塘、少拆房,保留山清水秀的田园风光,展示"鸡鸣桑树颠、桃李罗堂前"的人与自然的和谐画卷。留住山水田园就是留住乡愁。

(二)开发乡愁:发展乡村旅游,感受体验乡愁,彰显乡土文化的独特魅力

发展乡村旅游体验乡愁。乡村旅游中所体验的文化就是乡土文化,核心是乡愁。到义乌分水塘村陈望道故居体验"信仰的味道",到兰溪诸葛八卦村体验诸葛亮后裔创造"八阵图"的智慧,到赤松黄大仙宫体验道教文化,到婺城区汤溪侍平村体验古建筑民宿,到兰溪游埠古镇体验悠闲的早茶文化,让游客在享受自然生态、

人文景观、乡风乡情中回味金华美丽、原生、独特的乡村文化,使淡淡的乡愁成为他乡游客的依恋。同时在开发中要加强对乡村旅游前景的规划论证和实施监管,严防破坏性开发,防止过度商业化。

打造富民产业激发乡愁。村民是留住乡愁的主要力量,留住村民,才能保护好"活"着的文化。乡愁文化开发要立足和维护当地集体和村民的利益,修缮和维护年久失修的传统建筑,振兴传统习俗和传统手工业,传承延续乡村文化。乡愁文化的开发要能承载起村民对幸福生活的渴望,能激发起村民对乡愁文化的挖掘开发和保护。把乡愁文化开发和当地特色产业发展结合,打造富民产业,这样既可增加村集体和村民收入,提高村民保护乡愁文化的积极性,又能避免村庄"空心化"。

多方参与共同开发乡愁。乡村自身发展条件和能力有限,需要尽力争取政府和社会各界支持参与。引进科研机构、民间组织、企业参与到乡愁文化的开发中来,增强资金支持和人才培养,增强乡村的自我发展能力。成立乡愁旅游文化开发机构,进行旅游景区开发管理,从事旅游文化艺术交流,进行农产品销售。开发的同时要避免乡村之间各自为政、无序竞争、趋同庸俗。

(三)拓展乡愁:拓宽乡愁主体,不断赋予乡愁文化新内涵,讲好金华故事,传播金华好声音

不断拓宽乡愁的主体。组建各种乡愁群,如故乡群,包括在他乡的金华籍人士;第二故乡群,包括曾经在金华工作、学习、当兵、经商、生活过的他乡人士;海外群,包括曾经在金华学习、游历、生活、工作过的外籍人士。这三个群都有着比较浓厚的金华情结,特别是第二故乡群和海外群,要使金华成为他们的远方牵挂和新的乡愁。运用多种途径和手段,建立第二故乡群和海外群的牢固联系,吸引他们常回金华看看走走以消乡愁,也把金华更新的乡风乡貌、更美的乡土人情、更强的精神干劲带往全国带向世界,讲好金华故事,传播金华好声音。

赋予乡愁文化新内涵。不断总结改革开放40多年来金华翻天覆地的变化和伟大的创造,从物质、制度、精神三个层面赋予金华乡愁新的内涵。以义乌小商品文化、东阳横店影视文化、永康五金文化、武义休闲文化、浦江清廉文化等充实新时代金华乡愁文化,以艺术、科学、宗教、制度、礼仪、风俗等多种形式表现金华乡愁文化,以诗、词、歌、赋、小说、戏剧、影视等多渠道创作金华乡愁作品。组织文化管理人员和文化研究专家,对金华的乡愁文化进行整理研究,形成特色品牌,加大宣传力度,助推金华乡愁文化走向全国,走向世界。

(四)共建乡愁:把乡愁文化融入当前重点工作之中,借势而起,顺势而为

把乡愁文化融入弘扬金华精神之中。乡愁文化包含着金华精神,金华精神是新时代的乡愁文化。要不断挖掘历史上金华人诚实守信、艰苦创业、和谐团结的文化基因,诠释新时代金华人信义和美、拼搏实干、共建图强的精神品质。以弘扬金华精神为契机,在凝练金华共同的精神指引和价值追求中,打造新时代金华乡愁文化品牌。通过弘扬金华精神,凝聚人心、团结共建,激励干部群众勤于干事勇于担当,提振拼搏奋进图强的勇气决心,提升干部群众崛起争先的精气神,增强新时代乡愁文化活力。组建研究团队,从学理方面研究乡愁文化与金华精神之间的内在关联性、契合度和逻辑性,在弘扬金华精神中升华乡愁文化。

把乡愁文化融入文明城市创建之中。文明城市首先是有文化的城市,金华的文明创建要融入更多的金华元素,体现更多的金华文化,展示更多的金华风采。要在大街小巷中能够找寻得到儿时的记忆、尝得到妈妈的味道;在熙熙攘攘的闹市中听得到乡音,遇得到乡亲;在教室课堂里听得到金华老故事,学得到金华老手艺;在高楼大厦中看得到蓝天白云,闻得到乡土气息,让整个城市萦绕着浓浓的乡愁。要以"见山望水记乡愁"的人文情怀建设城市,把金华乡愁文化融入全国文明城市建设中,打造文明金华、诗画金华、时尚金华,创建金华城市的光荣与梦想,实现那个诗化的政治目标。

第四章 婺文化传承与发展的动力：文化产业高质量发展

优秀传统文化通过创新性发展和创造性转化,创造出新的文化形态和价值,实现了在当代的传承和发展。浙江是文化大省,人文底蕴深厚,历史文脉绵长,文化资源丰厚,浙江也是互联网大省,在互联网快速发展的浪潮中,得天独厚的传统文化资源不断转化为产业发展的优势,文化产业位居全国第一方阵。金华处于浙江文化产业方阵中,改革开放以来厚重的婺文化资源在社会变革中不断转化为发展优势,在火热的实践中创造出新的文化形态和价值,义乌小商品文化、横店影视文化、永康五金文化等区域特色文化精彩纷呈,影视、数字、文化智造和贸易、文化旅游等文化产业蓬勃发展,金华婺文化凝聚成最具辨识度的文化品牌,推动文化产业高质量发展。

第一节 从"文化搭台"到"支柱性产业"

浙江的文化产业伴随着文化强国的步伐,伴随着改革开放、市场经济的发展,经历了从无到有、从小到大、从弱到强、从传统到现代的过程,经历了由自发到自觉的蜕变,从"文化搭台"发展成为"支柱性产业"。

一、文化产业的发展历程

浙江文化产业的发展,与浙江深厚的文化底蕴密不可分,与浙江市场经济的快速发展密不可分,与浙江民间创新创业的激情和智慧密不可分,与国家一系列政策措施的扶持和省委省政府的高度重视及科学布局密不可分。 文化底蕴是文化产业发展的恒定基础,市场、企业、政府是文化产业发展的三个大变量。如果以发展时间为纵轴,以三大变量为横轴,探寻分析浙江文化产业的发展轨迹,浙江文化产业的发展大致可以分为三个阶段。

第一阶段:20世纪70年代末到90年代末,属于文化产业起步发展阶段。这一时期随着改革开放、市场经济的出现,有了文化产品的交易,文化市场、文化产业开始起步,"文化搭台,经济唱戏"成为盛行口号,但还没有正式提出"文化产业"的概念,所有的文化活动都包含在"文化事业"中。

其一,20世纪70年代末到80年代中期,随着改革开放的实行,社会公众的文化消费需求有所复苏,录音磁盘、录像带等音像产品出版交易,电视开始播放广告,卡拉OK厅、营业性舞厅、经营性文化演出等开始出现,以娱乐业为主的文化消费市场开始形成。

其二,20世纪80年代末到90年代末,随着改革开放的全面展开、市场经济的发展,文化部门开始积极探索改革之路,文化工作者的商品意识、竞争意识逐渐增强,出现了文化企业。比如1993年组建了浙江印刷集团,形成印刷企业集团化经营机制;对城市影院进行市场化改造,开发农村电影市场;出现了一些私营文化企业,主要集中在文化用品、休闲娱乐服务等领域。

其三,面对日渐发育的文化市场,政府提出"大力发展文化三产",社会盛行"文化搭台,经济唱戏"。从省到市到县,各级文化行政部门都设立文化市场管理办公室,建立文化稽查队,对文化主体的市场行为进行管理和监督,说明当时浙江的文化市场已经比较繁荣,文化产业开始发展。但这时期浙江的文化产业总体上处于自发阶段,还没有得到正式的承认和足够的重视。

第二阶段:从1999年至2011年前后,属于文化产业快速发展阶段。这一时期随着改革开放力度的增强和市场经济的迅猛发展,浙江认识到"文化是生产力",实施文化大省战略,出台一系列政策措施,文化产业的地位和作用日益显现,文化产业加快发展,文化市场逐步扩大,文化产业发展从自发阶段进入自觉阶段。

其一,正式提出"文化产业"概念、文化产业发展的目标,并进行部署和安排。1999年,中共浙江省委提出"发展文化产业,建设文化大省"的目标,首次正式提出"文化产业"概念,标志着浙江文化产业的发展由自发转向自觉。2000年12月,省委通过了《浙江省建设文化大省纲要(2001—2020)》,其中明确了文化产业发展的战略地位:"在社会主义市场经济条件下,文化产业是国民经济的有机组成部分,文化产品具有商品属性。"①提出了文化产业发展的总体目标和近期目标,包括文化经济政策、文化体制改革、文化法规建设和人才培养等方面。文化产业得到正式认可,成为建设文化大省战略的重要组成部分,文化产业开始呈现欣欣向荣的景象。

其二,实行文化体制改革,发展民营文化企业,释放文化生产力。2002 年通过了《关于深化文化体制改革加快文化大省建设的若干意见》,标志着浙江文化产业进入了改革发展新阶段。2003 年,浙江省成为全国首批文化体制改革综合试点省,开启文化体制改革序幕,把文化产业从文化事业中分离出来,独立于市场经济中,部分国有文化单位实行"事改企",民间资本开始进入文化领域,形成一批民营文化企业,探索更多的文化产品提供方式。以制度创新推动发展,文化产业释放出强大的生产力和发展活力。

其三,增强文化产业的整体实力和竞争力,推进文化大省建设。2003 年"八八战略"被提出,强调"进一步发挥浙江的人文优势,积极推进科教兴省、人才强省,加快建设文化大省"。2005 年 7 月通过《中共浙江省委关于加快建设文化大省的决定》,提出加快文化产业发展,增强文化产业的整体实力和竞争力。2006 年 2 月出台《浙江省文化建设"四个一批"规划(2005—2010)》,提出以文化产业发展为主,建设和发展一批重点文化设施、文化产业、文化产业区块、文化企业,包括全省新闻出版、广播影视、文化艺术、文化旅游、体育五大领域。文化产业快速发展,文化软实力逐渐显现,成为建设文化大省的重要力量。

第三阶段:2011 年以来,属于文化产业蓬勃发展阶段。这一时期提出"推动文化产业成为国民经济支柱性产业",并打造文化产业成为"万亿产业",全面部署文化产业发展,构筑"一核三极三板块"的产业发展格局,推动文化与互联网相融相合,浙江文化产业蓬勃发展。

其一,明确提出把文化产业发展为"支柱性产业"。2011 年 10 月,党的十七届六中全会提出要加快发展文化产业,推动文化产业成为国民经济支柱性产业。2013 年,浙江在《政府工作报告》中提出要"促进文化产业加快成为支柱性产业"。同年召开全省文化产业发展大会,提出把发展文化产业摆上战略性、全局性位置,把文化产业发展成为支柱性产业。2015 年出台《关于进一步推动我省文化产业加快发展的实施意见》,围绕如何打造成国民经济重要支柱性产业,提出了四个方面

---

① 《浙江省建设文化大省纲要(2001—2020)》,中共浙江省委常委会讨论通过,2000 年 12 月 21 日。

14项措施,明确规模质量、市场主体、产业结构、市场体系等方面的发展目标,并且从资金、税收、土地、金融、人才和组织等方面对文化产业发展提供强大支撑。2016年8月出台《关于坚持先进文化发展方向,推动国有文化企业做大做强做优的意见》,提出推动国有文化企业健全体制机制,打造一批具有核心竞争力的国有骨干文化企业。据统计,2015年浙江省文化产业增加值占全省生产总值的比重达到5.81%,文化产业成为浙江省支柱性产业之一。①

其二,推进新旧动能转换,促进经济转型升级,打造万亿产业。2016年10月《浙江省文化产业发展"十三五"规划》发布,提出加快文化产业发展,适应经济发展新常态、推进新旧动能转换、促进经济转型升级,构筑"一核三极三板块"的文化产业发展新格局,争取到2020年文化产业增加值占GDP比重达8%以上,"推动文化产业成为国民经济的重要支柱性产业"。2017年浙江《政府工作报告》提出,将文化产业列入全省重点发展的"八大万亿产业",文化产业首次跻身"万亿产业俱乐部"。之后接连发布了《关于加快把文化产业打造成为万亿级产业的意见》《关于加快促进影视产业繁荣发展的若干意见》《浙江省文化产业人才发展规划(2017—2022年)》等政策,推动文化产业适应经济新常态,加快实现"万亿产业",促进经济转型升级。"十四五"时期,浙江进入"忠实践行'八八战略',奋力打造'重要窗口'"新时期,文化产业处于向高质量发展转型的关键阶段。

其三,推动文化产业与互联网融合,文化互联网产业蓬勃发展。在互联网快速发展的大背景下,2017年1月浙江启动"文化+互联网"产业推进工程,把"文化互联网"产业作为今后文化产业发展的重点,打造基于互联网的文化产业发展新生态。以业态创新、产品创新、内容创新为重点,在数字内容、泛娱乐生态、网络内容定制开发、数据服务应用、社交直播平台、短视频内容等多个领域不断创新,"数字文化"创新发展,新业态层出不穷;文化互联网创新企业不断涌现,重点领域和重点区域发展凸显,文化产业大数据平台建设稳健发展,文化金融合作模式不断创新,"文化+互联网"方兴未艾。2017年底,浙江省委经济工作会议提出要把数字经济作为"一号工程"来抓,深化数字浙江建设,采取各种扶持措施鼓励产业数字化与数字产业化。落实2021年《中华人民共和国国民经济和社会发展第十四个五年规划和2035年远景目标纲要》,实施文化产业数字化战略,加快发展新型文化企业、文

---

① 《浙江省文化产业发展"十三五"规划》,浙江省人民政府办公厅发布,2016年9月28日。

化业态、文化消费模式，壮大数字创意、网络视听、数字出版、数字娱乐、线上演播等产业。从文化产业业态革新到扩大数字文化产业规模再到推动文化产业数字转型发展，浙江进行了富有成效的探索实践并取得可喜成效。

二、文化产业蓬勃发展取得可喜成效

（一）文化产业发展蓬勃发展

浙江文化产业发展基础比较好，发展起步比较早，大企业比较强，民营企业比较多，能够实现健康快速发展，文化产业成为国民经济新的增长点。2017 年文化产业发展综合指数和生产力指数位居全国第四位，影响力指数位居全国第三位；文化及相关特色产业增加值达到 3744.68 亿元，增幅高于同期 GDP 增幅，经济增长贡献率一路走高；文化及相关特色产业增加值占 GDP 比重达到 7.23%，文化及相关特色产业总产出 12137.15 亿元，已成为国民经济重要支柱性产业，在数字内容、影视制作、动漫游戏、演艺娱乐、创意设计、文化装备、文化贸易等重点领域，已经形成集约型、规模化和国际化的发展优势。①

（二）产业规模不断扩大

2015 年浙江省文化产业增加值达到 2490 亿元，占 GDP 的比重为 5.81%，综合实力位居全国第四位。② 2016 年浙江文化及相关特色产业增加值 3232.98 亿元，占 GDP 比重达 6.84%，总产出约 1.08 万亿元，文化产业成为浙江国民经济支柱性产业。2018 年浙江省 5705 家规模以上文化及相关特色产业企业营业收入 10091 亿元，同比增长 12.3%，文化服务业营业收入 5696 亿元，文化制造业、文化批发零售业和文化建筑业营业收入分别为 3077 亿元、1301 亿元和 17 亿元，新闻信息服务业营业收入 2375 亿元，内容创作生产服务业营业收入 2083 亿元。③ 据 2018 年"中国省市文化产业发展指数"和"文化消费发展指数"数据，浙江省在全国

---

① 严粒粒编辑：《"文化浙江"风劲帆满》，浙江新闻网，2018 年 11 月 27 日。
② 《浙江省文化产业发展"十三五"规划》，浙江省人民政府办公厅发布，2016 年 9 月 28 日。
③ 《浙江 2018 规模以上文化及相关产业营收同比增长 12.3%》，新浪财经，2019 年 2 月 21 日。

文化产业生产力和驱动力方面排名第二,居强势梯队,且发展稳定性很好。[①] 2020年浙江文化产业核心领域企业营业收入 8005 亿元,拉动文化产业营业收入增长5.1 个百分点;文化相关领域和文化衍生产品领域企业营业收入分别为 3244 亿元和 2069 亿元,分别增长 6.9%和 18.9%,合计拉动文化产业营业收入增长 4.5 个百分点。[②] 浙江的影视、出版、演艺、动漫、游戏、文化旅游、文化制造等在全国具有比较优势,2017 年,浙江新闻出版广播影视业继续保持积极向好的发展态势,营业收入突破 2000 亿元;浙江有影视制作单位 2690 家,居全国第二位,全年分别生产电影和电视剧 106 部和 53 部,均居全国第二位,电影票房收入 41.16 亿元,比上年增长 18.5%,有 25 部浙产剧在央视和一线卫视播出,处于全国领先地位,时代院线、横店院线位列全国电影院线前十位。[③]

(三)产业集聚水平不断提升

以区块化的方式发展文化产业、提升产业集聚能力是浙江文化产业发展的一个重要特点。杭州、宁波、横店三个国家级文化和科技融合示范基地,以及乌镇互联网经济创新发展综合试验区和金华网络文化产业实验区都是浙江省重要的文化产业集聚区域。杭州重点打造创意设计、动漫游戏、现代传媒产业示范基地,之江文化产业带集聚了一大批高水平文化教育科研机构、高端文化服务机构和文化行业领军企业,形成了一系列富有特色和核心竞争力的文化产业集群,是全省文化产业发展的前沿阵地。横店影视文化产业集聚区成为全球规模最大的影视拍摄基地和国内影视产业链最完整的影视产业集聚区,2021 年集聚了 1412 家影视机构、780 家艺人工作室,拍摄了全国 1/4 的电影、1/3 的电视剧、2/3 的古装剧、累计 7 万多部(集)的影视剧。乌镇正在建设成为世界互联网发展历程文化积淀地、世界网络科技最新成果发布展示地、高端产业孵化集聚地。宁波高新区规划建设文化创意产业基地、宁波软件园、宁波研发园等文化创意集聚区。金华网络文化产业实验区重点打造网络文化、网络视听、网络游戏、网络出版、虚拟现实和文化创意,集聚

---

① 《2018 中国省市文化产业发展指数和文化消费发展指数发布》,经济日报—中国经济网,2018 年 5 月 3 日。

② 文创港:《2020 年浙江省文化及相关特色产业营业收入数据出炉》,https://m.sohu.com/a/449302213_99957768,2021 年 2 月 7 日。

③ 陆遥:《花开之江满目春 浙江推动文化产业发展纪事》,浙江在线 2018 年 6 月 25 日。

一批互联网文化企业和网络文化人才。

(四)产业主体不断壮大

企业是产业的主体,浙江省文化产业既拥有一批"顶天立地"的大型企业,也培育有一批"铺天盖地"的成长型企业。这些企业里既有传媒、文化艺术、文化装备制造等传统文化企业,也有数字阅读、网络游戏、网络直播、新媒体、数字特效、大数据服务平台等新科技企业。以浙江广电、出版等为代表的传统大型国有文化企业经过改革创新,借助互联网技术和平台成功实现转型升级、乘势而上;以阿里巴巴等为代表的互联网公司跨界文化娱乐,凭借雄厚的经济和技术实力混得风生水起;以咪咕数字传媒等为代表的创新型企业,以互联网思维指导创造出文化新业态,如雨后春笋茁壮成长。2017年浙江出版联合集团有限公司、浙报传媒控股集团有限公司、宋城演艺发展股份有限公司、浙江华策影视股份有限公司等4家企业荣获第八届全国"文化企业30强",上榜的数量居全国第一,上市文化企业达39家,100余家文化企业成功登陆"新三板",形成国有文化企业和民营文化企业齐头并进的产业发展格局。从核心竞争力和发展质量看,浙江创造了全国文化产业一大批"第一"纪录①:浙江文化产业上市公司数量排名全国第一,诞生了中国电影产业第一股华谊兄弟、演艺产业第一股宋城演艺、电视剧产业第一股华策影视、广告产业第一股思美传媒、报业第一股浙数文化、舞台装备第一股大丰实业、影视特效第一股时光坐标等全国文化产业的排头兵,成为中国文化产业的创新引擎;在连续十届颁布的全国"文化企业30强"中,浙江上榜的数量居全国第一。

(五)产业新形态不断出现

"数字文化"不断发展,网络文学、网络剧、网络视听、网络娱乐、数字阅读、数字出版、动漫游戏等新兴文化业态不断出现,数字出版、数字阅读、数字视听已经成为浙江文化产业的新锐力量。网络文学创新发展,作家写手大咖云集,作品质量和作品IP价值都居全国前列;数字阅读异军突起,之江文化产业带打造数字阅读产业生态圈,"中国数字阅读大会"永久落户杭州,咪咕阅读、"悦读咖"成为国内数字阅读的知名品牌;数字出版稳步发展,杭州国家数字出版产业基地聚集

---

① 白力民:《"文化浙江"风劲帆满》,《浙江日报》2018年11月27日。

400 多家数字出版企业,获全国新闻出版产业优秀基地称号;网络视听繁荣发展,网络剧总播放量不断攀高,网剧精品越来越多,网剧单剧影响力不断上升,网剧市场趋于成熟;"直播＋产业集群"模式创新发展,直播相关企业数量排名全国第一,直播产业基地、公共直播间数量快速攀升,直播电商在浙江大地持续升温。

(六)产业国际化能力不断提升

文化"走出去"步伐加快,文化贸易大幅提升,文化产品和服务出口不断扩大,文化企业参与海外竞争合作的机遇进一步增多。中国国际动漫节、中国义乌文化产品交易博览会、浙江(温州)国际时尚消费博览会等重点文化会展交易额逐年增加,中国(浙江)影视产业国际合作区成为首批 13 家国家文化出口基地之一。对外文化贸易规模不断扩大,文化产品出口稳中有升,2017 年省文化服务贸易额达55.29 亿元,同比增长 28.36％,文化产品出口居全国第二,出口遍及 218 个国家和地区;文化出口重点企业和项目日渐增加,入围 2017—2018 年度国家文化出口重点项目 9 个,入围 2017—2018 年度国家级文化出口重点企业 39 家,居全国沿海省份第二。[①] 2020 年省文化服务贸易进出口 141.57 亿元,同比增长 14.45％,影视动漫、数字文化、创意设计已成为文化贸易主要出口领域,文化贸易高质量发展新格局初步形成。[②] 主动搭建平台引进好的资源,第十四届中国国际动漫节共吸引 85个国家和地区的 143.35 万人次参与,实际成交及达成签约交易、意向合作项目1291 项,涉及金额 138.35 亿元;第十三届义乌文交会吸引 10.43 万人次的境内外采购商及观众,实现洽谈交易额 53.21 亿元;第十一届杭州文博会达成签约项目168 项,现场成交额达 38.6 亿元;2018 中国(宁波)特色文化产业博览会现场成交5.47 亿元,意向成交额 14.5 亿元;2018 温州国际时尚文化创意产业博览会成交额3.87 亿元,投融资签约额 18.6 亿元。[③]

---

① 《打造文化强省! 去年浙江文化产品出口全国排第 2 名》,搜狐—凤凰网浙江综合,2018年 3 月 11 日。

② 《2020 年浙江省文化服务贸易进出口 141.57 亿元 同比增长 14.45％》,搜狐—凤凰网浙江综合,2021 年 2 月 24 日。

③ 陆遥:《花开之江满目春 浙江推动文化产业发展纪事》,浙江在线,2018 年 6 月 25 日。

(七)产业发展环境不断优化

省委、省政府高度重视文化建设,坚持把发展文化产业作为践行"八八战略"和建设文化浙江的重要内容,将其列为重点培育的"八大万亿产业"之一,着力优化发展环境,深入实施发展规划,加快新兴产业培育,不断推动文化产业保持良好发展态势。制定实施《关于推进文化浙江建设的意见》《关于加快将文化产业打造成为万亿级产业的意见》等一系列政策文件,强化文化产业发展支撑。全面深化文化体制改革,深入推进文化领域审批制度改革,建立集中统一的文化市场综合执法机构,设立省国有文化资产管理委员会,构建适应发展的体制机制。从资金、税收、土地、金融、人才和组织等方面对文化产业发展提供强大支撑,调整省文化产业发展专项资金使用管理办法,采用竞争性分配方式,重点支持 20 个文化产业发展基础较好、潜力较大的县(市、区),形成引领和示范效应。文化融资条件有所改善,多处设立文化产业投资基金和文创银行,出现"数娱宝""娱乐宝"等互联网众筹新模式,多家文化企业进入资本市场进行融资。重视人才培养规划,从组织、经费、环境等方面吸引人才,着力培养懂文化、善经营、会管理的高素质人才。

三、文化产业发展的问题和短板

浙江文化产业一直在健康快速地发展,但与其他发达地区相比、与其他支柱性产业相比、与人民群众对文化产品的热切需求相比,在发展的水平、质量、布局等方面仍然存在不少问题和短板,制约文化产业高质量发展。

文化产业发展水平还不够高。新时代社会主要矛盾发生变化,人民群众对文化的需求水平和消费能力不断提高,但高品质文化产品的准备不足是文化产业面临的突出问题。与发达国家和地区相比,并与国内北京、上海、广东、江苏等一些先进的省市相比,我省文化产业的发展速度和质量还有一些差距,与文化大省的目标要求还有不小差距。文化产业供给侧仍存在一些结构性问题,高质量文化产品和服务比较欠缺。

文化产业布局还不够合理。在产业布局上,各地差异较大,存在发展不平衡、产业结构不协调、区域间创新资源要素共享不够等问题。低水平重复建设、无序竞争现象时有发生,同质化严重,特别是影视产业,许多地方一哄而上,造成很大浪费。文化产业园区铺开快,但没有形成错位发展的格局;结构性问题普遍存在,产业、地区、产能、市场等结构仍然不够合理。市场主体规模偏小,中小型企业占大多数。

文化产业创新能力还不够强。文化产品创意水平不足,创意人才相对匮乏,高端文化产品较少,出口以中低端文化产品所占比重大,产品附加值低,虽然量大但经济效益比较低,市场竞争力比较弱,文化服务出口与北京、上海、广州相比有较大差距,文化产业发展合力还没有形成。

产业间有机联结比较松散。跨媒体、跨地区经营发展缓慢,多数企业还处于单打独斗中,多媒体兼营、拓展产业链和跨地区经营的意识和能力不够。

体制机制还需要进一步完善。文化体制改革与经济体制改革相对滞后,管理方式和手段还比较粗放单一,统筹协调的体制机制需要进一步完善,民营文化企业与国有文化企业还不能做到一视同仁,市场与政府的权责关系、职能归属需要进一步理顺。

四、文化产业发展展望

2021 年《浙江省文化改革发展"十四五"规划》提出到 2035 年高水平全面建成文化强省,要求加快文化产业高质量发展,抓住新技术、新业态、新消费带来的重大机遇,完善文化产业规划和政策,加快构建现代文化产业体系,满足人民群众高品质、多样化的文化需求。"十四五"规划为浙江文化产业发展描绘了新的蓝图,指明了发展方向。

(一)以平衡发展、充分发展为文化产业发展主基调

以重点区域、重点领域为突破,带动全省各地文化产业充分发展,实现浙江文化产业的平衡发展。整体规划全体布局,针对文化产业发展缓慢的地区,加大政策扶持力度,细化目标任务,跟进督促考核,实现全省文化产业平衡发展,人民群众享受到更多更丰富的文化产品和服务。针对文化产业发展落后的领域,区分行业、产品和种类,先易后难,从小做大,加大帮扶力度,实现全省文化产业充分发展。实施"3P 型"文化产业战略,从定位、布局、品牌、战略等方面进行调整布局,着力发展以提升创意力、影响力和文化资本转换力为主的现代文化产业。[①]

---

① 李思屈:《浙江模式与国家战略:论中国文化产业发展的四项战略调整》,《中国文化产业评论》2011 年第 2 期。

（二）以供给侧结构性改革推进文化产业高质量发展

调整文化产业结构，减少低级庸俗文化产品的供给，增加高品质文化产品的供给，提高整体文化产品水平。提高创新创意能力，多做原创性的产品，加大生产叫好又叫座的高质量产品，增加浙江文化产品的竞争力。大力生产符合社会主流价值、反映浙江现代化建设的文化产品，创作更多积极宣扬正能量的文化作品。加强惠民文化服务供给，满足人民群众对文化服务的需求。

（三）以"数字文化"开创文化产业发展新领域

以"数字经济"建设带动文化产业发展，抓住新技术、新业态、新消费带来的重大机遇，充分利用大数据、云计算、移动互联网、人工智能、5G 等新技术新应用，为文化产业的创新创业创造广阔空间。发展"数字文化"，不断创新数字化的文化产品、设施、服务，填补一项项空白，促进文化产业快步进入数字工业化，推进文化产业新内容、新业态迭代发展。

（四）以"文化＋"创造文化产业发展新常态

促进文化与各个领域、各个行业相融相合、共存共生，促使"文化＋"成为文化产业发展的新常态。文化要放下架子，主动融入政治、经济、社会、生态建设，为"五位一体"建设夯实文化基础，充实文化内涵，增加文化积淀；主动与体育、旅游、科技、金融相融合，跨领域合作，拓展发展空间，创造新的文化产品，提供新的文化服务。以"文化＋互联网"，提升和重塑文化产业的平台经济，形成平台型企业和平台经济集群。

（五）以体制机制创新保障文化产业发展

进一步完善文化产业规划和政策，着力发挥体制机制的磁场效应，逐步建立创新创业支持体系，创新风险承担机制。逐渐解除那些制约文化产业发展的文化体制，减少对产业的约束，缩小地区之间的政策差异。发挥政府综合服务效应，提高资源整体配置效率，深化"最多跑一次"改革，着力搭建服务平台，完善综合配套，以磁场效应聚人气，吸引产业集聚。进一步消除各种体制机制性障碍，打破行业和市场垄断，创造各类企业公平竞争的环境。重视民营企业的健康稳步发展，让其和国有企业一样获得更多的资源和保障。加大本土人才的培育力度，扩大高端人才的引进渠道。

第二节　文化产业与互联网融合①

随着互联网的快速发展,互联网对我国整个经济社会发展的渗透、驱动作用日益明显。在互联网背景下,浙江关于"互联网＋""文化＋"的理念不断深入,"文化＋互联网"的模式不断创新,新业态层出不穷,走出了文化与互联网融合的新路子。

一、文化产业与互联网的内生互动关系

(一)文化产业与互联网基因暗合

文化与互联网的融合是基于文化产业与互联网共同发展的需要,是基于经济社会快速发展的需要,也是基于人们对美好精神生活追求的需要。英国利兹大学教授、著名文化产业研究家赫斯蒙德夫(David Hesmondhalgh)认为文化产业很重要,它拥有影响公众的力量,拥有管理符号创作者的种种方式,引领了产业、社会和文化的变革。② 文化产业中文化生产力至关重要。文化生产力就是操作和制造文化产品,提供文化服务,并在文化产品的生产—流通—消费的循环中不断得到实现和发展的能力。③ 文化产品的生产必须借助一定的技术,流通必须借助一定的平台,消费必须借助一定的渠道聚集大量的人气。互联网是一项技术,当今最先进的多功能集成技术,给新闻、出版、音乐、动漫、游戏、影视等文化产品的生产提供各种各样的先进技术;互联网是一个平台,为文化产品的宣传扩散提供广阔的空间,为文化产品的传播提供多种渠道;互联网是一个虚拟社会,数以亿计的网民集聚其中,全天候留守,巨大的人气、快速的聚合力、瞬间的爆发力为文化产品的销售提供广阔空间。文化产品的生产、流通、消费为互联网提供可持续发展的内容要件。

---

① 本部分内容曾发表于《浙江传媒学院学报》2018 年第 6 期,题目为《浙江文化产业与互联网融合的探索与实践》;亦曾发表于《金华职业技术学院学报》2019 年第 5 期,题目为《互联网背景下浙江文化产业发展的模式和路径研究》。

② 赫斯蒙德夫:《文化产业》(第 3 版),张菲娜译,中国人民大学出版社 2016 年版,第 26 页。

③ 朱旭光:《文化改革发展论》,中国广播电视出版社 2012 年版,第 27 页。

（二）文化产业与互联网互促共赢

文化产业与互联网的互动越来越紧密，文化产业与互联网一体化的趋势越来越突出，呈现"文化互联网化""互联网文化化"两个明显特征。"文化互联网化"体现在互联网对文化产业的渗透越来越深入，文化产业的生产方式、消费方式、传播渠道、营销模式等受互联网的影响越来越大，收益越来越多，互联网为传统文化产业插上隐形翅膀。"互联网文化化"体现在文化产业对互联网的影响越来越深刻，互联网作为一项技术和一个平台，缺乏内容，依附于其他产业而发展，文化产业为互联网提供优质的内容，互联网通过增加文化含量、发挥文化作用而不断提升内在价值，实现可持续发展。互联网为文化产业转型升级、增量提质、创新发展提供新技术、新平台、新机遇，文化产业与互联网相互渗透、相互交叉、融为一体，产生新的产业形态。

（三）文化产业与互联网共生共荣

美国普林斯顿大学社会学与公共事务教授迪马乔（Paul DiMaggio）认为，互联网颠覆了文化产业，特别是电影、新闻、音乐等文化产品，传统的商业模式正被"创造性破坏"，互联网通过引入生产和分配的新方式重新塑造产业形态。[1] 互联网为文化产品的制作和传播提供广阔的平台，集聚容纳海量内容，数字媒体、流媒体、移动媒体受到热切追捧，文化产业的生产、需求和销售等各个环节深受影响，互联网创造出新的市场和价值网络。文化产业与互联网融合的过程，是互联网服务于文化产业的过程，也是大众文化蓬勃兴起与发展的过程。文化产业以内容为王，以健康、积极、高质量的内容取胜，文化产业越发展，对互联网的依赖程度越高，对互联网的要求越高；互联网越发展，对文化产业的需求越大，两者共生共荣。

二、文化产业与互联网融合的发展优势

（一）政策优势：政策先导，政府强势推动，为文网融合架起梯子搭好台

面对互联网浪潮的冲击，浙江文化产业面临许多新机遇新问题新挑战。一方

---

[1]　冯黛梅：《数字科技重塑文化产业》，《中国社会科学报》2017 年 12 月 22 日。

面,互联网改变了文化产业的传统生产方式、传播途径、提供模式等,为文化产业超常规发展、转型升级提供了广阔的平台和动力源泉。^① 另一方面,文化产业传统的发展路径和运营模式受到冲击,新闻、出版、电影电视、音乐等传统文化产业陷入困境。为破解困局,浙江紧紧抓住发展契机顺势而起,及时做出战略调整寻求战略突破。以政策为引领,政府强势推动,明确产业定位,完善产业发展机制,周密规划组织实施。2013 年,浙江把文化产业发展列为"一把手工程",纳入综合考核体系。2017 年,浙江在全国率先启动"文化+互联网"工程,召开高规格全省文化产业发展大会,重点实施数字内容产业打造、文化新兴业态促进等八大计划,大力推动数字阅读、数字出版、网络剧、互联网娱乐、动漫游戏等新兴文化业态繁荣发展。出台了扶持文化产业发展的一系列政策和措施,从资金、税收、土地、金融、人才等方面为产业发展提供强力支撑,为"文化+互联网"产业发展架起梯子搭好台,努力打造"文化+互联网"产业创新高地。

(二)资源优势:文化大省和互联网强省,丰厚的资源不断转化为产业发展的优势

浙江是文化大省和互联网强省,以"文化+互联网"为代表的新型文化业态拥有极好的发展基础。浙江人文底蕴深厚,历史文脉绵长,文化资源丰厚。以越剧、婺剧为代表的戏曲文化、以龙泉青瓷为代表的青瓷文化、以东阳木雕为代表的木雕文化等得天独厚的传统文化资源在现代高科技条件下,在保护传承开发过程中不断转化为文化产业发展的优势。以浙江新闻出版、浙江广电、《浙江日报》等为代表的浙江传媒,在国内业界处于领先地位,竞争力位居第一方阵。以横店为代表的影视文化,以宋城为代表的演艺文化,以思美传媒为代表的广告文化,以中南卡通为代表的动漫,以比奇为代表的网游,以咪咕为代表的数字阅读等,在省内乃至国内同业中处于龙头地位。世界互联网大会永久落户乌镇,全国首个国家信息经济示范区落地浙江,首个数字创意产业试验区即金华数字创意产业试验区创立,互联网大鳄阿里巴巴雄踞浙江。2018 年浙江提出把数字经济作为"一号工程"来抓,大力发展互联网、物联网、大数据、人工智能等新技术新产业,为文产融合提供强大的科技支撑。

---

① 毛秀娟:《影视文化产业与互联网的融合发展——以浙江省横店影视文化产业实验区为例》,《文化艺术研究》2017 年第 2 期。

(三)产业优势:文化产业蓬勃发展,产业结构和质量不断改善

浙江文化产业发展比较早,经过近些年的大力发展,文化产业呈现蓬勃生机,实现从小到大、从大到优、从优到强的转变。新闻出版、广播影视、动漫游戏、文化演艺、文化信息传输和软件服务等已经处于全国优势地位。网络文学、网络视听、数字阅读、数字出版、动漫游戏等新兴文化产业迅速崛起、蓬勃发展,成为浙江文化产业新锐主力。网络文学产业形成的浙江模式在全国具有示范意义,网络游戏、网络影视产业在全国居中坚地位。全省文化产业合理布局,全面发展,文化产业区块建设成效突出,围绕杭州、宁波、温州等中心城市打造文化产业园区,已建成并实际运营 143 个。2015 年浙江省文化产业增加值已达到 2490 亿元,文化产业增加值占全省生产总值的比重达到 5.81%,文化产业已成为浙江省支柱性产业之一。[①]"2016 年中国省市文化产业发展指数"显示,浙江文化产业的综合指数和生产力指数位列全国第四位,影响力指数位列全国第三位,已经跻身全国第一方阵。根据2018 年"中国省市文化产业发展指数"和"文化消费发展指数",浙江省在全国文化产业生产力和驱动力方面排名第二,居强势梯队。

(四)主体优势:紧跟时代潮流,抓住市场机遇,文产企业主动探索与布局

"春江水暖鸭先知",企业作为市场主体,对市场的需求最敏感,对资源的配置最高效。浙江是改革开放先行地,浙江的文化企业秉承改革精神,在互联网大背景下主动探索布局,不断创新文化业态和商业模式,推进文化产业与互联网深度融合。浙江出版联合集团、华策影视、网易、阿里巴巴、横店集团等企业积极探索布局"文化+互联网",在泛娱乐生态、数据服务应用、社交直播平台、短视频内容等多个领域不断创新。浙江日报报业集团、浙江出版联合集团、浙江卫视等国有传统文化企业在互联网大背景下,主动拥抱互联网,犹如为企业插上隐形翅膀,成功实现转型升级;横店影视、宋城演艺、华策影视、网易、阿里巴巴、思美传媒等一批民营文化龙头企业异军突起,与互联网融为一体;阿里巴巴、网易等互联网领军企业总部效应凸显,跨界布局文化产业,成为互联网文化企业的佼佼者,在国内居重要地位。

---

① 《浙江 2017 年经济增速保 7% 打造文化等八大万亿产业》,《21 世纪经济报道》2017 年 1月 17 日。

三、文化产业与互联网融合的探索实践

(一)数字化引领,主动布局,打好产业发展基础

政府宏观指引,企业积极参与,以数字化为引领,主动布局,集聚人才、技术和资金,加强研发,为产业发展打好坚实基础。浙江日报报业集团数字文化集团,全面发展互联网数字文化产业,建设国内一流的互联网数字集团;浙江广电集团将互联网融入广播电视,建设全媒化的新型广电传媒;中国移动、中国电信和华数传媒全面建成数字内容投送平台;杭州、宁波和横店创建国家文化与科技融合示范基地。这些省内文化龙头企业,借助互联网作为转型升级突破口,八仙过海,各显神通,结合实际,开拓创新,打好基础,也为业内其他企业的发展树立了标杆。

(二)内容+平台,传统文化企业主动融合互联网,实现转型升级

传统文化企业如新闻、广播、出版等受互联网冲击,一度陷入困境,但很快调整战略,迎头而上,主动拥抱互联网。拥有优质的内容,借助互联网技术和平台,传统文化企业犹如插上隐形翅膀,迅速突破困境,凤凰涅槃。浙数文化投建"富春云"互联网数据中心,成为华东地区单体最大的数据中心;位于乌镇的浙江大数据交易中心已经上线,成为省内第一个大数据交易平台。华数传媒积极探索三网融合发展,制定实施"新网络+应用""新媒体+内容"和"大数据+开发"三大战略。数字阅读引领者咪咕数媒,利用移动互联网,致力于移动手机阅读,已经拥有 5 亿用户,年收入超 65 亿元。

(三)平台+内容,互联网企业跨界文化,创造新价值,拓展新空间

早期的互联网企业多为单纯的技术型企业,只是提供技术和平台,缺乏内容生产。当互联网遇上文化,互联网企业开始尝试跨界,借助优质文化内容资源,创造企业新价值,拓展新空间。阿里巴巴作为典型的互联网企业,与文化的融合使其成为真正的互联网大鳄。2014 年阿里巴巴收购文化中国传播约 60%股权成立阿里巴巴影业集团,2015 年与上海文广集团联合,打造新型数字化财经媒体与信息服务集团,2018 年收购万达电影 7.66%的股份成为万达电影第二大股东。横店集团与腾讯等互联网公司合作创设腾讯众创空间,集聚影视娱乐、移动互联网及文化创意等相关产业,为影视文化产业的发展注入新的活力。

(四)文化＋互联网,新兴企业借势崛起,创造新的业态、新的价值

直接诞生于互联网背景下的文化企业与互联网企业,文化与互联网基因直接融为一体,发挥出先天优势。发展文化创意、数字出版、移动多媒体、网络电视、动漫游戏等互联网文化产业,网络游戏、网络直播、新媒体、数字特效技术、文化产业大数据服务平台、文化装备制造等领域,创新文化业态和商业模式,具有较高的引领力和影响力。咪咕布局移动数字阅读市场,位居全国前列;金华比奇开发网游物品交易市场,旗下的5173平台已成为国内最大的网游物品交易平台;华数传媒致力于打造"智慧化新网络",成为新媒体产业中的领军企业;友诺文化创作的网络漫画作品广受市场欢迎,创造过腾讯视频新番动漫播放量新纪录;移动手游企业自主研发的多款游戏已上线运营,一些产品在TAPTAP等主流平台占据榜首。

(五)适应互联网生态,迎合市场需求,创新商业模式

创新服务模式:比如杭州时光坐标影视依托"数字"进行拍摄、虚拟摄制、后期制作,从概念设计到剪辑、视觉特技特效制作到电影电视剧宣传包装等,建立了影视全流程创新服务模式。

创新运营模式:比如友诺文化开创"传统媒体＋新媒体"模式,利用两微一端、漫画平台及社交App平台推出作品,通过市场反馈情况帮助后续创作,进行衍生品的开发等市场化运作,实现多层次全方位的传播运营模式创新。

创新盈利模式:比如杭州艺淘文化创意公司与百度音乐、横店影视城、网络视频平台联合打造好童星平台,形成可持续的盈利模式。

创新经营模式:比如博库网络传媒实现传统图书业务向网络销售模式的转型,博库微平台打造人人参与的经营模式,降低仓储和人工成本,市场竞争优势明显。

四、文化产业与互联网融合的快速发展

(一)"数字文化"创新发展,新业态层出不穷

浙江文化与互联网的融合突破了文化产业传统形态,催生出许多新兴文化业态,如网络文学、网络剧、网络视听、数字阅读、数字出版、动漫游戏等,成效斐然。网络文学创新发展,实现多个国内"首创":如第一个省级网络作家协会、"中国作协网络文学研究院"、"中国网络作家村"等,到2017年就已经创作700余部逾6亿字

的作品,作品质量和作品 IP 价值均居全国前列。① 数字阅读异军突起,之江文化产业带打造数字阅读产业生态圈,"中国数字阅读大会"永久落户杭州,以咪咕为代表的"互联网＋阅读"原生力量快速发展,以数字阅读推动全民阅读。数字出版稳步发展,2012 年杭州"国家数字出版产业基地"挂牌,几年来聚集了 400 多家数字出版企业,形成了以移动出版、网络游戏、动漫出版为核心业态的产业集群,逐步形成内容提供、生产加工、传播、市场公共服务四大体系。网络视听繁荣发展,网络剧市场趋于成熟,网剧总播放量不断攀高,网剧精品越来越多,单剧影响力不断上升,如浙江横店影视文化产业实验区中有 80％左右的影视剧组参与了网络剧的拍摄制作,网络剧出品量占全国的 50％左右。

(二)文化互联网创新企业不断涌现

在 2017—2018 年开展的全省"文化＋互联网"创新企业评选中,浙江出版联合集团数字传媒有限公司、咪咕数字传媒有限公司等 20 家企业入选,这些企业走在行业的前列,大多是行业的头部企业,它们既有数字阅读、网络游戏、网络直播、新媒体、数字特效、大数据服务平台等文化科技新兴企业,也有传媒、文化艺术、文化装备制造等传统文化产业与互联网深度融合的转型企业。以浙江出版联合集团数字传媒有限公司等为代表的传统文化企业在与互联网融合的过程中,实现转型升级并且不断提高互联网转化率;以阿里巴巴等为代表的互联网公司在与文化融合过程中,实现多元生产和经营并且不断提升文化内涵和价值;以咪咕数字传媒等为代表的新兴文化互联网企业直接由文化与互联网融合而来,引领着文化产业未来的发展方向。这些创新企业在内容创新、技术创新、商业模式创新等集成创新方面具备较大的引领力和影响力,是浙江"文化＋互联网"产业创新发展的先锋模范。

(三)重点领域和重点区域发展凸显

文化与互联网融合的重点领域和重点区域布局清晰、发展快速。重点领域主要集中在新闻出版、广播影视、动漫游戏、文化演艺、文化信息传输和软件服务等方面,经过几年的培育和打造,数字出版、数字阅读、数字视听已经成为浙江文化产业的新锐力量。重点区域主要布局在杭州、宁波、横店三个国家级文化和科技融合示

---

① 潘卓盈、潘杰:《"中国网络作家村"落户杭州 "首任村长"是唐家三少》,杭州文明网,2017 年 12 月 11 日。

范基地,以及乌镇互联网经济创新发展综合实验区和金华网络文化产业实验区等。比如杭州重点打造创意设计、动漫游戏、现代传媒产业示范基地,重点发展工业设计、游戏娱乐、数字出版、新媒体等产业;横店着力打造影视文化产业,形成集创作、拍摄、制作、发行、交易和衍生产业于一体的影视文化全产业链,成为影视行业的"风向标""晴雨表"。

(四)文化产业大数据平台建设稳健发展

浙江依托先进数字技术,建设文化产业大数据平台,推动大数据资源开放共享。浙江日报报业集团全力推进"四位一体"大数据产业生态圈建设,"富春云"互联网数据中心、浙江大数据交易中心、"梧桐树＋"大数据产业园、大数据产业基金等大数据产业生态圈建设已相继完成或正在完成,为数据存储提供了保障,提高了网络运行的效率和安全。"浙江省文化产业大数据服务平台"(简称"浙朵云")于2017年建成运营,整合了文化产业的各类数据资源,建成标准统一的信息共享服务平台和互联互通的网络服务体系,服务于省内20多万家文化企业与机构,成功入选国家文化创新工程项目储备库,成为国内领先的文化产业大数据平台。

(五)文化金融合作模式不断创新

中小企业融资难一直是制约文化产业发展的瓶颈问题。2015年在杭州、宁波、温州、绍兴、台州等地设立了12家文化产业银行,探索针对文化企业特别是小微文化企业的信贷定价机制,降低准入门槛和资金成本,其中杭州银行文创支行已累计为700多家文化企业提供54亿元的信贷支持。依托互联网技术和平台,以"数娱宝""娱乐宝"等为代表的互联网筹资新模式已经开启,众筹、股权投资等文化金融模式不断发展,成为中小文化企业融资的新通道。

五、"文化＋互联网"新业态蓬勃发展

(一)网络＋文学:网络文学异军突起

浙江的网络文学从容布局,一路走来硕果累累。2014年成立国内第一个省级网络作协即浙江网络作家协会,2017年国内首个"中国网络作家村"入驻杭州,建立浙江网络文学创作与研究中心、网络文学编剧研究中心,开设网络作家培训班,出台《浙江省网络文学优秀作品扶持奖励办法》等。拥有如麦家(代表作《暗算》《风

声》等)、流潋紫(代表作《后宫·甄嬛传》)、蒋胜男(代表作《芈月传》)等一批国内知名的本地网络作家大咖,并通过网络作家村集聚一批网络文学精英,逐渐形成网络文学、漫画、影视、游戏等相对成熟的产业链。多年的培育发展以及一系列的布局规划,使浙江拥有齐整的网络作家队伍,形成了蓬勃的网络文学市场,网络作品市场转化率高,成为全国网络文学重镇。

(二)网络+阅读:数字阅读快速发展

根据《2017年度中国数字阅读白皮书》统计,2017年数字阅读行业市场规模达到152亿元,用户规模近4亿,人均阅读电子书10.1本。① 以杭州为代表的浙江各地,在组织推广全民阅读过程中,积极推进数字阅读产业发展,吸引带动相关企业落户集聚,树立"中国数字阅读大会"等大品牌,打造数字阅读产业生态圈。"中国数字阅读大会"2015年起永久落户杭州,杭州被授予2017年度全国"十大数字阅读城市"称号。天翼阅读平台图文阅读内容超过35万册,网易文学漫画平台上创作者达到30万人,其中原创作品占比超过60%。省内各级图书馆利用馆藏资源不断创新阅读方式,开发"数字图书"App,让阅读越来越方便。作为数字阅读的核心领军者咪咕数字传媒,开发出咪咕学堂、咪咕星宝、咪咕fire、咪咕阅读等多款产品,既有阅读又有互动,满足读者的多元化阅读需求。

(三)网络+视听:网络视听繁荣发展

浙江广电集团依托互联网整合了旗下18个广电资源组建"新蓝网",为网民提供互联网、通信网、电视网三网融合的新媒体服务,开创浙江广电融合新模式。浙江提出打造全国影视"副中心",突出网络影视、科技影视、全产业影视、大IP影视等鲜明特色,涌现出一批精品剧作,形成一定的产业特色,带动了一批传统影视机构的转型升级。横店影视文化产业实验区80%左右的影视剧组都参与网络剧拍,全国50%的网络剧在横店拍摄,冯小刚等著名导演亲自挂帅在横店影视城拍摄网剧。成功举办中国梦网络视频大赛、全省数字出版网络视听新媒体创新大赛,打响知名度,扩大影响力,培养创作人才,鼓励制作精品,促进浙江网络视听产业的快速发展。

---

① 《〈2017年度中国数字阅读白皮书〉在杭发布》,《浙江日报》2018年4月15日。

(四)网络＋出版:数字出版稳步发展

浙江出版业不断创新,主动融合互联网,以数字化为引领,在激烈的市场竞争中稳步发展。国家《数字出版"十二五"时期发展规划》实施以来,浙江融合发展思路清晰,在内容、产品、服务与模式上不断创新,以发展数字出版产业为主导,努力建设"国家数字出版产业基地"。2010年杭州"国家数字出版产业基地"批复成立,已经建立了包括手机、书店、网络游戏、动漫等8个数字出版园区,聚集数字出版企业400余家,其中7家为上市公司,2016年数字出版产值超过100亿元。[1] 以此为契机,浙江数字出版产业快速发展,手机出版、动漫出版、网络游戏出版、数字化内容投送平台和数字印刷等优势行业发展迅猛,天翼阅读平台、手机阅读基地、华数传媒、杭州日报、影天印业、淘宝电子书等企业也在全国数字出版领域具有重要影响力。

六、文化产业与互联网融合的模式

文化与互联网已经相依相融、难分难舍。浙江的文网融合历程,从产业角度分析,大致可以分为三个阶段:第一阶段是开始阶段,以阿里巴巴等互联网大鳄进军文化产业为开端;第二阶段是发展阶段,以传统文化产业依托互联网进行转型升级为标志;第三阶段是成熟阶段,以大量基于互联网技术和平台而成立的创新型文化公司为标志。每个阶段的重点重心不同,其融合模式也有差别:第一阶段以"互联网＋文化"型为主,第二阶段以"文化＋互联网"型为主,第三阶段以"文化互联网"型为主。

(一)"互联网＋文化"型模式

这类融合模式的特点是以互联网企业为主体,互联网企业利用互联网技术和平台优势,以合作、参股、并购、重组等方式,主动进军文化领域,所谓"跨界打劫",但其基因仍是互联网企业,比如互联网三巨头百度、阿里巴巴、腾讯等,属于典型的"互联网＋文化"型企业,"泛娱乐"是"互联网＋文化"型模式的重要表征和趋势。

创立于杭州的阿里巴巴集团,主营网络销售,"淘买淘卖",形成因产品销售渠

---

[1] 《我国新闻出版广电领域的基地(园区)建设得怎么样?》,搜狐网,http://www.sohu.com/a/205589549_211393,2017年11月20日。

道而来的流量和分发的核心优势。2006年公司开始扩展版图,跨界进军文化产业,布局阿里巴巴大文娱。借助销售平台和流量优势孵化泛娱乐产品,阿里巴巴实现娱乐和电商一体化,逐步构建了一个打通影视、音乐、游戏、文学、体育、经纪等多种文创业务领域的互动娱乐新生态。据财报数据,2018年上半年阿里巴巴集团的数字媒体和娱乐业务板块收入达59.75亿元,同比增长46%。①

完美世界股份有限公司具有天然的互联网基因,跨界后专注于网络游戏、影视动漫等领域的研发运营,以互联网技术推动传统院线的数字化升级,整合院线和影院而提供高品质线上、线下综合娱乐休闲体验。2017年,该公司成功主办了第二届DOTA2亚洲邀请赛,引起社会的广泛关注,用专业水平和实力推动了中国电竞行业的发展。

浙江天格信息技术有限公司专业从事软件开发设计、技术服务网络平台建设与运营,进军文化产业后从事视频才艺、游戏互动等,主营9158、新浪秀直播、百人房、水晶直播、聚乐网等娱乐平台,在浙江省内外具有较大影响力。

"互联网+文化"型模式,促使互联网企业以网络技术和平台为基础,在电影、音乐、动漫等多个领域进行跨平台商业拓展,贯通资金、内容制作、演艺明星、宣传推广、发行销售、衍生产品等产业链上下游各环节,在文化产业的版图中面积越来越大、比重越来越大、产值越来越高。

(二)"文化+互联网"型模式

这类融合模式的特点是以传统文化企业为主体,传统文化企业主动融合互联网,借助互联网、大数据、云计算等高新技术,依托互联网的传播渠道和平台,提高文化产品生产力,拓展企业发展新空间,最终实现转型升级。但其基因仍是文化企业,比如电视、报纸、广播、影视等传统文化企业的互联网化,属于典型的"文化+互联网"型模式。

浙江日报报业集团着力进行"媒体云"建设,推进媒体深度融合。集团自主研发的"媒立方"技术平台,采用云计算、大数据等最新技术,实现传统媒体、互联网、移动互联网的融合,为跨媒体、跨业务提供了统一平台。旗下的浙数文化公司致力于全面发展数字娱乐和大数据产业,通过融媒体平台打造集用户、内容为一体的聚

---

① 《透过半年报,看腾讯、阿里的"数字攻略"》,http://www.sohu.com/a/253926079_182272,2018年9月14日。

合平台,进行"四位一体"大数据产业建设,成功打造智慧媒体云服务生态圈。

浙江广播电视集团围绕"融合传播",构筑"两核三圈、一平三通"的融合传播体系,"中国蓝云"建设成效突出。中国蓝融媒体新闻中心"中央厨房"一站式运作,形成了一体策划、融媒采集、融合传播的新型融媒采编方式和传播形态,拓宽了新闻报道的方式方法,打开了新媒体的广阔空间。2017年中国媒体融合传播指数报告显示,浙江媒体融合综合优势明显,在电视台总榜排名第二。①

华数集团重点实施"新网络+应用""新媒体+内容""大数据+开发"三大战略,开发建设新网络、新媒体、云计算和大数据、原创内容以及智慧化等产业板块,承担了国家广播电视总局"国家数字电视开放实验室"的运行、工业和信息化部"数字家庭"基地建设、国家发改委"下一代互联网示范工程"项目的推进实施,成功创建"国家下一代广播电视网(NGB)融合业务创新实验室"。

浙江出版联合集团形成较为完备的数字出版体系,拥有电子图书、数字报纸、数字期刊、网络教育、网络动漫、网络游戏等各种数字出版物,建成了全品种数字样书库、浙江文化资源数据库服务平台和 BookDNA 在线出版服务平台,在业内率先建立数字出版的管理制度与运作体系,"博库数字内容出版与投送平台"拥有上万种作品的数字版权,"博库网移动多媒体电子商务平台"获得中央文化产业发展专项资金资助。

"文化+互联网"型模式促使传统文化传媒企业借助互联网而完成媒体融合,从被动加入互联网、利用互联网,到主动研发数字技术、运用高新技术、打造大数据平台,实现了从传统媒体向新兴媒体、从单一媒体向综合多媒体、从平面传播向立体化传播的转变,提高了媒体生产力和传播力,拓展了传媒发展新空间。

(三)"文化互联网"型模式

这类模式的特点是企业既开展互联网又开展文化方面工作,自初创开始就运用互联网思维、利用互联网技术和平台做文化产业,专门为互联网生产文化产品。许多基于互联网技术和平台而成立的创新性文化公司,如新媒体企业、数字娱乐公司、网游/手游公司、互联网影视公司、平台服务型公司等,其基因属于纯正的互联网文化企业或文化互联网型企业。

---

① 《2017媒体融合传播指数报告发布:融合渠道日趋完善 传播效力有待提升》,人民网—传媒,http://media.people.com.cn/n1/2018/0402/c14677-29901624.html,2018年4月2日。

咪咕数字传媒致力于数字阅读,瞄准移动数字阅读市场,推出了咪咕学堂、咪咕星宝、咪咕 fire 等多款产品,运用全媒体、智能语音等技术推动图书、期刊、漫画、音频、视频及衍生品的生产、推广和传播,以新技术引领出版融合发展,成为业内"国内图书首发第一平台"。

金华比奇网络技术有限公司是一家专业从事数字产品网络交易服务的互联网文化企业,其旗下的 5173 平台(www.5173.com)是一家专业从事网络游戏虚拟数字产品交易服务的电子商务平台,为游戏玩家提供虚拟数字产品寄售交易服务、担保交易服务、账号交易服务和自动交易服务等,截至 2018 年底,网站注册用户数已经超过 9500 万,交易量占市场总额的 90% 左右,成为国内最受欢迎、最具影响力、最大的网游物品交易平台。

杭州掌动科技股份有限公司是一家集自主研发、运营于一体的移动终端互联网游戏企业,致力于研发包括角色扮演游戏(RPG)、卡牌游戏、休闲对战游戏等在内的手游产品,属于移动手游企业,已上线运营多款自主研发的游戏,如《仙魔决》《萌宠学园》《糖果小怪兽》《魔性消除》《小飞机大战》等,产品远销海内外 20 多个国家和地区,其中《萌宠学园》在 2013 年获得最佳游戏金苹果奖、2014 年获得国内十佳新锐产品奖,《小飞机大战》在国内各大游戏平台排行榜曾长期占据首位。

浙江博艺网络文化有限公司是中国领先的互联网艺术文化综合技术公司,其旗下的博艺网(www.boyie.com)是国内颇具影响力的中文艺术门户网站之一,是艺术家、艺术爱好者交流展示艺术品的平台。公司先后开发的艺趣网、博艺网,成为中国书画交易中心两大艺术品电子商务交易平台,开创了艺术品网上交易的全新模式。2015 年"艺易拍"(www.paiyiyi.com)手机 App 艺术交易平台上线,利用现有成熟网络技术彻底颠覆传统艺术拍卖形式,使艺术品交易变得简单、方便、快捷,轻松玩转艺术品拍卖。

"文化互联网"型模式有效整合调配互联网和文化资源,实现文化与互联网跨行业、跨区域、多元化、集约化发展,以文化互联网化的全新姿态诠释文化内容、传播文化产品、宣扬文化价值,促使文化与互联网从以往的相加阶段迈向真正的相融阶段。

七、文化产业与互联网融合的路径选择

文化与互联网的融合,不只是文化内容和互联网技术的简单叠加,而是涉及产业、产品、技术、市场、人才、政策等许多要素的相互作用、相互渗透,涉及互联网技

术的创新、文化内容的创意、传播渠道的开拓等，其实现路径多元又复杂。

(一)创新技术,为文化互联网产业发展提供强大引擎

习近平在 2016 年网络安全和信息化工作座谈会上提出"互联网核心技术是我们最大的'命门',核心技术受制于人是我们最大的隐患"[①],说明一个企业即便规模再大、市值再高,如果核心技术掌握在别人手里,就会不堪一击。文化与互联网的融合,技术是基础,高级技术、核心技术是推动深层融合的核心要素,是驱动企业持续发展的强大引擎。以技术为核心的驱动模式是提高生产效率的关键,互联网平台所积累的技术和数据,将成为整个文化产业进入数字工业化的核心驱动力。要不断研发数字技术、网络技术,推动人工智能、5G 等新技术参与到文化产业、文化内容、文化产品、文化消费等多领域的改造,创造出更多的新产品、新业态、新模式。要把握科技快速发展的机会,突破核心技术,争取在重要领域、重要方面实现"弯道超车"。

在新技术手段的加持下,互联网文化产业将高速发展,文化消费的发展空间很大。要进一步打通消费互联网、产业互联网、政务互联网,实现 ToB(对企业)、ToC(对消费者)、ToG(对政府)三种服务的数据结合共享,让数据产生新的互联网应用,激发互联网下一阶段更多的可能性。利用互联网、大数据和技术能力的提升,推进文化产业快步进入数字工业化时代。

(二)构建全媒体传播格局,推动文化互联网产业融合发展

基于互联网形势,国家做出加快推动媒体融合发展、构建全媒体传播格局的战略决策,这是以文化传媒适应于互联网的重要布局,为浙江深化文化与互联网融合指明了方向。

加强媒体内部及媒体之间的深度相融,通过流程优化、平台再造实现各种媒介资源、生产要素有效整合,建立起适合互联网传播的生产流程及体制机制,实现各平台传播力的最大化。发挥传统媒体的内容生产优势,提升原创内容特别是精品内容的生产能力,实现信息内容、技术应用、平台终端、管理手段共融互通,打造一

---

① 习近平:《在网络安全和信息化工作座谈会上的讲话》(2016 年 4 月 19 日),《人民日报》2016 年 4 月 26 日。

批在国内具有强大影响力、竞争力的新型主流媒体①,拓展融合传播渠道,提升媒体融合传播力。

实现各种媒介资源、生产要素有效整合,推动媒体深度融合。坚持导向为魂、移动为先、内容为王、创新为要,在体制机制、政策措施、流程管理、人才技术等方面加快融合步伐,建立融合传播矩阵,打造融合产品,使媒体的生产与传播更快、更新、更深、更广。坚持正面宣传,弘扬正能量,保证宣传的新闻性、导向性和思想性。加强采编、技术、运营等部门人员的全媒化武装,强化能力培养、技术装备,创新表达方式,善用网言网语提升讲故事能力。

(三)打造专业基地和特色小镇,着力培育互联网文化企业

产业发展,企业是主体。为壮大文化互联网产业,既要培育一批"顶天立地"的大型企业,也要发展一批"铺天盖地"的成长型企业,加快传统文化企业转型升级,扶持创新型企业茁壮成长。

发挥优势和特色,错位发展,巩固优势行业。推进报纸、出版、广电等传统大型文化企业的全面互联网化,加快媒体融合发展,构建全媒体传播格局;推进内容创新和产业结构调整,做精传统主业,拓展互联网新兴领域。重点培育一批成长型文化互联网企业,壮大文化产业的生力军和后备队。完善文化产业新兴业态标准,提升企业挖掘品牌文化内容的能力,提高内容生产能力。

加强对已有文化产业集聚园区的建设,打造文化领域特色小镇和专业基地。调整优化招商引资策略,优化产业配置,完善配套和产业支撑,扩大有效引资,引进更多实力强、品质高的大企业、大项目入驻,吸引特色中小型企业入驻。集聚文化和互联网优质资源,建设专业化"文化+互联网"园区,培育打造"文化互联网"特色小镇,做专做强"数字文化",打出浙江数字文化金名片,以数字经济拓展文化产业新空间,增强文化产业竞争力。

(四)加大人才培养和引进,建设文化互联网产业人才队伍

搭建工作平台和构建服务体系,着力解决从业人员占比偏低、人才总量不足、人才结构不合理等突出问题。加强对人才的培育、引进、激励和服务,着重扶持影

---

① 习近平:《加快推动媒体融合发展 构建全媒体传播格局》,《共产党员》2019年第7期。

视、传媒、出版、数字内容、演艺、设计、广告、高端文化装备、工艺美术和文化经营管理等领域人才发展，引进和培养一批文化产业领军人才、经营管理人才和创新团队。组织实施造就文化名家计划，将人才培养和引进纳入省特级专家、"千人计划"和"151人才工程"。加快推进"文艺浙军"建设，深入实施"新荷""新光""新松""新峰"等计划。

建立符合文化产业特点的人才保障机制。落实《浙江省文化产业人才发展规划（2017—2022年）》，从组织、经费、支撑、环境等方面为文化产业人才培养提供有力支持。设立人才建设专项资金，利用社会资金设立优秀人才培养基金。健全人才评价激励机制，采取股权奖励、期权分配、技术入股等方式激励人才、留住人才。加强人文关怀，吸引年轻群体和特殊群体来浙江创业，重视提高民营文化企业地位，在待遇方面与国有文化单位一视同仁。

（五）强化政府服务功能，搭建文化互联网产业发展平台

着力发挥金融服务的撬动效应，探索融资渠道，吸引更多的银行、私募基金、风投等社会资本投资文化企业，扩大融资范围，降低融资成本，为中小企业或个人融资开拓新的资金渠道。着力发挥政策服务的叠加效应，加大政府购买服务力度，扶持小型文化演艺企业、文化创意企业成长发展，通过奖励、贴息、项目补助等方式支持实体书店等文化企业创新经营，打造复合式休闲创意文化场所。着力发挥体制机制的磁场效应，探索建立创新创业的支持体系，建立创新风险承担机制；消除各种体制机制性障碍，打破行业和市场垄断，创造各类企业公平竞争的环境；建立由企业牵头实施国家重大科技项目的机制，为各类企业的创新活动提供社会化、市场化服务。着力增强监管效应，成立专门的网络文化产品质量监督和传播平台监管部门，制定相关监管条例，加强网络运营商的行业自律，营造风清气正的网络空间。

第三节　文化产业高质量发展

金华是文化大市，在国家和浙江省关于大力发展文化产业的战略背景下，不断将文化资源转化为文化产业发展优势，文化产业成为金华的特色优势产业。有关资料显示，近年金华文化产业增加值占GDP比重位居全省第二、增加值总量位居

全省第四,文化产业竞争力评价位居全省第一。^① 金华已经形成以影视文化、文化智造和贸易、数字娱乐、文化旅游等为重点的特色文化产业体系,正在培育扶持一批重点文化产业、文化产业园区(平台)和文化产业项目,进一步推进文化产业高质量发展。

一、金华市文化产业发展的历程

金华文化产业的发展历程与浙江省文化产业发展同步,是在国家以及浙江省委省政府的领导和文化发展战略部署下,立足金华文化资源禀赋及经济社会发展状况而发展。其发展历程大致可以分为三个阶段。

第一阶段从 20 世纪 70 年代末到 90 年代末,文化产业起步发展阶段。

这一时期因为改革开放政策的施行,国家对文化生活的控制开始放松,老百姓对于文化的需求出现一个爆发式的增长,特别是对于文化娱乐的需求热情尤甚。文化用品、休闲娱乐服务开始出现并得以发展,卡拉 OK 厅、舞厅、录像放映厅等文化娱乐场所及经营性文化演出开始出现,市场上磁带、唱片、影碟等文化产品种类增多,以娱乐业为主的文化消费市场开始起步。新闻广播、电视、图书、报纸杂志等主流媒体在内容和形式方面也有较大突破,娱乐性有所增加。文化产品的交易催生文化市场的形成,市场的需求促进文化产品制造业的产生。比如义乌小商品市场不但批发针头线脑、鞋袜服装、礼品饰物等日用小商品,也批发文具、体育用品等文体用具以及年画、挂历、磁带等文化产品;70 年代,武义县国营印刷厂开始生产扑克牌,80 年代后扑克产业不断发展,该厂创立的"钓鱼牌"扑克成为业内标杆产品。这一时期文化企业开始出现,文化市场开始形成,文化产业开始起步,满足了老百姓对文化娱乐的基本需求。政府开始探索文化改革之路,各级文化行政部门设立文化市场管理办公室,建立文化稽查队,对文化主体的市场行为进行管理和监督。政府提倡"文化搭台,经济唱戏",以文化节展等形式搭建平台带动经济发展。但是这一时期的文化并没有作为产业被认可,所有的文化活动仍包含在"文化事业"中。

第二阶段从 1999 年至 2011 年,文化产业快速发展阶段。

1999 年,浙江省委十届三次全会提出了"发展文化产业、建设文化大省"的战略构想,正式提出"文化产业"概念。2000 年制定颁布了《浙江省建设文化大省纲

---

① 陈炼钢:《浙江金华成立文化产业促进会,推动文化产业高质量发展》,人民论坛网,http://www.rmlt.com.cn/2022/0718/651991.shtml,2022 年 7 月 18 日。

要(2001—2020 年)》,2003 年浙江省委把加快文化大省建设写入"八八战略",2005年通过《中共浙江省委关于加快建设文化大省的决定》,2011 年中共十七届六中全会作出《中共中央关于深化文化体制改革推动社会主义文化大发展大繁荣若干重大问题的决定》,这些政策的制定和实施为金华文化产业大发展指明了方向,明确了目标任务,营造了良好的发展环境。2005 年金华市出台《中共金华市委关于加快建设文化大市的决定》,提出要发展一批重点文化产业,争取到 2010 年创立若干个省内、国内知名的文化品牌,建立较为健康的文化市场,文化旅游业、文娱演艺业、工艺美术业、印刷业、现代传媒业等重点文化产业得到较大发展,文化产业增加值占全市生产总值的比重达到 10%以上,成为新的经济增长点。2009 年出台了《关于加快文化大市建设,推动文化大发展大繁荣的若干意见》和《关于推进文化大发展大繁荣的政策意见》,进一步明确了文化产业发展的方向和要求,制定了建立健全文化产业统计制度及评价指标体系、规划建设一批文化产业园区和产业集聚区、保障文化产业发展用地、免征房产税和城镇土地使用税等有关税费,完善中小文化企业担保机制等一系列可行性政策措施,推动文化产业有效发展。2011 年 11月出台《金华市文化事业和产业发展"十二五"规划》。至此,金华市关于发展文化产业的顶层设计已经基本完成,"四梁八柱"的架构逐渐形成,为金华文化产业的大发展大繁荣提供了制度保障。

这一时期金华市文化产业发展跑出了"加速度",取得了明显成效。全市共有九大类文化经营单位 14000 余家,从业人员达 24 万余人,文化产品年产值超 300亿元,文化产业正成为金华经济转型升级的新增长点。主要表现在:一是出版印刷业强劲发展,全市有产值超千万、利税过百万的印刷企业约 400 家,初步形成了"义乌小商品包装印刷基地""永康五金包装印刷基地""市区出版物和农产品包装印刷基地"以及"武义扑克牌印刷基地"四大产业集群,是全省三大印刷基地之一;二是网络文化业健康发展,全市高新技术产业园区集聚了网络企业 70 多家,涵盖了远程教育、家庭娱乐、网络广告和视频点播等多个领域,是"中国电子商务创业示范城市";三是影视文化业蓬勃发展,横店影视城已成为亚洲规模最大的影视拍摄基地,横店影视文化产业形成了从剧本创作到影视制作、发行以及产品开发一条龙的影视产业链,横店影视文化实验区入园企业达 300 多家,从业人员达到 1 万多人,总产值超 20 亿元;四是会展文化业跳跃式发展,义乌文博会是促进世界贸易和文化交流的重要平台,2012 年实现成交额 45.17 亿元,永康"中国五金博览会"已成为五金企业展示品牌形象、洽谈合作贸易的快捷通道,"中国(金华)国际商贸发展大会暨工科会"为金华企业引进了一批技术、人才、项目和资金等创新资源；五是文化旅游业稳步发展，金华拥有 21 个 A 级景区，其中横店影视城被授予 5A 级旅游景区，2011 年全市共接待游客 3438.99 万人次，实现旅游收入 328.09 亿元。[①] 但是这一时期的文化产业也面临着诸多挑战，比如大多数文化企业规模偏小，普遍面临融资难的问题；高端人才匮乏，人才引进难且外流比较多；土地资源稀缺，传统文化产业附加值比较低等。

第三阶段从 2012 年至今，文化产业蓬勃发展迈入高质量发展阶段。

这一阶段主要在前期发展的基础上，做大做强以横店影视文化产业为代表的特色优势产业，发展以数字创意为代表的数字文化产业，深耕文化和旅游融合的文旅产业，文化产业在全省所占比重不断增加，在经济社会中发挥的作用不断增强。

横店影视文化产业方面，2012 年，浙江省出台《关于设立浙江省横店影视文化产业实验区提升影视文化产业发展水平的意见》；2015 年，金华市委、市政府明确提出把以横店影视为龙头的文化影视时尚产业作为"五大千亿产业"之一加以重点培育；2018 年 4 月，省委省政府出台《关于加快推进横店影视文化产业发展的若干意见》，将横店影视文化产业实验区升格为横店影视文化产业集聚区；2020 年 4 月，金华市政府出台《金华市影视文化产业全域化发展规划（2020—2025 年）》，横店影视文化产业完成了转型升级，进入全域化高质量发展阶段。

数字文化产业方面，2017 年，浙江省在金华设立浙江（金华）数字创意产业试验区，金华成为浙江省首个数字文化产业试验区。在互联网及数字化背景下，金华以开发区互联网乐乐小镇为核心，全力打造以游戏交易、视频社交、网络文艺为主导的互联网娱乐产业，形成较完整的互联网娱乐产业链，出台了全国第一个《互联网娱乐创业园区建设与管理规范》，全力建设中国互联网娱乐产业中心。经过几年的发展，试验区培育了 5 个重点行业，包括网络游戏、网络视听、网络文艺、虚拟现实和动漫产业；建设了 13 个重点文化产业园区，包括金华北大科技园、信息经济产业园、联冠信息经济产业园、漂牛文化产业园等；壮大了一批重点企业，如天格信息、比奇网络、齐聚科技等数字内容企业；建设了一批服务平台，如企业孵化器、加速器、众创空间及产业园等，形成了创业生态体系，助推产业基地的良性发展。[②]

---

① 杨晓红、陈晔、许丹：《加快金华文化产业大发展》，《浙江经济》2012 年第 16 期。

② 吴璇：《全省首个！浙江（金华）数字创意产业试验区获批设立》，《金华日报》2017 年 7 月 4 日。

　　2021年6月，文化和旅游部发布《"十四五"文化产业发展规划》，明确了"十四五"期间文化产业发展的总体要求、重点任务、保障措施。10月，金华市出台《金华市文化产业"十四五"发展规划》，提出"十四五"期间金华市将通过数字化、集聚化、融合化等路径，打造以国际影视文化之都、世界文化商品贸易之都、全国互联网数字娱乐中心为支撑的全省文化产业发展先行市，到2025年基本形成结构合理、布局优化、产业链全、竞争力强，规模、质量、效益稳居前列的高质量现代文化产业发展体系。11月，金华市发布实施《浙江中西部文化中心建设"十四五"规划》，提出未来五年金华将着力打造具有中国气派、浙江韵味、八婺特色的思想文化引领示范区、传统文化保护利用标杆区、公共文化服务品质区、文艺精品创优样板区、现代传播体系先行区、先进文化集成创新区，文化发展核心指标走在全省前列、领先浙江中西部地区，将金华建设成为文化自信彰显、文化事业繁荣、文化产业发达、文化氛围浓郁、文化形象鲜明、社会文明进步的浙江中西部文化中心。

二、金华文化产业发展成效

　　经过40多年的培育发展，金华市文化产业的产业规模和品牌影响力位居全省前列，特色文化产业的集聚态势日趋显现，已初步形成以影视文化、数字娱乐、文化贸易、文化制造、文化旅游、传统工艺美术和非遗等为代表的文化产业发展体系，文化品牌建设步伐不断加快，综合竞争力不断增强。①

(一)产业总体规模不断扩大，综合竞争力不断增强

　　经过多年的发展，特别是党的十八大以后，金华市文化产业发展的速度不断加快，总体规模不断扩大，在全省的综合竞争力不断增强。据统计，从2016年到2019年，金华市文化及相关特色产业增加值由254.58亿元增长至338.5亿元，年均增长7.38%，高于经济年均增长速度0.88个百分点，文化产业增加值总量保持在全省第四位(见图4.1)；2019年文化制造、文化服务和文化批零增加值占比分别为45%、29%和26%；文化产业增加值占GDP比重由6.91%提升至7.41%，在全省排名保持第二(见图4.2)。2018年度浙江省文化发展指数评价报告显示，2018年金华市文化发展指数排名居全省设区市第二。浙江(金华)数字创意产业试验区以

---

① 《金华市文化产业"十四五"发展规划》，2021年10月发布。

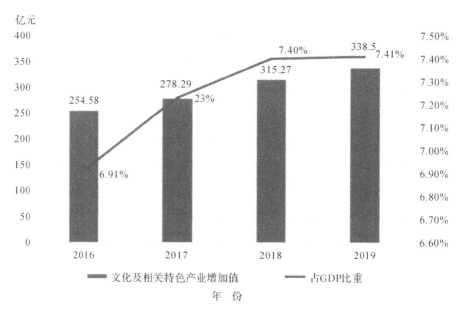

图 4.1   2016—2019 金华市文化及相关特色产业增加值及占 GDP 比重

来源:《金华市文化产业"十四五"发展规划》,2021 年 10 月。

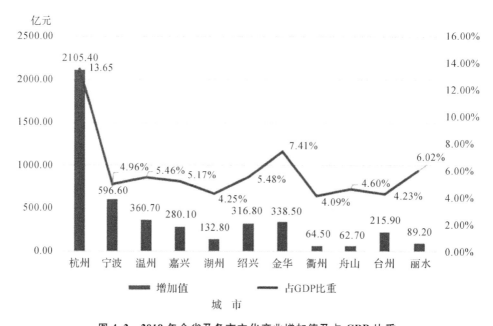

图 4.2   2019 年全省及各市文化产业增加值及占 GDP 比重

来源:《金华市文化产业"十四五"发展规划》,2021 年 10 月。

视频直播、游戏动漫、网络安全服务等行业为主,集聚相关上市企业 3 家,年营收超 5 亿元企业 2 家、超亿元企业 12 家。以义乌国际小商品市场为主要平台的文化产品买卖全球,2018 年完成文化出口 296.2 亿元,占比超过全省的 1/3。

(二)产业优势不断凸显,特色产业集群不断壮大

金华聚焦市域内地位突出、规模较大、业态丰富的主导产业,打破行政区划界限,统筹布局产业发展,形成了影视文化、文化制造、数字娱乐等一批在省内甚至国内影响力较大的优势特色产业集群。"横店影视"是金华的一张闪亮名片,横店影视文化产业发展集聚了全影视文化要素,形成比较完善的影视制作全产业链,横店成为全球规模最大的影视拍摄基地和国内产业链最完整的影视文化产业集聚区,以横店为龙头的金华影视文化产业已经成为全省万亿级文化产业发展的一面旗帜,是浙江打造全国影视产业副中心的基本支撑,在影视业改革发展中具有重要的风向标意义。"义乌制造"是金华的又一张闪亮名片,义乌的文化制造能力和数量规模以及影响力都有目共睹,依托"世界小商品之都"的国际资源与影响力,获得"2018—2019 年度中国十大会展名城""新中国 70 周年 · 中国最具影响力会展城市""2019 年度中国最具影响力会展名城"等殊荣,树立了文化制造与贸易会展的标杆。浙江(金华)数字创意产业创新试验区是浙江首个数字创意产业创新试验区,以"互联网＋泛娱乐"为主的数字创意和数字服务发展迅速,数字娱乐产业逐步奠定领域核心地位。全市以影视文化、数字娱乐、文化制造与贸易为引领的文化品牌格局初步形成;金华市区的网络文化、兰溪的时尚纺织、东阳的文化影视、义乌的文化会展及文化产品贸易、永康的五金工艺、浦江的书画水晶、武义的文教产品、磐安的山水摄影等"一县一品"的文化产业发展态势基本形成,各具特色的块状文化产业有序发展。

(三)产业平台体系日趋完善,能级不断提升

依托横店影视资源,成立全省首个影视文化产业集聚区。从影视文化产业试验区提档到影视文化产业集聚区,产业平台能级不断提高,园区范围不断扩大。依托义乌小商品国际市场及义乌文化和旅游产品交易博览会,做大做强文化制造和贸易产业,2006 年开始举办中国义乌文化产品交易博览会,成为文体行业唯一外贸主导型国家级展会;2014 年改名为中国义乌文化和旅游产品交易博览会,成为首个文旅融合的国字号展会,搭建起了文化产品交易(出口)、文化产业展示、文化

信息交流、文化项目合作的重要平台,被评为"中国最具影响力的文化行业品牌展会",被列入文化部"十二五"期间重点扶持的品牌展会之一。依托全省第二大信息港数据资源,金华开发区大力发展数字娱乐产业,打造浙江(金华)数字创意产业创新试验区。其他的产业平台还有不少,如 2019 中国(金华)数字娱乐嘉年华、横店影视节、动漫游戏展、浦江书画节等,各类文化展会活动丰富多彩,文化会展效应不断提升,推动了金华文化产业对外展示与交流合作。截至 2020 年底,全市共有 1 个国家级文化和科技融合示范基地——横店文化和科技融合示范基地,1 个国家级文化产业示范基地创建单位——横店影视文化产业集聚区,4 家省重点文化产业园区——浙中网络经济中心、金华清大创新科技园、横店影视文化产业集聚区、金华 CRC 文化创意园,4 个省级文创街区——婺城区酒坊巷、金帆街文化创意街区、佛堂老街、老齿轮 1967 文创街区。

(四)产业融合不断加快,新业态不断出现

随着文化产业与其他产业、文化产业不同行业间的相互渗透、相互交叉、日益融合,涌现出新的产业形态。文化与科技不断融合,截至 2020 年底,全市已认定文化产业类国家高新技术企业 12 家,省科技型中小企业 79 家,创建省级文化产业类综合体 3 家,横店获批国家级文化和科技融合示范基地,浙江(金华)数字创意产业创新试验区到 2019 年已经建成数字经济园区 80 多个,名列地级市之首。文化与互联网不断融合,金华成为泛娱乐直播行业的发源地,网络直播平台一度红极一时,以"就约我吧"公司为代表的泛娱乐直播一度占据全国市场份额的七成,截至 2020 年底登记注册的直播平台企业近 20 家,在全国率先开创打赏直播模式。全国 50%以上的网络剧在横店拍摄,80%以上的影视剧组都参与网络剧拍。传统文化企业如新闻、广播、出版等拥有优质的内容,借助互联网技术和平台,线上线下齐头并进,成功实现转型升级。传统地方戏婺剧借助 5G、新科技等不断推陈出新,多次登陆央视春晚、戏曲晚会等平台,入选首批浙江文化印记,婺剧《信仰的味道》入选文化和旅游部"庆祝中国共产党成立 100 周年舞台艺术精品创作工程"百年百部重点扶持作品。文化与旅游融合进入佳境,全市 6 个县(市、区)已经成功创建浙江省全域旅游示范区,"1+8+N"的文旅 IP 体系构建了金华文旅产业发展新路径,义乌文化和旅游产品博览会、横店影视节等一批文化节展等办展层次不断提升,影视文化旅游、商贸旅游等融合不断加深。

（五）产业主体不断壮大，龙头企业引领力不断增强

2015 年金华全市已经有文化产业生产经营单位 10 大类、6 万余家，从业人员超过 40 万人，其中市区有 273 家规模以上文化企业，九成以上为民营企业。到 2020 年底，全市规模以上文化及相关特色产业法人单位达 622 家，规模以上企业营收达 409.19 亿元；入选国家级文化出口重点企业 4 家，总数居全省第二；现有省重点文化企业 2 家，数字文化示范企业 2 家，成长型文化企业 37 家。横店影视城、中义国际会展（义乌）有限公司、金华天格信息技术有限公司、9158 等一批具有良好前景、强大行业竞争力的骨干文化企业成长起来，在全省乃至全国都有一定的影响力。金华邮电工程公司在吉尔吉斯斯坦投资兴办的德隆电视台，开通俄、中、英等语种的 118 个频道，24 小时免费不间断转播我国卫星电视频道，已成为吉尔吉斯斯坦第二大电视运营商，覆盖 60% 以上的人口，被中宣部、商务部等 5 部委评为国家文化出口重点企业和重点项目。金华开发区集聚文网文证的互联网文化企业 150 余家，网游服务提供商 5173、视频娱乐社区 9158 成为中国互联网产业百强企业，5173 平台已成为国内最大的网游物品交易平台。2021 年浙江省文化产业优秀创新案例评选中 20 个案例脱颖而出，其中金华有 2 例，浙江横店影视城有限公司的"横店构建影视文旅'元宇宙'"、金报文化传媒有限公司的"金报传媒数字加持文化服务"名列其中。

三、金华文化产业发展存在的问题

从总体发展情况看，金华市文化产业发展稳步增长，呈现出持续发展的良好态势，但是面对新形势新任务和人民群众日益增长的高品质文化需求，文化产业还存在一些短板和弱项，比如区域发展不均衡，产业结构不够优化，高端要素比较缺乏，制约了文化产业的高质量发展。

（一）文化产业区域发展不均衡

虽然已经形成"一县一品"的文化产业发展格局，但是区域间发展不平衡的问题仍然比较突出。9 个县（市、区）之间文化产业的发展程度不一致，强弱之分落差比较明显。东阳的横店影视文化产业独占鳌头，东阳木雕、东阳竹编熠熠生辉，木雕红木产业独具特色，在全国占据先发优势；义乌凭借国际小商品市场搭建义乌文博会平台"买卖全球"，文化产品交易规模位居前列；金华市开发区依托浙江（金华）

数字创意产业试验区发展游戏交易、视频社交、网络文艺等互联网娱乐产业,形成较完整的互联网娱乐产业链。而磐安等地由于文化资源相对缺乏和经济实力相对较弱,文化产业发展比较慢,规模和影响力比较小。另外,各县(市、区)产业发展较为分散,尚未形成有效联动机制;文化产业发展首位度不高,市本级两个区文化产业引领作用不够强。

(二)文化产业结构有待优化

在整个产业结构中,传统文化制造产业的占比比较高,高附加值的文化创意产业相对较弱;传统产业转型升级不够,招大引强特别是重大制造业项目招引不足;影视文化产业优势品牌凸显,其他产业相对竞争力优势不足;数字文化产业发展比较快,但是企业数量、产品质量和产业规模与数字创意产业试验区的高标准要求还有一定距离,数字阅读、数字出版、数字娱乐、数字传播等新业态发展比较慢,数字赋能尚有欠缺;区域品牌化发展缺乏长远布局和特色路径,泛娱乐行业如网络直播等缺乏特色,同质化竞争较为严重;影视文化产业链比较完善,但产业链中的各个环节不平衡,影视拍摄制作环节很强但前期剧本创作和后期影视制作方面比较弱;园区企业上下游合作较少,产业协同化、集群化、专业化发展不够;文化产业创新不足,一些项目的创新性、示范性和实效性较弱,新业态、新产品、新技术不多,特别是数字文化产业发展、文旅深度融合发展、文化创意设计创新、文化新技术新业态推广等方面比较欠缺。

(三)文化产业融合地方特色文化不足

金华深厚的文化资源没有得到充分有效的整理挖掘和开发利用,具有地域文化特色的文化业态不够凸显,在文化产业中凸显金华文化品牌、融入八婺文化元素仍然不足。比如上山文化、金华学派、永康学派、婺剧等婺文化,黄大仙、李渔、吕祖谦、陈望道、艾青等名人,婺窑、火腿、酥饼、金华酒、佛手等名产,李渔戏剧汇、宾虹艺术展、艾青诗歌节、施光南音乐节等名人节展等,这些金华特色优势文化元素在地域影响上还囿于金华一隅,在推介上还囿于官方宣传,以作品产品的方式走出金华的不多,以市场化的方式营销推广的比较少。横店影视融入的金华文化元素比较缺乏,横店影视基地展示了秦、汉、明清、民国等不同时期的历史和文化,但对于金华本土的历史和文化介绍宣传不足,许多影视拍摄外景地模拟仿造的是外地场景,很少以金华地名出现,影视剧中关于金华的名人、故事和名胜古迹更少。义乌国际小商品市场买卖全球文化产品，义乌文化和旅游产品交易博览会推介宣传全球文化，但对于推介金华元素的文化产品力度不大，对本土文化的开发和产品生产不够充分。

(四)文化产业高端要素比较缺乏

人才是文化产业最核心的生产要素，但金华缺少既通晓文化产业内容又具有自主创作能力的本土人才，缺乏既懂产品研发又懂艺术创作的实用专业人才，缺乏在国内外有影响力的高层次文化领军人才。数字、影视等领域头部人才缺乏，人才引进难、培养难、留住难，人才保障政策相对缺乏，配套设施不够完善。缺乏融合文化资本运营、文化艺术商务、新媒体文化服务等高端文化产业复合型人才，文化产业人才链尚未形成。另外，部分地区仍存在土地指标紧张问题，用地空间不足，文化产业项目落地比较难。财税金融服务力度不足，社会资金投入有待加强。扶持产业发展的新政策空间日渐减少，政策红利及先发优势日渐减弱，比如海南等地对影视企业的税收优惠政策直接导致横店影视集聚区企业的流失。

四、金华文化产业发展展望

2021年10月《金华市文化产业"十四五"发展规划》发布，擘画了金华市文化产业发展蓝图，推动金华文化产业发展向更深层次、更高水平迈进。

(一)明确定位，明晰文化产业发展目标和路径

一是明确文化产业发展目标和定位。以高质量发展为主线，以文化创新和数字赋能为导向，构建以文化智造与贸易、影视文化、数字娱乐、文化旅游、传统文化等为重点的特色文化产业体系，着力推进兴文化、筑平台、促融合、强主体、聚人才、重招引、激活力，形成"一圈引领、三区集聚、多点联动、全域发展"格局，全面"擦亮"横店影视产业基地、义乌世界小商品之都、全国互联网数字娱乐中心等金字招牌，到2025年文化及相关产业增加值达530亿元左右，年均增长8%左右，文化及相关产业增加值占GDP比重达到8%(见表4.1)。二是明晰文化产业发展路径。通过数字化，加快推进文化制造、演艺娱乐、文化旅游等产业数字化转型，培育壮大动漫游戏、视频娱乐、工业设计、数字文化装备等新兴产业，打造数字文化产业高地；通过集聚化，集聚一批龙头领军企业和人才，加快培育现代化产业集群，形成协调有序的产业链、供应链和价值链体系，推进金华特色文化产业从最大向最强转变；

通过融合化,推进文化和旅游深度融合,推动文化与科技、金融、制造、体育、会展等高质量融合,全面提升文化产业发展层次与效益;通过国际化,拓宽特色文化产品对外传播渠道,积极参与文化产业国际合作,推进影视文化、数字娱乐文化、传统工艺美术文化等"走出去",打造金华特色文化国际品牌形象。[①]

表 4.1 金华文化产业"十四五"重点指标

序号	指标名称		2019 年实绩	2020 年实绩	2025 年目标
1	文化及相关产业总产出/亿元		1098.28		1500
2	文化及相关产业增加值/亿元		338.48		530
3	文化制造业	增加值/亿元	150.58		250
		增加值占文化及相关产业增加值比重/%	44.48		47
4	文化批发和零售业	增加值/亿元	88.04		150
		增加值占文化及相关产业增加值比重/%	26.01		28
5	文化服务业	增加值/亿元	98.93		130
		增加值占文化及相关产业增加值比重/%	29.22		25
6	文化产品贸易总额/亿元			359.5	520
7	文化及相关产业增加值占 GDP 比重/%		7.4		8
8	规模以上数字文化企业营业收入占规模以上文化企业营业收入比重/%			31.35	>34.3
9	省级以上文化产业园区(基地)/个			4	6
10	省级以上重点文化企业/家			8	20
11	省级成长型文化企业/家			37	60
12	人均文化娱乐消费支出占消费支出比例/%			9.3	15
13	旅游业增加值占 GDP 比重/%			8	>8.5

来源:《金华市文化产业"十四五"发展规划》,2021 年 10 月。

---

① 杜晓萍:《金华发布首个文化产业发展规划》,《金华日报》2021 年 10 月 30 日。

(二)协同发展,构建文化产业发展新格局

一是科学规划文化产业总体布局。根据全市各区域独特的资源禀赋和文化产业发展基础,以统筹兼顾、整合资源、突出重点、差异发展、优势互补为原则,科学规划全市文化产业总体布局,完善文化产业分工协作体系,构建"一圈引领、三区集聚、多点联动、全域发展"的文化产业发展格局。做优做强以金华市区—义乌—东阳为主体空间构建的影视文化产业核心圈,发展影视文化、文化智造与贸易、数字娱乐、文化旅游领域的新兴文化产业;集聚优势产业要素,以金华开发区为核心打造数字文化产业区,以义乌市为核心打造文化智造贸易产业区,以东阳市为核心打造影视文旅产业区,其他县(市、区)根据产业发展基础与特色资源优势错位融合发展。二是区域产业协同均衡发展。各县(市、区)按照自身定位和文化产业的产业链分工,根据产业发展基础与特色资源优势,以突出重点、适度交叉、协调推进、错位发展为原则,确定各自的特色主导产业及功能目标,在各县(市、区)内形成一批竞争力较强、产业链较全的文化产业集群,进一步带动各县(市、区)产业均衡、协调发展,促进产业联动,增强文化氛围,提升城市生活品质(见表4.2)。

表 4.2　金华各县(市、区)文化产业发展导向

县市区	文化产业发展导向
婺城区	依托婺剧、婺州窑、金华酒、金华剪纸、婺州印染等人文资源优势,精心打造以市区东市北街和玉泉路、桃园路为框架的文化产业发展轴线,依托婺窑小镇、铁路文化公园、安地旅游风情小镇等平台,充分发挥文化创意产业协会作用,扶持壮大影视时尚产业、"互联网＋"等文化产业。
金东区	深入践行"人文富区"战略,积极发挥艾青和施光南名人文化品牌效应,做大金东区文创展、金东文旅产品展销大会等平台,积极打造金义新区数字文化产业中心,进一步加大文产项目招引力度,重点发展文化制造、网络创意、文化旅游等产业。
兰溪市	利用兰溪丰富的工业遗存、古城、古镇、古村资源,积极发挥黄大仙、贯休、章懋、范浚、李渔等名人文化效应,打造诗路文化品牌,加快开发兰溪古城,重点发展文化旅游、影视文化等文化产业。
东阳市	依托"教育之乡、建筑之乡、工艺美术之乡、文化和影视名城"等文化资源禀赋,大力实施文化产业全域化发展战略,通过横店影视文化产业集聚区、东阳木雕小镇等平台,重点发展影视文化、工艺美术、文化旅游等文化产业。

续表

县市区	文化产业发展导向
义乌市	深入挖掘陈望道、冯雪峰、吴晗等名人资源,充分发挥文化产品制造和贸易优势,依托义乌国际商贸城、中国义乌文化和旅游产品交易博览会、1970 文创园、宾王 158 文创园、良库文化创意园等平台,重点发展文创设计、文化贸易、文化旅游、文化制造等文化产业。
永康市	做大做强方岩石鼓寮影视基地、西溪影视基地等平台,打造中国五金产品工业设计国际大赛,积极推进工业设计产业创新服务综合体、二轻区块(老丝绸厂)文化创意街区建设,积极筹建浙江省五金产业工业设计研究院,重点发展五金工业设计、影视文化等文化产业。
浦江县	依托上山考古遗址公园、民主路和解放路历史文化街区、水晶小镇等平台,大力发展水晶、文化旅游、书画艺术、印刷包装等产业。

来源:《金华市文化产业"十四五"发展规划》,2021 年 10 月。

(三)重点布局,做大做强优势特色文化产业

着力做大做强影视文化、文化制造、数字娱乐等特色主导产业。一是以横店影视文化产业集聚区为核心和引领,充分发挥横店影视产业的龙头引领作用,提升横店影视文化产业集聚区平台能级,构建以横店为主导,影视文化产业全区域布局、全领域覆盖、全方位联动的新格局,带动金华影视文化产业全域化发展、全产业链发展,做大做强影视文化产业,打造全球最强的影视产业基地和国际影视文化之都。二是以义乌世界小商品之都为核心和引领,依托国际贸易综合改革试验区,重点发展纺织与饰品制造、工艺美术制造、文化娱乐休闲用品制造、创意设计服务、文化产品贸易等产业,推动文化产品贸易优化升级,带动文化商品制造向智慧创意转型,做大做强文化产品生产和贸易,建设"一带一路"标志性文化会展名城,打造世界文化商品贸易之都。三是以浙江(金华)数字创意产业试验区为核心和引领,推动数字文化产业高质量发展,打造产业集群,重点发展游戏、视频直播、网络文艺、影视传媒、动漫设计、文化创意等产业,发展创造、生产、传播、服务贯穿全产业流程的数字文化集群,做大做强数字文化产业,打造全国互联网数字娱乐中心。

(四)要素保障,创优产业发展大环境

一是优化政策服务。增加法制、政策、人文、科技、体制和机制等非物质条件在决策中所占的权重,在文化重点领域和关键环节不断改革以取得实质性突破,有效健全文化管理体制和运行机制,不断完善文化产业发展政策,进一步规范文化产业统计制度,进一步提升文化数字智治水平。二是强化资金土地等要素保障。落实税收扶持政策,合理减轻企业税费负担,加强资金整合力度,扩大文化产业专项资金规模,引导金融机构为新兴轻资产文化企业提供优质金融服务产品。加强用地管理研究,强化建设用地支持,合理利用存量用地,优化新增用地供给,支持利用工业厂房、仓储用房等存量房产、土地发展文化产业,鼓励文化产业项目用地申请创新型产业用地。三是培育引进文化人才。完善人才激励制度,建立人才招引机制,搭建人才联谊网络,开展人才项目推介和招才引智活动,加强工匠型技能人才、民间优秀文艺人才的培养传承,扶持资助优秀中青年文化人才快速成长,开辟高层次文化人才引进"绿色通道",落实文化人才的住房、医疗、社保等保障,推动人才服务实现专业化、市场化和精准化。

(五)文化赋能,推进传统文化创造性转化

一是推动传统文化振兴行动。加快对金华传统文化中的名人文化、婺学文化、地方曲艺、传统饮食文化、优秀传统工艺、地方民俗、婺派建筑文化等的深入研究和提档改造,实现婺文化的创新性发展和创造性转化(见表4.3)。二是推动传统手工艺产业转型升级。发展历史经典文化产业,加强木雕文化、水晶艺术、婺州窑烧制等传统手工艺的研究传承,培育木雕、竹雕、水晶等与城乡规划、建筑设计、工业设计、设计制造等业态融合,规划布局民间文化特色街区集聚发展手工艺,完善手工艺产业链,促进民间手工艺技艺体系化、专业化、艺术化发展,推动老字号企业向现代企业模式转化。三是推动非物质文化遗产产业化。构建非遗文创转化体系,实施非遗IP打造计划,探索"非遗＋文创""非遗＋互联网"等模式,推动VR等新兴科技手段在非遗展示、非遗业态开发中的应用,激发婺剧、金华道情、永康省感戏、鼓词等戏曲类非遗活力,通过举办专题展览、开展民宿体验、举行文娱演艺等,发挥非物质文化遗产的市场潜力。四是推动工业遗存有机更新。统筹推进工业遗存保护利用,挖掘工业遗存产业化价值,协调配置工业遗存及周边地块旅游、居住、文创等功能属性,因地制宜开发文创园区、特色民宿、艺术展馆、拍摄基地等业态,

为工业遗存注入现代文化精神,培育新的城市文化景观,带动周边餐饮业、商业、旅游业的繁荣发展。

表 4.3 金华七大传统文化振兴行动

名人文化振兴行动	加快推进艾青诗歌节、李渔戏剧汇等活动提档升级。深入发掘施光南的音乐文化资源,邀请施光南的学生来金采风交流,做大施光南音乐节影响力。
婺学文化振兴行动	依托高校与专业研究机构,深入开展婺学,特别是吕祖谦、陈亮、"北山四先生"等学术思想研究,从文脉传承中提炼金华文化的特色元素,融入产业发展。加快推出婺学普及读物与外文译本,促进婺学走向全国、走向世界。
地方曲艺振兴行动	进一步放大婺剧对金华的宣传效应,强化艺术精品打造,积极探索婺剧的市场化道路。同时,强化对"金华道情""义乌道情""兰溪滩簧""永康鼓词"等国家非遗曲艺项目的开发,形成富有金华特色、群众喜闻乐见的曲艺产业。
传统饮食文化振兴行动	持续深化"百县千碗"工程,每个县(市、区)(含金华开发区)要推选特色小吃或菜肴进行重点推广。建设一批体验店、示范店、旗舰店,打造一批美食街、美食镇,擦亮婺派美食的品牌。
优秀传统工艺振兴行动	加大对婺州窑、东阳木雕、永康锡雕等传统工艺创新推广的扶持力度,支持更多的优秀传统工艺纳入省传统工艺振兴目录和中国传统工艺振兴计划。推动传统工艺产业化发展,打造一批规模以上企业、龙头企业,形成集群效应。
地方民俗振兴行动	做好斗牛、炼火等地方特色民俗活动的保护传承创新发展,积极支持地方民俗申报非物质文化遗产。开展"婺风遗韵"进景区、进校园、进社区、进农村文化礼堂等活动,赋予地方民俗新的生命力。
婺派建筑文化振兴行动	深入开展对婺派建筑的研究,强化古城古镇古村的保护开发力度。把婺州古城、兰溪古城、武义古城打造成为金华诗路文化带上的"明珠",把雅畈历史文化街区、汤溪古镇、佛堂古镇、诸葛八卦村、游埠古镇等打造成文化带的重要节点。

来源:《金华市文化产业"十四五"发展规划》,2021 年 10 月。

(六)文旅融合,以旅游推进文化传承

一是立足历史文化,善用传统文化资源。以万年上山文化为开端,讲好"那一

粒米""那一个村落""那一个时代"的故事,展示古老金华文明之源的魅力;以婺文化为底蕴,用好用活名人文化、婺学文化、地方曲艺、传统饮食文化、优秀传统工艺、地方民俗、婺派建筑等文化资源,讲好深厚而独特的金华故事。二是提升文旅内涵,突出文旅品牌。比如加快"宋韵文化·诗路金华"建设,融入浙江诗路文化带,培育婺州古城、金华山、兰溪古城等一批诗路明珠,提升文旅内涵;突出"浙江之心·水墨金华"文化旅游品牌形象,打好山水牌、人文牌、生态牌,加快横店影视城转型升级、婺州古城历史文化街区提档升级,推动浦江上山文化考古遗址公园建设,促进金华双龙旅游风景区建设与提升,建设一批文旅融合景区。三是构建金华文旅发展新路径。进一步落实《文旅IP"十四五"建设与发展规划》,挖掘、保护、利用金华传统文化资源,构建"1+8+N"文旅IP体系,打响"1"个文旅主IP口号(即"浙江之心·水墨金华"),做大"8"个"好"系列(即金华"好景色、好味道、好传承、好村落、好声音、好饭店、好手礼、好民宿"),推动文旅与相关产业融合发展带来"N"的可能性。进　步推动文旅融合,以文化提升旅游品质,以旅游推进文化传承。

第五章 婺文化传承与发展的突破：横店影视文化产业的崛起

在金华横店这样一个山区小镇，影视文化产业异军突起，外人看来实属匪夷所思。横店影视文化产业的崛起表面看起来是"无中生有"，但并非无米之炊，是顺应了天时、地利、人和。横店影视文化产业的崛起得益于国家对于经济发展产业振兴的扶持，得益于从万年上山文化沿袭而来的八婺文化的滋养涵育，得益于横店人所具有的开拓进取、敢为人先、吃苦耐劳的精神品质，得益于金华人对美好生活的向往和对文化事业的不懈追求。横店影视文化产业的发展是金华经济社会文化全面发展的展示和纪实，更是金华文化传承与发展的荣光与突破。

第一节 横店影视文化产业竞争力分析①

文化创造力是文化产业最重要的发展要素，文化产业竞争力是基于文化产业需求与供给活动的内在发展能力，包括文化内容的竞争力和文化产业活动的竞争力。横店从1996年建设第一个影视拍摄场地——电影《鸦片战争》的广州街景区开始，经过几十年的砥砺奋进，从一个寂寂无名的山区小镇发展成为全国规模最大的影视拍摄基地，成为影视生产要素最齐全、影视企业集聚最多的影视文化产业集聚区，横店影视、横店旅游、横店院线、横店服务成为国内知名品牌，是因为自身具备了较强的竞争力。

---

① 本部分内容曾发表于《浙江师范大学学报》(社会科学版)2014年第4期，题目为《基于钻石模型的横店影视文化产业竞争力分析》。

一、横店影视文化产业竞争力优势

美国哈佛商学院著名战略管理学家迈克尔·波特（Michael Porter）在其所著的《国家竞争优势》一书中提出了"产业和国家竞争优势"理论，又称"波特钻石模型"（Michael Porter Diamond Model），用于分析一个国家如何形成整体优势。该理论认为一个国家特定产业的竞争优势是由生产要素，需求状况，相关产业和支持产业，企业战略、结构和同业竞争四个基本因素决定的，同时，政府和机遇这两个重要变量也可能对产业竞争优势产生重要影响，四个基本因素犹如钻石的四角，相互影响促进，推动产业发展，构成了"钻石模型"。而要形成产业集群，不仅这些要素都要积极参与，更要使其整合成一个整体，依靠相互作用协调提高，才能形成产业竞争优势。

根据"波特钻石模型"理论对照分析，发现横店影视文化产业的发展和壮大受到很多因素的影响，但毋庸置疑，"波特钻石模型"所涉及的四个基本因素和两个重要变量，是制约其产业集群形成和竞争力提升的重要因素。正是由于它们的相互影响促进，推动了横店影视文化产业的发展，也正是由于这些因素的缺失和不足，制约着横店影视文化产业竞争力的进一步提升。本书借助该理论的六个因素，从核心竞争力、基础竞争力、环境竞争力三个维度，对横店影视文化产业的竞争力进行具体分析。

（一）市场需求状况与企业战略构成横店影视文化产业的核心竞争力

横店影视文化产业在满足市场需求状况方面具有起步早、数量大和成本低的特点。据专家分析，在 2015 年前后，我国文化产业营业收入大概在 5 万亿元，产值约占 GDP 的 3.2％，文化产业产值占到整个 GDP 规模的 5％左右，文化产品供需缺口巨大。[①] 特别是人们对旅游、服装等后影视产品的需求在不断地增加，影视制作产业所提供的产品和服务的市场需求空间很大，并且呈迅速增长趋势。横店抓住了市场对影视文化的巨大需求机遇，针对市场需求，坚持市场化运作，全方位满足影视拍摄需要。一是齐全的拍摄实景和专业的服务带来了高效率，为剧组提供从场景搭建、道具制作、演员中介到餐饮、住宿的"一条龙"服务，真正实现"带着本

---

① 陈涛：《中国文化产业年度发展报告（2013）昨日发布》，http://gov.163.com/13/0106/09/8KHDBOAI00234IJE.html，2013 年 1 月 6 日。

子进来,拿着片子出去"。二是低成本运营带来了高效益,比如横跨千年的建筑形式减少了转场带来的巨大费用,当地制作道具、当地雇用群众演员等为剧组省下不少的开支,免收场租费更是送给剧组的"大礼包"。

横店影视文化产业的企业战略具有成规模、精品化和延展性的特色。横店影视文化产业包括创作、拍摄、制作、特效、发行等影视制作的上下游各个环节,吸引了国内外众多优秀影视制作、发行和服务机构参与运作,如华谊兄弟、光线传媒、唐人电影、拉风影视、长城影视等一批国内外有实力的企业入驻产业园区。横店集团是横店土生土长的企业之一,包括浙江横店影视制作有限公司、浙江横店影视娱乐有限公司、横店影视城有限公司、浙江横店影视职业学院、横店影视文化产业实验区服务中心等,是目前国内影视娱乐行业规模最大的民营企业。这些大企业的发展提升了横店影视文化产业的层次,增强了横店影视的影响力和竞争力,也带动了其他中小影视企业的发展。为了延伸和完善影视产业链,从 2009 年开始横店集团开始进入电影发行终端市场,组建浙江横店电影院线,成功跻身全国院线前列。

(二)生产要素和相关辅助产业构成横店影视文化产业的基础竞争力

人力资源丰富。横店汇集着一大批专业人才,如拍摄人才、后期制作人才、编剧等,也汇集了像冯小刚、何平、汪子祺、谢紫纶等影视行业精英。横店聚集着来自全国各地热爱影视拍摄被称为"横漂一族"的业余演员和群众,许多"横漂"长期居住在横店,为各个剧组输送群众演员和特约演员。横店有着一批从事管理服务的专业人员,比如协拍经理,帮助剧组整合影视拍摄资源,加快进度节省成本。横店汇集着大批影视行业工匠,提供服化道制作及影视拍摄服务。横店影视职业学院是浙江省目前唯一以"影视"为特色的高职院校,开设影视表演、影视制作、影视美术、影视旅游等特色专业 28 个,许多师生参与担任剧组特约演员、形象设计、摄影、剪辑等工作,培养了一大批影视行业技能型人才。

基础设施完善。截至 2014 年初横店共投资 100 多亿元,建起了秦王宫、红军长征博览城、华夏文化园等 28 个大型景区,有 15 座大型室内摄影棚,周边乡村开发了 50 多个各式各样的实景地,加上森林公园面积达 100 平方公里,成为亚洲规模最大的影视拍摄实景基地。"万花园""上海滩"等拍摄景点建设陆续启动。社区配套服务较为完善,有各类主题酒店、民宿 1000 多家,床位 2 万多张,高档酒店、普通宾馆、夜总会、游乐园、桑拿中心、演艺中心、健身中心、保龄球馆等设施配套齐全,书店、酒吧、网吧、茶馆等随处可见,小吃、饭馆南北风味俱全。横店交通发达,处于浙中交通枢纽，临近义乌飞机场，有广州、北京、汕头、厦门、深圳等 10 多条航线；处于江、浙、沪、闽、赣四小时交通旅游经济圈内，杭金衢、诸永、永嘉、甬金、金丽温等高速公路通达；横店通用机场建设已完成；金华拥有的 2 条国家一级和 10 条国家二级光缆干线，横店覆盖其中。

资本实力丰厚。横店集团是横店影视最主要的开发主体，是全国特大型民营企业，资本实力雄厚，旗下有英洛华、普洛药业、横店东磁、得邦照明、横店影视、南华期货等 6 家 A 股上市公司，横跨电子电气、影视文旅、医药健康、金融等四大领域。2009 年横店影视产业试验区管委会与中国银行金华市支行和中国建设银行金华市支行等签订协议，由金融部门每年向入区企业授信支持 5 亿元以上。2010年联合中国银行浙江省分行推出"影视通宝"，采取应收账款质押、版权质押、房地产抵押、保证等方式进行授信放贷。2011 年与中国银行浙江省分行签署协议，3 年内向试验区企业提供总金额 30 亿元的授信总量。2009 年 9 月华谊兄弟影视公司获中国证监会批准上市交易，募集资金约 12 亿元。

区位文化优越。浙江是文化大省和互联网大省，丰富的自然人文资源成为文化产业可持续发展的依托，文化产业已经成为浙江的支柱产业，5G、人工智能、数字经济等为影视文化产业发展提供高科技支撑。东阳市是著名的"百工之乡""建筑之乡"，1995 年被文化部命名为"中国民间艺术之乡"（木雕、竹编），拥有工艺美术专业职称人员 1000 多人，从事工艺美术生产的从业人员 2 万多人，众多的能工巧匠为影视拍摄的置景和道具制作提供快速娴熟的服务。东阳是著名的"教育之乡"，一罐霉干菜培养出了老一辈科学家严济慈、著名物理学家潘建伟、知名企业家郭广昌……在东阳江水的滋养下，一代代优秀学子秉持勤奋苦读的精神，扬名国内外。2015 年前后东阳拥有东阳籍院士 10 多人，高校校长、科研院所领导 100 多名，博士 1000 多名，教授 1 万多名，重视教育、崇尚文化的乡土传统为影视文化发展理念的确立厚植基础。金华是国家历史文化名城，文化兴盛、名人辈出，旅游资源丰富，到金华、义乌、东阳、永康、武义等地旅游而慕名前往横店影视城的人数不少，义乌小商品购物游与横店影视文化游形成良性互动。

相关辅助产业蓬勃发展。横店影视的先导和优势产业在业内处于领先地位，为横店的旅游、道具、餐饮等行业发展开拓了广阔的空间。其中，以影视为特色的旅游业将旅游与影视资源、户外健身、地方特色有效融合，发展出娱乐休闲、生态运动、民俗文化等产业，吸引了大量海内外游客。横店服化道产业已经打响了"横店道具"的品牌，影视拍摄所需的服化道基本都能就地供应。影视产业的发展，直接拉动了横店第三产业的蓬勃发展,商贸、餐饮、住宿、演艺、娱乐、中介、租赁、会展、广告和群众演员等行业呈明显上升趋势。相关支持产业的极大发展,与影视产业形成了一种休戚与共的关系,影视产业催生和带动了相关产业的发展,相关产业推动着影视产业的不断壮大,形成良性循环。

(三)政府行为和机遇构成横店影视文化产业的环境竞争力

政府通过制定产业发展规划、建设基础设施、提供优惠政策等措施为产业发展创造良好外部环境,促使产业竞争优势形成,机遇为产业发展带来新的契机。

横店影视文化产业的发展壮大是赶上了国家大力发展文化产业的好时机。2004年,国家广电总局批准成立浙江横店影视产业实验区,这是全国第一个国家级影视产业实验区基地。2012年,浙江省出台《关于设立浙江省横店影视文化产业实验区提升影视文化产业发展水平的意见》,给出了实验区发展导向、产业扶持、要素保障、配套建设等一系列政策意见,实验区成为全省文化产业转型发展和深化文化体制机制改革创新的重要实验区,并将打造成为中国影视产业中心和全省文化产业发展的重要引擎。2015年,金华市委、市政府明确提出把以横店影视为龙头的文化影视时尚产业作为"五大千亿产业"之一加以重点培育。为支持电影和现实题材电视剧拍摄,当地政府也出台许多优惠政策,比如设立文化产业发展专项资金,采取奖励、贴息、补助等方式进行扶持发展;在土地指标、融资问题、知识产权保护和人才引进等方面给予政策支持,及时解决制约影视企业发展的瓶颈;电影及现代、当代、科幻题材类型的影视剧组在横店拍摄,可享受摄影棚免费使用的优惠政策,为剧组提供横店影视城旗下酒店最大的住宿优惠和便利服务;鼓励影视制作公司创作更多的正能量影视精品佳作,针对国家重点扶持的影视剧项目、重大革命历史题材影视剧、讴歌时代精神的主旋律作品,给予更大力度的政策支持。政府出台的各项政策措施为横店影视文化产业创造了良好的发展环境。

总体而言,横店影视文化产业集群优势突出,产业发展所需的生产要素齐全,优势不断凸显;市场对影视产品需求量大,横店影视产业市场化程度高;相关产业和支持产业蓬勃发展,旅游、道具、餐饮、衍生产品等与影视相辅相成共同发展;区域内企业战略明确,结构多元,同业竞争促进了产业的发展;赶上国家大力发展文化产业的大好时机,享受了各级政府的优惠政策……这些因素互相融合形成了一个整体,相互影响、相互促进、协力提高,从核心、基础、环境等方面造就了横店影视文化产业的竞争力优势。

二、制约横店影视文化竞争力的主要因素

高级生产要素相对短缺。从影视产业的发展趋势来看,初级生产要素的重要性正变得越来越小,高级要素的重要性正不断变大。影视产业是一种精致产业,越是精致的产业越需要专业生产要素,而拥有专业生产要素的企业也会形成更加精致的竞争优势。横店影视在由影视基地向全产业链扩张,面对由影视人才、影视设施、影视产品和影视市场构成的庞大体系,高级生产要素如高级人才、高端技术、尖端器械相对短缺,尤其是影视后期制作问题特别突出,缺少高端技术和掌握高端技术的人才。横店影视文化产业多年来不断出台人才引进优惠措施,但因为区位的原因,生活环境、文化氛围、信息交流等都不如大城市,高级的影视专业人才包括影视创作和制作型人才、经营型人才、经济文化兼通的复合型人才等难以引进或难以留住,使横店影视文化产业长期处于初级生产要素重复和依赖规模扩张的阶段,没有形成在影视文化产业有影响力的特色品牌和精品。

小微企业融资比较难。影视公司的核心资产主要包括两方面,一是知识产权,二是创作团队。国内缺少知识产权的评估机构,使得版权的质押很难成为现实,而对于创作团队价值的评估更是无例可循。这样就使得许多影视企业特别是中小企业没有可以抵押的物质资产,加上影视产品的市场不确定性大,难以获得银行的信贷支持。尽管一些投资主体推出了扶持影视企业的做法,但由于条件限制,绝大多数的投资还是偏向有一定物质资产的大型企业,中小型、初创型和创新型企业难以得到信贷支持。

产业结构有待优化。横店影视经过多年的发展已形成了剧本创作、影视制作、影视发行、影视后期产品开发等影视产业链,影视产业链比较完整,但产业结构和比例还有待于完善。实验区内影视企业中,从事中游的影视拍摄企业居大多数,从事上游剧本创作和下游后期制作的企业数量偏少,专门从事后期衍生产品开发业务的企业更少,整个产业链呈现中间大两端小、中间强两端弱的现象。在当代影视产业中,原创和后期制作的地位和作用越来越重要,影响着整体的竞争力,横店影视文化产业的结构和比例比较明显地暴露出了它的薄弱环节。

存在低水平同质化竞争。英国政府把文化产业称作创意产业,之所以用"创意"这个词代替文化,是为了强调人的修养、技能、才华和创造力,强调文化艺术因素对经济的渗透和贡献的强大能力。与我国文化产业的通病一样,横店影视文化产业同样存在较为严重的低水平同质化竞争问题,一些企业文化创意不足,满足于

简单地模仿抄袭。横店影视拍摄基地的特色和特长是历史剧、古装剧,但这往往造成题材扎堆、内容雷同、经营重复的情况。在竞争激烈的影视剧市场,大多数企业没有将异质化作为发展的路线,也没有充分利用实验区所提供的平台展开充分的合作或形成互补关系,业内合作、企业创新不足,没有充分挖掘人的技能、才华和创造力,没有充分发挥文化艺术因素对经济的强大渗透力。

内容生产能力不足。文化与科技融合已经成为实现文化产业整体升级转型的重要突破口,在这一趋势下,文化产业的规模和边界进一步扩大,文化产业的内涵也在不断丰富,一批以高新技术为依托、以数字内容为主体、以自主知识产权为核心的新兴文化业态正在出现,如果还是只靠堆砌明星、拼制作成本的"山寨好莱坞式"发展将越发难以生存。[①] 基地建设和硬件属于产业的平台和外壳,创意、生产制作是产业的内容和核心。当前我国文化产业发展中存在重平台、轻内容的情况,横店影视文化产业发展中也面临着同样的问题,基地建设蓬勃发展,外延式扩张迅猛,但内涵式增长不足,在产品制造上下功夫、由"规模"向"内容"的跨越不足。横店作为"东方好莱坞",与美国好莱坞在物质基础方面的差距正在逐渐缩小,有些如基地建设甚至赶上和超过了后者,但在文化内涵方面尤其是影视作品的价值观承载和传播方面,还存在很大的差距,横店古装片难敌好莱坞大片。

三、提升横店影视文化产业竞争力

"波特钻石模型"理论认为决定某一产业竞争优势的基本要素的作用是不均衡的,而且政府和机遇这两个变量因素的作用在某种条件下还会超过基本要素的作用。在目前我国经济发展的大环境下,对于影视文化这样的新兴产业,在竞争优势的形成、保持和提升中各种因素都要发挥作用,并且某些因素将有重点突破。

(一)适应市场,调整战略,增强核心竞争力

一是适应、引领并创造市场需求。积极探索建立"中国影视发展指数",使横店成为中国影视产业发展的风向标和制高点;利用义乌发达的国际贸易市场,推介旅游、音像制品、服装等与影视相关的产品,拓展影视制作产业和服务业的市场需

---

① 陈涛:《中国文化产业年度发展报告(2013)昨日发布》,http://gov.163.com/13/0106/09/8KHDBOAI00234IJE.html,2013 年 1 月 6 日。

求空间;贯通金义都市区、浙江省、全国乃至全世界,构建横店影视大市场。二是打造横店品牌。培养一批具有品牌优势和影响力的横店影视企业,扶持具有"中国横店"特色的品牌产品,确立横店影视文化产业在国内的龙头地位。三是积极进行产业转型升级。从影视拍摄基地向影视产业集群发展,从影视城向影视文化产业集聚区扩展,从以基础设施建设为重转向物质和内容建设并重,真正完成由"横店制造"走向"横店创造"。四是增强内容生产能力。文化产业是最重视内容和最具有原创力的产业,内容生产立足于民族的文化立场、文化传统和文化资源,用全球的眼光开拓世界影视文化市场,以高质量的影视作品打开国际审查大门,使横店真正成为世界的横店,让"横店影视"成为世界品牌。

(二)强化生产要素,完善产业,夯实基础竞争力

一是强化区位优势。利用现有区位条件,通过产业链延伸、市场扩展以及基础设施建设扩大横店影视圈,融入浙江文化核心圈,与长江三角洲接轨,提升横店影视文化产业的集聚能力。二是提升资源品质。引进国内外影视文化高端人才,吸引大量的影视文化专业人才前来就业和创业;促进基础设施建设向创新型、环保型、多功能转变,确立并实现设施条件的多样化、特色化、精品化目标;降低影视文化企业贷款门槛,拓宽融资渠道,提高融资能力,鼓励和扶持更多的影视企业上市,寻求中小企业融资的新途径,保证产业获得充足的资金和资本。三是积极发展辅助产业。引进一批国内国际一流的后期衍生产品制作企业,加强影视后期产品开发的力度,设计横店影视"吉祥物",提高横店影视的美誉度;加强院线建设,提高"横店电影城"的扩张力和竞争力,增强电影发行能力;提供更精细、更用心、更体贴的管理与服务,提升服务能力和水平,增强影视产业服务能力。

(三)抓住机遇,争取政策,拓展环境竞争力

机遇和政策这两个产业竞争优势的变量,起着巨大的作用,而机遇往往是可遇不可求的,政策常常是多变的,但从宏观层面分析,机遇往往随着政策而产生或消亡,政策在产业发展中的作用更为突出。一是紧紧抓住政府政策这个变量。横店影视产业的初创时期,机遇的作用很大,其发展的历史和现状说明横店很好地抓住了创业发展的机遇,但是单靠抓住机遇还不够,还要紧紧抓住政府政策这个变量来保障持续发展。二是争取政府政策的优惠倾斜。政府这个变量因素不仅直接影响产业本身,还会影响产业的核心竞争力和基础竞争力。凡涉及市场发展、人才引

进、资金资本、基本建设等无不与政府政策密切相关,另外,横店影视文化产业在各级政府乃至国家层面的地位确立问题、横店的城市规模规划建设问题、文化产业版权和团队价值评估及认同使用的问题、区域内的财政税收政策等问题,都需要来自各级政府的政策支持,应该积极想办法取得政府政策的优惠倾斜,完善产业的环境竞争力。三是力争以自身的影响力影响政策的制定。横店影视在省内、国内具有很大的影响力,对文化产业的发展有着很大的引领和推动作用,对社会经济的发展有着很大的贡献,应该充分利用本身的地位和影响力主动有所作为,发挥业内龙头的作用,立足企业生存与发展所求、着眼产业提升与拓展所需,积极为政府决策建言献计,为完善政府产业扶持政策先行示范。

第二节　横店影视文化产业转型升级[①]

横店影视作为国内影视文化产业的龙头,20多年的快速发展取得了极大的成效,但毋庸置疑,在互联网大背景下,横店影视产业的发展面临着许多新机遇新挑战。一方面,互联网改变了横店影视文化产业的传统生产方式、传播途径、提供模式等,为其超常规发展、转型升级提供了广阔的平台和动力源泉;另一方面,横店影视文化产业传统的发展路径和运营模式受到冲击,产业链资源整合和协同不足,系统效应不足,融合效率有待提升。横店影视文化产业与互联网更快、更广、更深地融合创新,对推动影视文化产业转型升级具有重要的现实意义。

一、互联网背景下影视文化产业发展面临的机遇

(一)"互联网＋"战略为影视文化产业发展创造新环境

"互联网＋"是互联网与传统行业的融合,利用互联网的力量改造升级相对落后产业的生产方式、经济模式、产业结构,促进其生产效率、品质、创新、合作和营销能力的提升,使传统产业通过互联网向线上、数据转化。党的十八届五中全会公报指出:"实施网络强国战略,实施'互联网＋'行动计划,发展分享经济,实施国家大

---

① 本部分内容曾发表于《文化艺术研究》2017年第2期,题目为《影视文化产业与互联网的融合发展——以浙江省横店影视文化产业实验区为例》。

数据战略。"国家"互联网＋"战略的实施,推动了互联网创新成果与影视文化领域不断融合,提升了影视文化产业的创新力和生产力,优化了产业结构,促进了转型升级和创新发展。我国建成了世界上最大的 4G 网络,移动宽带网络覆盖和用户规模已经名列世界第一,2016 年 6 月我国网民规模达 7.1 亿,手机网民规模达 6.56 亿,网民中使用手机上网的人群占比达到 92.5％[①],2019 年 6 月网民规模达到 8.54 亿人,互联网普及率达 61.2％,网站数量 518 万个,网络直播、网络音乐、网络视频等应用的用户规模半年增长均超过 3000 万人,在线教育用户规模达 2.32 亿人[②],由消费到生产,互联网向影视文化领域快速渗透,支撑与引领作用不断凸显。《关于积极推进"互联网＋"行动的指导意见》《2015 年扶持成长型小微文化企业工作方案》《国务院关于大力推进大众创业万众创新若干政策措施的意见》《中华人民共和国电影产业促进法(草案)》等一系列重大国策密集出台,为影视文化产业的再发展创造了新的发展环境,带来了新的发展机遇。

(二)互联网思维为影视文化产业发展树立新理念

互联网思维是指在大数据、云计算等技术不断发展变化的背景下,用互联网的技术、思想和方式,对市场、用户、产品、企业价值链乃至整个商业生态进行重新审视,思考并且解决问题。用互联网的思维方式发展影视文化,就是把互联网思维贯穿于影视文化产业中,融入影视文化的产品、用户、服务中,融入产前、产中、产后整个产业链中,借助大数据、云计算等互联网技术,改造影视文化产业,推动传统影视文化产业的转型升级。互联网思维为影视文化产业发展拓宽了思路,明确了新方向新目标,树立了新理念。影视文化产业在互联网思维指引下,突破传统的影视文化产业路径和模式,产业发展由实景拍摄基地的物质空间拓展到广阔无边的互联网虚拟空间,以影视拍摄机构拍摄制作为主拓展到视频网站的营销推广,不仅围绕导演演员更要围绕观众需求转,不仅重视线下生产更要重视线上营销,由资源消耗为主发展为借助互联网技术实现资源整合。

---

① 《截至 2016 年 6 月中国网民规模达 7.1 亿 连续 9 年位居全球首位》,中商情报网,2016 年 8 月 7 日。

② 吴为:《中国互联网发展报告 2019:中国网民规模达 8.54 亿》,《新京报》2019 年 10 月 20 日。

(三)互联网为拓宽影视文化产业创造新平台

互联网平台广阔,推广渠道多,交易成本低,受众极广,成为宣传销售播出的重要渠道,为影视文化产业搭建了新的平台。传统的电视剧发行主要通过电视台播出,通过一轮、二轮播映权以及音响网络播映权和海外播映权等模式而盈利。互联网视频网站与电视台有着相同的盈利模式和传播效果,甚至具有更多的优势,可以多家授权、长期回收。视频网站和影视机构、版权、电视媒体开展各种形式的合作,既满足了用户即时随地观看视频的需求,也保障和满足了各方利益的最大化。"平台+内容"成为影视文化产品营销新模式,原创 IP 提供源源不断的影视剧本,网络融资为解决中小企业融资难问题开辟了新的渠道。互联网为影视文化产业提供了无边际的空间平台,突破了传统电视台、影院的地域空间限制,全球、全方位、全天候地为影视提供时间和空间,确立多种多样的产业类型和营销模式,通过资源和平台的整合,实现线上线下两个平台的沟通融合。

(四)互联网为影视文化产业打造线上新链条

传统的影视文化产业链是编写剧本、寻找投资、找演员、租场地、做道具和服装等,拍摄完后进行制作,再把拷贝卖给院线和电视台盈利,整个产业链以影视制作机构为主,以产品生产和销售为中心。互联网时代,互联网技术和平台改变了影视产业传统的链条,形成线上新的产业链条:在上游提供内容,网络文学直接改编成剧本,许多热播剧都源于当红 IP;在中游生产产品,一些视频网站或者与影视机构合作,或者直接参与制作网剧;在下游销售产品,互联网上直接发布传播影视产品,消费者直接在互联网上观看;衍生产品多元开发,热门影视作品开发出网游手游,设计出一系列服装玩具纪念品等热卖产品。此外,优秀的作品吸引了更多的广告资金,丰厚的盈利使得视频公司有更多的资金购买更好的内容,良性的循环为优秀原创者提供更多的展示机会、资源支持,也带动了演员片酬的进一步提升。互联网打造了影视文化产业线上的新链条,拉伸了影视文化产业链的长度,拓展了宽度,撬动了影视产业链的上游,带动产业链的下游,实现整个产业链的结构性优化。

(五)产网融合成为影视文化产业发展新趋势

互联网大背景下,影视产业需要借助互联网的技术和平台,互联网需要影视产业的内容，双方融合实现了资源优势互补，开拓了市场，提高了效益，成为产业发展的新趋势。2014年，百度、阿里巴巴、腾讯三大互联网巨头进军影视产业，打破了传统文化产业的格局；光线传媒独立地运作网络院线，乐视制作互联网内容生态，许多传统影视公司与互联网公司进行资本合作；2016年7月，腾讯等互联网公司与横店影视合作创立"众创空间"；这些都预示着互联网与影视产业融合热潮的到来。互联网、云计算、大数据成为影视文化产业转型升级的重要基石，使得未来影视行业具有更多的想象空间。数据分析和数据挖掘技术为影视制作公司和视频网站提供科学指导、影视制作、精细化运营。互联网技术和平台催生了影视文化产业新业态，实现影视产品的网民化、生产的网络化、营销的社交化、文化的部落化、市场的多屏化。通过产业的整合与用户全面开放，数字文化产业将成为文化产业的主流，互联网影视产业将成为影视产业新的发展方向。

二、互联网背景下横店影视文化产业发展的优势与困境

在互联网大背景下，横店影视文化产业发展拥有巨大的发展机遇，但传统的发展路径和运营模式受到冲击，面临着许多新问题新困难。

(一)横店影视文化产业发展的优势

2016年，在横店影视文化产业实验区的影视企业累计达到700多家，工作室累计达到400多家，有知名大企业如华谊兄弟、唐德影视、印纪传媒、红点影视等，还有许多中小企业。专业的制作团队，广阔的影视市场，资源丰富，产业集聚，横店影视文化产业与互联网融合具有明显的优势。近些年，随着互联网技术和平台的不断成熟和扩张，政府不断地予以政策引导，大中小企业纷纷"入网"，制作网络剧，拓展网络市场，加强网络营销，赚取互联网红利。网传天下、红点影视等大小影视机构都参与制作了大量的网络剧，有小制作更有大投资；2016年3月，横店影视城与斗鱼TV直播平台实现全面合作互利共赢，打造了直播内容和影视传播的新模式；2016年7月，众创空间落户横店，实现各方资源整合、优势互补，开启了互联网与横店影视产业融合的新篇章。

(二)横店影视文化产业发展面临的困境

先发优势渐失。横店由于规模经济和学习效应而实现成本优势，积累起基地效应、旅游休闲、影视产品等无形价值，极具影响力和号召力，在业内竞争中处于领

先优势地位。但随着国家大力发展文化产业的战略实施,全国各地影视产业百花齐放、百舸争流。因为可以学习复制横店经验和模式,后来者起步就拥有了横店十几年的发展成果,节省了时间和成本,后发优势增强了后来者的竞争力。横店影视的先发优势不断受到冲击,争取到新的更好更优惠的政策更难,市场竞争更激烈。而在互联网大背景下,影视文化产业作为传统产业,"互联网+"政策优势没有及时充分地享受,与新媒体融合不足,资源的整合和协同不足。

互联网思维和能力不足。一些企业只是单纯地制作网络剧,简单地把影视搬上网络实现"互联网+",不能熟练地运用互联网技术、思想和方式,不能深入地对市场、用户、产品、价值链乃至整个产业生态进行思考并且解决问题。大数据、云计算等技术的运用,传播方式的多元化,新媒体的快速成长,视频网站强势打造内容资源,多媒体内容对影视的侵蚀等,多种原因导致影视文化产业的生产方式、传播方式、提供模式等发生根本变化,横店首当其冲,传统的收费模式,传统介质的发布平台模式,影视语言的格式、规范等都受到冲击。另外,互联网的无边界、免费体验等导致视频网站对影视作品的侵权行为时有发生,影视机构的权益受到侵害。横店影视迎面碰上这些问题无可逃避,唯有以互联网的方式加以解决。

竞争与物质资源的制约。横店影视文化产业缘起于影视拍摄基地的建造,进而引进剧组、引进相关影视制作机构进行拍摄,而后发展影视旅游,发展相关服务业,从而做大做强了影视文化产业。横店的特色和竞争力在于影视基地与影视旅游,大量的资源也围绕集聚在基地和旅游上,主要依赖物质资源的消耗而发展,依靠生产要素的投入而扩大。在经济新常态下,依靠土地发展劳动密集型产业的思维已经落伍,需要以技术和劳动质量的提高来发展产业。另外,全国各地影视拍摄基地纷纷上马,横店周边的县市也大张旗鼓搞基地建设,开展招商引资发展影视旅游。互联网龙头企业纷纷跨界"打劫""侵入"影视产业,抢占和瓜分影视资源和市场。在互联网大背景下,横店影视如何在激烈的非理性竞争中突出重围,突破有限物质资源的制约,在互联网浪潮中抢占更多的资源和市场,传统的产业发展路径和商业运营模式都需要探寻另一个出口。

跨界融合型人才严重匮乏。作为著名的影视拍摄基地,横店聚集了一大批相关的专业人才,从摄制到后期制作到管理服务,济济一堂。但是横店影视缺少有影响力、知名的专业人士,缺少拥有互联网思维的大咖,与北上广等大城市相比,一流高端人才匮乏。缺少懂技术的互联网达人,不利于借助大数据、云计算等互联网技术来实现融资、IP内容制作、数据采集和研究。横店除了把影视作品搬到互联网上，还要深入地思考互联网需要什么样的产品，我们能够提供什么样的产品，怎样把互联网贯穿于影视文化整个产业链中，融入影视文化的产品、用户、服务中，为影视发展提供智力支撑。

创业创新机制和动能需要进一步探索和激发。经过 20 多年的发展，横店影视产业"基地＋旅游"的发展模式业已成熟，横店一直执着于做大做强做优影视产业，大投入大手笔于基地建设和旅游开发，开疆拓土一往无前。但是，横店影视发展的路径依赖越发严重，导致做新做异的机制和动能不足。互联网背景下产业的发展需要企业自身动能的激发，需要路径创新、商业模式创新、营销方式创新等。政策创新、服务方式创新、体制的改革，需要政府转变职能，更好地服务产业发展。浙江省横店影视文化产业实验区作为县一级政府的派出机构，主要具有服务与协调的职能，已经不能满足产业发展需要，需要提升其层次，进行实体化运营。

总之，互联网背景下横店影视文化产业面临的这些困难和问题，一方面可能影响影视产业的再发展，另一方面也给未来影视产业的发展留下更多的提升与想象空间。

三、加强影视文化产业与互联网融合

互联网已经渗透到社会的各个领域各个行业，深刻改变着人类的生产方式、生活方式、思维方式和管理方式。影视文化产业借助互联网实现转型升级、与互联网融合共赢已是大势所趋，不可避免。横店影视要把握机遇抢占行业先机，主动拥抱互联网，将影视界的资源优势与网络相结合，打破传统影视文化产业格局，改变影视文化传播渠道和方式，开辟互联网影视文化产业数字化、网络化、智能化发展的新路子，实现互联网与影视文化产业的融合、共栖和衍生发展，推动影视文化产业的转型升级。

(一)把握"互联网＋"战略契机，再造横店影视发展新优势

把握"互联网＋"战略契机，优化发展环境。充分利用机遇和政府这两个重要的外在要素，增强产业竞争力。抓住国家高度重视互联网产业发展、大力实施网络强国战略和"互联网＋"行动的机遇，落实国家关于"互联网＋"的部署。抓住浙江省大力发展文化产业的机遇，用好用足省文化产业重点县(市、区)和省重点文化企业的扶持政策，争取省文化产业发展专项资金对"互联网＋影视文化产业"项目优

先给予支持。抓住金华市培育"五大千亿产业"、发展"文化影视时尚产业"的契机，争取体制改革新突破，升格实验区为金华市政府派出的正处级机构，拓展功能并从事实体性运营，发挥实验区引领产业发展的重要作用。

率先适应新变化，不断探索创新，成为业内新机遇新政策的践行者和受益者。顺应互联网大融合、大变革的趋势，发挥互联网的规模和应用优势，推进云计算、大数据等信息技术在影视文化产业领域的融合创新。利用自身强大的影视拍摄资源优势，组建互联网运营团队，加速与互联网融合，抢占国内大市场。以"腾讯众创空间"落户横店为发展契机，先行先试，创新发展模式，创造影视文化新业态，打造影视文化产业与互联网融合的新标杆，再创发展新优势。以"政策引领、创新驱动、协同推进、开放共享"为着力点，促进影视文化产业与互联网深度融合。

(二)以互联网思维审视产业发展，完善互联网支撑体系

树立互联网思维。互联网犹如高速公路，内容犹如调整公路上奔驰的车辆，企业犹如车手，如何让车辆在高速公路上安全快速地行驶，车手必须熟悉路况、熟练驾驶。应对从业人员进行广泛宣传和加强培训，使他们了解互联网价值，熟悉互联网思维方式，营造互联网创业氛围，增强运用互联网的意识和能力。运用互联网思维审视整个影视生态，思考内容、形式、市场、用户、产品等多元形态的变革，改善生产流程、服务模式。坚持"互联网＋"，不是简单地把内容直接搬到网上，而是以互联网为平台，用互联网思维和互联网规律来谋划布局影视文化产业。

完善互联网支撑体系。加强与互联网企业合作，引进一批互联网企业在本地落户，利用互联网企业的技术优势和产业整合能力，向影视机构、企业和个人工作室提供平台入口、数据信息等资源，提供经营管理、市场营销等支持，提高中小企业和个人工作室互联网应用水平。培育孵化一批具有良好商业模式的本土互联网创业企业。搭建跨界交叉领域的创新平台，建设产学研用相互合作的"互联网＋影视产业"创新网络。完善公共服务平台网络，为企业提供找得着、用得起、有保障的服务。

(三)培养跨界融合型人才，探索和激发创新的机制和动能

加快复合型人才培养。以购买服务的方式，聘请专业机构和专家到影视基地进行互联网知识技能和应用培训。鼓励影视机构与互联网企业从信息咨询、人才交流等方面深入交流合作，促进互联网与影视行业人才双向流动。依托国内高校、

研究机构等智力平台,促成企业与科研院校的联合,建立院校"互联网＋研发机构"。编制人才引进计划,鼓励企业到海外创立研发中心,通过任务外包、产业合作、学术交流,引进和培养一批影视领域的互联网高端人才。

创新机制和激发动能。实施"人才强业"战略,加快影视文化人才管理改革试验区创建工作,建设影视文化人才书苑,完善能留住人的硬件设施建设。落实人才选拔培养机制,制定影视文化高层次人才认定标准,实施创业创新领军团队和人才引进计划,引进具有国际先进水平的创新团队,招引在行业内有突出地位的领军人才,培养一批具有专业技术发展潜力的后备领军人才。设立影视文化人才培养专项基金,由实验区、影视机构、横店集团等一起筹资筹办,用于高端人才的培养引进。对高端人才在效益分配、住房、小孩入学等方面给予政策倾斜,形成有利于吸引人才的分配、激励和保障机制,吸引领军人才、特殊人才、紧缺人才在影视基地创业创新,改变横店因为地缘劣势难以留人的现状。

(四)加快发展"互联网＋"创业网络体系,开拓创新创业新载体

积极发展新型众创空间。腾讯众创空间(横店)是创业创新的重要载体,借助腾讯开放平台、腾讯视频、阅文集团在 IP 资源、线上的资源,借助微播在影游联动、众创空间运营方面的经验,为企业提供线上线下一体化全要素,为创业者提供低成本、便利化、全要素的工作、网络、社交和资源共享空间。发挥互联网开放创新优势,聚集和发展影视娱乐、移动互联网和文化创意产业,通过市场化方式构建创新工场、创客空间、影视实验室等新型众创空间,实现创新与创业相结合、线上与线下相结合、孵化与投资相结合。

打造横店互联网影视平台。"平台＋部分自制内容"是互联网时代最有价值的商业模式,横店影视具有前沿性、体验性、示范性、代表性,可以打造一个统一的互联网影视平台"横店影视",建设自己的网站,播出自己的内容,探索"平台＋合作""规模＋专业"的商业模式。依托横店影视城文化创意发展有限公司,以互联网、文化、科技、金融为主体,构建大数据平台,创立互联网文化创意产业园。利用拍摄基地和演艺道具,发展个性化定制与设计业务,推出以体验馆为核心的私人订制服务吸引更多游客。开发与热播剧衔接的网游等系列延伸产品,设计与景区及影视作品相关的个性化文化创意产品,利用自有平台、电商、视频网站等渠道,形成综合性线上销售供应平台。

(五)突破物质资源制约,融合更多资源开拓市场

依托互联网,制作网络剧,解决生产问题。网络剧是互联网时代影视制作的新模式,艺恩出品的《中国网络剧市场研究报告》显示,2015年在线视频的市场规模约为180亿元,2017年达到400亿元,市场前景十分广阔。网络剧从小制作到大投资,从数量到质量都已呈几何量级增长的态势,视频网站付费业务骤增,台网互动的新模式业已形成。需要不断探索制作公司与视频网站设立合资公司、传统影视公司介入网络剧领域、网台联动等多元化的发展模式,扩大网络剧生产,提高网络剧质量。

依托互联网,建立发布平台,解决宣传问题。大规模的宣传和炒作有助于影片的成功发行,而传统模式的宣传推广成本很高,对于很多中小影视制作机构和版权方来说都是难以承受的,可以更多地借助互联网等新媒体平台作为宣传发布的重要渠道,利用其快速互动的传播渠道、即时显示的介质、海量存储能力以及新型的商业模式,使宣传成本相对较低,传播速度快,影响面广。利用横店影视基地的影响力和人气,热捧演员成为"网络红人",使影视剧"未播先红",增强宣发力度。

依托互联网,建立中间平台,解决发行问题。传统的发行模式中间环节比较多,成本比较高,依托网络平台通过数字渠道直接提供给用户可以减少中间环节,无论观众看一次或看几次,内容商收费没有增加,通过数字渠道以服务的方式把影视产品推送给终端用户,用户观看的时间越长内容商收益越多,好的内容可以成为持续的收益。一些不成规模的小内容制作商,可以通过互联网平台,把好的创意直接销售给用户而实现盈利。

依托互联网,合作视频网站,解决营销问题。传统的影视传播途径主要依靠电影院和电视台,视频网站的异军突起,改变了原来的营销模式。横店要主动与主流门户网站比如优酷、腾讯视频等视频网站联系合作,或者利用自有平台建设视频网站,制作和传播高质量的网络剧,抢占市场。探索付费收看等盈利模式,通过互联网获取更多的流量、用户、广告和资金,达到多元化盈利,保障和满足各方利益。

依托互联网,建立题材库,解决剧本创作问题。好的影视剧本是稀缺资源,好稿难求、好编剧难找是业内普遍存在的问题。如今市场上许多影视剧都由网络文学改编而成,互联网上有海量的资源,影视机构可以充分利用互联网巨大的原创资

源库，将网络文学 IP 延展到影视文化产业。寻找更多高质量的网络作品改编成影视剧，依托大数据支撑实现对市场和消费者精准的个性化创作，以强势 IP 创造影视作品票房奇迹。2015 年最受关注的电视剧《花千骨》《琅琊榜》《芈月传》等都由此而来，解决了好稿难求、好编剧难找的问题。

依托互联网，建立融资平台，解决资金问题。影视企业融资难一直是个老大难问题，中小企业更甚。随着互联网金融的不断发展，依托互联网进行募资的众筹等，成为中小影视机构融资新方式。横店可以凭借影视基地的资源优势，利用互联网技术和平台，建立影视众筹融资平台，推动影视众筹集聚式增长，给缺少资金却有好的创意和剧本的项目创造机会，给中小影视企业开启一扇融资之窗，打造"互联网＋金融＋影视"生态圈，探索"互联网＋"背景下影视文化与金融资本的相融共生双赢发展。

当代的中国社会，互联网已经成为"最大的变量"。同理，互联网已经成为横店影视文化产业发展的重要变量，过不了互联网这一关，横店影视就无法坐稳其业内龙头的位置，这是伴随时代发展趋势挑战带来的警示，也是横店影视文化产业面临的重大挑战和机遇。横店影视文化产业只有应时而动、把握节拍跟紧节奏，搭上互联网这趟高速列车，才能顺势而起。横店影视文化产业只有加快与互联网融合，进行生产创新、模式创新、战略创新、组织创新，进行多元、深度地产业嫁接和连接，产生协同效应，才能实现 1＋1＞2 的爆发式增长，推动转型升级实现新发展。横店影视过了互联网这一关，"网以载道"，就能更好地用影视作品讲好中国故事，传播好中国声音。

第三节　横店影视文化产业高质量发展

经过前期 20 多年的发展，横店影视文化产业从无到有、从大到强，建成了全球最大的影视实景拍摄基地，形成了全国影视产业最为密集的产业集群，构建了国内最为完善的影视产业生态圈，锻造出一批批优秀的影视企业与作品，横店影视展现出了蓬勃的生命力和持续的竞争力，成为国内影视行业最具引领性的力量之一，为横店影视文化产业进一步发展打下坚实的基础。2015 年以来，横店影视文化产业迎来新的发展机遇期，进入了高质量发展阶段。

一、横店影视文化产业高质量发展的基础和条件

(一)产业规模大

横店影视产业实验区是全国首个集影视创作、拍摄、制作、发行、交易于一体的国家级影视产业实验区,是全球规模最大的影视实景拍摄基地,有"中国好莱坞"的美誉。实验区规划面积 365 平方公里,规划范围涵盖横店全镇及湖溪、马宅等五个镇(街道),核心区块 3000 亩。从 1996 年第一个影视拍摄基地开始到 2020 年,横店累计投入数百亿元,建起了"秦王宫""清明上河图""明清民居博览城""圆明新园""梦外滩"等 30 多个大型实景基地和 31 座高科技大型摄影棚、100 余座专业摄影棚,成为全球规模最大的影视拍摄基地、影视要素最为密集的产业实验基地、生产最为繁忙的影视梦工厂。横店先后获评中国最具特色影视拍摄基地、国家级文化和科技融合示范基地等国家和省级荣誉。

据统计,到 2020 年,横店影视基地每年接待大约全国 70% 的剧组来此拍戏,累计接待中外影视剧组 3400 多个,全国 1/4 的电影、1/3 的电视剧、2/3 的古装剧出自横店,总计已经拍摄影视剧 7 万多部(集)。横店集团数据显示,横店影视文旅产业 2004 年至 2020 年累计营收 1695 亿元,上缴税费 165 亿元。横店影视城是国家 5A 级旅游景区,2020 年横店旅游收入超 200 亿元,累计接待游客近 2 亿人次。在全国建设有横店影城 500 余家,横店影视院线票房收入在全国院线中排名第六,在影投公司中排名第三,跻身全球十大院线行列,2019 年全国票房收入达到 641 亿元。

(二)行业影响大

横店是中国影视产业的先发者与引领者,一直在影视文化产业发展过程中发挥着风向标和示范引领作用。横店定期举办许多高能级影视节展(会),吸引国内外影视企业和人才广泛参与,在业内具有广泛的影响力。"横店影视节"是由横店影视文化产业集聚区组织的国内大型影视活动,也是影视工业聚集的一个平台,聚集了影视制作、发行、营销、推广和服装道具化妆、场景环境、美术特技等全产业链的各个方面,参与人数众多并且来自影视领域的各个环节、各个工种,是对中国影视产业的检阅和交流。"文荣奖"是国内知名度最高、影响力最大的民间影视奖项,其推选出的优秀奖项具有横店特色,从电影工业的角度设立特殊工种奖励树立一

些行业标杆，扶持关注年轻人设立最佳青年奖项、扶持关注新生事物将网络电影作为单独项目纳入评选体系、评选最佳"横漂"演员等。2012 年开始举办的横店影视文化产业发展大会，成为影视圈精英人才共探行业发展未来的年度盛会、中国影视产业的盛大沙龙。2020 年首次开幕的横店影视文化产业博览会，汇聚了全国的影视文化产业资源。2021 年发布的"中国·横店影视文化产业指数"，以集聚区指数、发展环境指数、影响力指数、创新性指数、国际化指数、景气指数等六大分项指数为搭建基础，下设 18 个一级指标、52 个二级指标，囊括影视文化产业全链条、涵盖网络视听等新业态，是全国首个影视文化产业集聚区综合评价体系，为产业界提供翔实、清晰、前沿的发展参考。① 横店搭建了国际化交流合作平台，与法国、美国、韩国等多个国家和地区进行合作，拥有 30 多家影视出口企业，多部影视剧跨出国门在 20 多个国家和地区播映，在非洲、东南亚国家占有较高的市场份额，有力推动了影视企业走出国门、走向世界。

据统计，2004 年至 2020 年，横店入区企业作品荣获金鸡奖 131 部、百花奖、华表奖等 273 项，2018 年至 2021 年间入区企业作品获中宣部"五个一工程"3 部、浙江省"五个一工程"4 部、"飞天奖"4 部、"金鹰奖"4 部，一些作品走出国门在多个国际电影节上展映、获奖。《鸦片战争》《荆轲刺秦王》《英雄》《鸡毛飞上天》《山海情》等一大批优秀影视剧在横店拍摄，横店成为影视主旋律、正能量、高品质作品的创作生产热土，成为精神文明建设的高地，"横店制造"成为国内外名副其实的知名品牌。横店影视产业的规模化、平台化、专业化、规范化发展的成功探索，为中国影视文化产业发展开辟出了一条可供学习借鉴的路径。

(三)要素集聚强

横店不仅建成了全球规模最大的影视实景拍摄基地，更形成了全国最为密集的影视产业集群，产业链不断向价值高端延伸，实现了从造景卖景的影视拍摄基地向产业链齐全的影视产业基地转变。横店形成了从影视创作、拍摄、后期制作到交易、衍生品开发的完整产业链，出现服、化、道、专业租赁、特技培训等齐全的辅助产业，演员经纪、影视制作、摄影器材、武术特技等影视配套公司随处可见，旅游、餐饮、住宿、交通等配套服务齐全，横店影视全产业链格局基本完成并不断完善。从

---

① 鲁艳敏：《中国·横店影视文化产业指数发布》，《传媒》2021 年第 20 期。

帮助剧组甄选群众演员、选择拍摄场地,到协助完成备案立项、办理拍摄许可证、作品审查、影视产权交易等各个环节,为企业提供专业化全方位一条龙服务,剧组实现"拿着剧本来,带着片子走",横店提供了最专业的优质服务。

横店吸引集聚了大批影视制作机构,形成全省乃至全国最为集中的影视企业方阵。截至 2020 年底,包括华谊兄弟、正午阳光、爱奇艺、博纳影业、新丽传媒、腾讯视频等 1460 多家影视企业、780 家工作室入驻横店,金华全市影视市场主体数量已超过 4200 家,约占全省 2/3,其中入选"全国文化企业 30 强"1 家、2019—2020 年国家文化出口重点企业 4 家、浙江省成长型文化企业 18 家、全国影视企业排名前十的 8 家、进入资本市场的企业 32 家、规模以上入库企业 78 家,涵盖拍摄、制作、发行、特效、经纪等全产业链。横店累计接待中外影视剧组 3400 多个,吸引 3000 余名国内外知名导演、演员在横店拍摄创作各类影视作品,开心麻花团队、林超贤、姜文、周星驰、陈可辛等知名导演加入了横店。

横店集聚了数量最多的来自全国各地的被称为"横漂"的群众演员,成立了专门管理机构"演员公会"进行管理和维权,注册的"横漂"演员已经超过 10 万人,有 8000 多名"横漂"演员长期居住横店,累计为剧组提供群众演员 700 多万人次。另外还有来自全国各地的 1.5 万多名剧组人员和道具制景工人、灯光师、武行等产业配套基础工种人员 6000 余人,影视美术工匠 1000 余人,影视行业工匠 6000 多人,集聚于横店为剧组拍摄提供专业化服务。

(四)发展潜力强

横店具有自身独特的精神印记。横店具有敢为人先的开创精神,在无山水之奇、无资源之胜、交通不便、区位欠佳的乡村之地,建成了全球最大的影视实景拍摄基地,不仅成为古装戏拍摄场景首选,又加大了民国时期、当代场景、高科技摄影棚的建设,被誉为"中国影视梦工厂"。横店具有舍己为人的气度和担当,2000 年横店宣布对所有影视剧组免费提供拍摄场景;2019 年横店为支持创作更多的正能量影视作品,宣布在横店拍摄的现代、当代、科幻题材类型的影视剧组免费使用摄影棚;2020 年面对新冠疫情冲击在自身遭受前所未有的困难之时,主动向"横漂"发放补贴、对剧组减免费用累计达 6000 余万元,帮助影视同行共渡难关。强大的横店精神为影视文化产业的发展提供精神动力。

横店影视得到各级政府部门的高度关注与支持,迎来新的发展机遇期。2018 年浙江省委省政府出台《关于加快推进横店影视文化产业发展的若干意见》,设立横店影视文化产业集聚区，提出将横店打造成为全省文化产业的龙头基地、全球最强的影视产业基地和全国影视文化产业的集聚中心、孵化中心、交易中心、人才中心、体验中心。2020 年 4 月金华市政府出台《金华市影视文化产业全域化发展规划（2020—2025 年）》，提出以横店影视文化产业集聚化发展带动金华全域化拓展，以全域化发展支撑横店实现更高层次的集聚提升，形成影视文化产业全域化发展格局。2021 年 5 月中共中央、国务院出台《关于支持浙江高质量发展建设共同富裕示范区的意见》，提出"打造具有国际影响力的影视文化创新中心和数字文化产业集群，提供更多优秀文艺作品、优秀文化产品和优质旅游产品，更好满足人民群众文化需求"。2021 年 7 月浙江省发布《浙江高质量发展建设共同富裕示范区实施方案（2021—2025 年）》，提出加快文化产业高质量发展，"支持横店创建国家级影视文化产业先行示范区，打造具有国际影响力的影视创新中心和数字文化产业集群"。横店影视成为浙江省文化产业发展的一面旗帜，成为浙江影视产业高质量发展的重要支撑，横店影视文化产业进入高质量发展的新时期。

数字经济背景下，数字化为横店影视文化产业高质量发展提供科技创新支撑，数字赋能影视产业取得突出成效。横店编制了《浙江横店影视产业国家级文化和科技融合示范基地规划》，2020 年被认定为国家级文化和科技融合示范基地，开发出"影视文化大脑"，入选浙江省数字化改革第二批"最佳应用"，纳入浙江省重大应用三张清单"一本账 S1"、省数字经济系统第一批优秀应用、省首批宣传文化系统重点应用场景和金华市多跨场景应用项目，助力集聚区从"拍摄基地平台赋能"向"产业链生态构建"跃升，推动影视文化产业跨越式、高质量发展。①

二、横店影视文化产业高质量发展存在的问题短板

横店影视产业进入了由高速增长转向高质量发展的阶段，打造"全球最强的影视产业基地、国际影视文化之都"是横店影视产业发展的中长期目标，高质量发展是实现这一目标的重要途径。横店影视文化产业实现高质量发展已经具备了相当好的基础条件，但是在产业发展方面如产品质量、市场结构、供需关系、生产效率等还存在一些问题和短板。

一是横店影视的数量和规模在全国已经处于领先地位，但是质量和效益相对

① 张益晓：《浙江公布数字化改革第二批"最佳应用"，我市"影视文化大脑"入选——数字赋能横店影视文化产业高质量发展》，《金华日报》2021 年 12 月 24 日。

滞后,存在大而欠优的问题;影视作品整体质量有所提高,内容和形式方面有所进步和创新,但仍然缺乏质量顶尖的作品;供需关系仍然存在结构性不平衡问题,低质量产品供给过剩和高质量产品供给不足的产能相对过剩问题依旧存在。

二是资金、劳动力、土地等有形的物质要素投入占比较高,技术、制度、人力资本、产业结构、管理、信息等无形的非物质要素相对较弱,特别是人才支撑不足,全要素生产率偏低,一定程度上存在"设施过硬、内涵不足"的问题。

三是影视文化全产业链比较完善,但产业链中的各个环节不平衡,影视拍摄制作环节强,而前期创作和后期制作环节偏弱;园区企业上下游合作较少,产业协同化、集群化、专业化发展不够;受国内其他地区低税收政策的冲击较大,影视企业流失趋势显现。

四是影视企业"走出去"比较困难,海外发行成本高导致企业出口热情不高,影视题材和内容类型比较单一导致国外市场接受度不高,制作水平良莠不齐,与欧美影视作品特别是好莱坞大片相比仍有较大差距。

五是影视产业在与数字科技融合发展过程中,出现高科技在影视产业链环节各流程的应用普及度不高、多渠道发行播映标准体系不健全、数字科技与影视产业融合发展评估体系与规则不明确等问题。

三、推动横店影视文化产业高质量发展

推动横店影视文化产业高质量发展,既是国家"十四五"规划中文化建设的题中之义,也是浙江省高质量发展建设共同富裕示范区的重要内容,更是横店影视文化产业转型升级后的发展必由之路。

(一)坚持稳定、均衡、绿色的发展理念,推进横店影视文化产业均衡充分地发展

理念是先导,有什么样的理念就有什么样的行动。横店影视文化产业必须坚持稳定、均衡、绿色的发展理念,以此明确产业发展方向和明晰产业发展布局,找准发展中心和着力点,实现产业的有序发展和突破。稳定发展,就是继续保持横店影视产业已有的发展速度优势和规模增长优势,稳定增速。均衡发展,就是既要保持发展的速度和规模,又要提升质量和效率,使质量和效率与速度和规模的优势相匹配。绿色发展,就是以人与自然和谐为价值取向,以绿色低碳循环为主要原则,与生态文明建设相融合,推动横店影视产业可持续发展。通过稳定、均衡、绿色

的发展，推动横店影视高质量发展，增强横店影视在国内外的竞争力、影响力、带动力，实现创建国家级影视文化产业先行示范区、打造具有国际影响力的影视创新中心和数字文化产业集群的发展目标，体现助推共同富裕和现代化强国的价值。

在发展中不仅要关注影视产业发展的数量和规模，更要关注发展的质量和效益。坚持速度与质量的统一，没有一定的发展速度就谈不上发展的质量，高质量发展必须同时注重发展的"量"和"质"。保持横店影视的发展速度和规模的稳定增长、保持速度和规模的优势依然重要，但重点在提升质量、提高效益。注重顶层设计，创新和完善政府引导、政策制定、考核激励等方面的制度设计，以政策引导产业走向，以制度规范企业发展。制定影视产品的生产标准，设置影视企业进入门槛，推动影视基地保质提档。组建高层次专家咨询团队，定期举办高层次影视沙龙，引领影视新风尚。重点抓影视剧的精品创作和制作，以高品质产品提升整个产业和基地的质量和效益。

在发展中不仅要关注影视产业的快速增长，更要关注产业的协同发展。优化产业结构和布局，完善上、中、下游产业链的合作，从规模速度型向质量效率型转变，从粗放增长型向集约增长型转变，向结构更合理、附加值更高的阶段进化。推动产业协同发展，发挥横店影视文化产业集聚区管理和联络职能，加强引导，搭建多样化的交流合作平台，为企业互相交流学习创造条件，鼓励上下游产业链上相关企业间的横向合作，增强协同创新能力。借助旅游业、服化道制造业、节会展等相关产业发展之势，实现资源共享，实现产业间协作共赢。

在发展中不仅要关注影视要素的投入，更要关注要素生产率的提升和要素的优化配置。产业处在较低发展阶段，生产率提升主要依靠资本、土地和劳动力等物质要素的投入，当处在更高发展阶段时，产业的增长必须依靠全要素生产率的提高。要吸引集聚数量庞大、质量优良、结构合理、配置有效的科技、金融、人才等优质要素，加强要素之间的协同配合，通过生产要素的重新组合实现配置效率的提高，通过技术进步实现生产效率的提高，推动影视产业质量变革、效率变革和动力变革，加快实现影视制作工业化。

发展中不仅要关注影视产品的优质供给，更要关注供给侧结构性改革下影视市场的需求。坚持供给侧结构性改革，研究解决如生产过剩、市场成功的影片越来越集中等结构性问题。做好市场调研，及时把握市场行情动向，引导企业理性投资和制作，避免盲目跟风市场题材；把牢影视剧备案审查审核关，减少粗制滥造、"三俗"作品的生产和供给;鼓励和加大重大现实题材影视剧的生产制作,优化产品结构,提高作品的现实关注度;每年有计划扶持几个大项目大制作,集中优势资源,聚力冲刺国内顶级大奖;加大奖励激励力度,对具有正确的主题思想和创作态度、制作精良、传导正确的价值观的优秀影视作品予以重奖。

在发展中不仅要关注国内市场,更要关注国际市场,鼓励企业"走出去",打造全球基地。

加大扶持政策,鼓励影视版权、剧本版权、影视衍生品等跨境交易,鼓励企业开展影视营销创新业务,采取"一企一策"的方式奖励弥补影视产业空白和创新业务模式的企业;发挥省级文化出口基地平台作用,加强影视节目对外传播译制、影视节目版权输出、影视国际传播平台建设,鼓励企业在境外设立营销网络、引进国外优秀后期制作人才、收购优秀影视制作团队等,积极开拓海外市场,实施影视文化产业国际化战略。

(二)数字赋能助力横店影视文化产业高质量发展

随着新一轮技术革命与产业变革的加速推进,加强数字科技赋能已经成为影视产业高质量发展的重要途径。影视产业与科技发展并向而行,影视产业发展的历史就是科技不断赋能的历史。数字科技时代,影视产业要顺应数字科技渗透实体经济的大趋势,聚焦传统影视产业痛点难点问题,强化数字科技赋能,进而实现影视产业转型升级。[①]

数字科技赋能影视产业已是大势所趋。传统影视产业的技术、模式、业态、产品等已明显滞后,与日益发展的互联网、大数据、人工智能等新技术不相适应,需要与时俱进更新技术、创新模式和业态;数字科技发展水平决定着影视生产力的水平、潜力和增长空间,而作为数字科技的资源,只有与实体经济结合才能真正发挥作用与价值。大数据、区块链、人工智能、物联网等技术与影视产业的深度融合,带来了新技术、新业态、新模式的不断涌现,推动了生产方式与组织方式的创新变革,能够有效地促进传统影视产业各环节效率的提升,有力地推动影视行业新业态的蓬勃发展。

打造数字文化产业集群,提升影视产业数字化水平。以数字化改革为切入点,

---

① 麻鑫鑫:《数字科技加速推动影视产业转型升级》,中国发展出版社2022年版。

探索基地建设、剧本创作、剧组管理、拍摄制片、服装道具、后期特效、宣传发行、平台放映等环节行业标准化和规范化体系。以大数据推动制度重塑，建立影视拍摄工业化体系；利用区块链、AI、云技术，探索云端制作、渲染、传输、审查、存储、发布、交易、结算，实现影视内容生产数字化，切实加强版权保护，推动形成规范化的影视项目制片管理体系[①]；优化影视产业链投资、制作、发行、放映、衍生品开发等各个环节，构建全新的生产模式、发行模式、投资模式等，打造影视产业生态体系，着力推动影视产业提质增效；聚焦影视产业行业散、周期长、成本高、效果差、效益低等问题，以"数字＋科技"的双引擎驱动，积极探索影视产业全流程、一体化、数字化集成解决方案，着力构建数字影视产业标准，促进影视行业规范发展与转型升级。

发挥体制创新优势和数字技术平台作用，提升影视文化产业生产效率。打造好"国家级文化和科技融合示范基地"的牌子，落实好《浙江横店影视产业国家级文化和科技融合示范基地规划》，发挥政策优势，提供高标准服务，提高生产效率，建设名副其实的数字化基地；发挥好、运用好"影视文化大脑"数字化技术和平台，纵向贯通全国影视产业数据和影视基地资源，横向贯通公安、人社、法院、卫健等17个部门数据和8个业务系统，建立影视产业数据模型，实现产业分布一屏可看；为企业提供集公平有序、高效便捷、精准服务、科学决策、风险防控等优势和功能于一体的应用平台，依托大数据和新一代信息技术手段，应用于影视全产业链，逐步实现影视作品从剧本创作、剧组筹备、影视拍摄、后期制作到宣传发行、版权交易、衍生品开发交易等全产业链的数字化、标准化、工业化，推动产业治理由经验判断向数据智能决策转变。[②]

（三）用好产业园区这个重要载体

2004 年横店成立了影视文化产业实验区，2018 年实验区提档为集聚区，2021年浙江省提出支持横店创建国家级影视文化产业先行示范区、打造具有国际影响力的影视创新中心和数字文化产业集群，横店影视文化产业园区不断发展壮大。横店影视文化产业集聚区是浙江省唯一的文化产业集聚区，开辟了横店影视文化

---

① 东阳市人民政府：《中国（浙江）自由贸易试验区东阳联动创新区实施方案》，2021 年 12 月 1 日。

② 张益晓：《浙江公布数字化改革第二批"最佳应用"，我市"影视文化大脑"入选，数字赋能横店影视文化产业高质量发展》，《金华日报》2021 年 12 月 24 日。

产业高质量发展的新空间,标志着横店影视文化产业进入了"赋能再出发"的新阶段。

推进横店影视文化产业集聚区高质量发展。横店影视文化产业园区的成立和建设,为横店影视文化产业实现要素大集聚、产业大发展、生态大建设,为横店影视文化产业发展奠定了基础、提供了动能、营造了良好环境。"产业发展,需要在实体空间上落地。抓产业,就要抓园区。要发挥文化产业园区的集聚优势,推动科技、信息、数据、资本、人才等各类生产要素汇集,强化主导产业、领军企业带动作用,促进上下游业务合作,加速新兴业态创新发展,有效降低交易成本,培育良性互动的产业生态,形成'1+1>2'的产业协同效应。"①推进影视产业高质量发展,必须进一步发挥园区优势,集聚各类生产要素,发挥资源集聚优势,做强产业链,做深价值链。加快推进一批强链补链重要项目,建设横店剧院、横店艺术大学、星级酒店等一批重大项目,增强园区实力;推进爱奇艺创意文娱综合中心、"导演村"、"编剧村"、"制片人村"等一批重要项目建设,打造内容生产高端人才聚集地;形成"技术+资本+人才"的影视产业生态圈,以创新链驱动产业链,以产业链吸引资金链、人才链,以人才链布局创新链,实现"四链合一"。设立集聚区影视企业投资资金出入境审批绿色通道,采取日限一定额度的新机制,探索对港澳台资本的进出机制。开展集聚区高校与国外影视传媒类一流高校合作办学、学士学位教育等项目,侧重培育影视工业化所需的高级技能型人才。推进影视文化产业全域化发展,集聚金华全市优质资源支持发展影视文化产业,打造"影视+拍摄资源、数字文化、文化制造、文旅融合"四大增长极。

推进"重要窗口"和共同富裕示范区高质量建设。把集聚区建设成为展示中国特色社会主义制度优越性的"重要窗口",担负起全面展示坚持社会主义核心价值体系,弘扬中华优秀传统文化、革命文化、社会主义先进文化重要窗口的职责,打造具有丰富文化内涵、独特文化品位的优质影视精品,形成具有中国气派和浙江辨识度的重大标志性成果,用影视成果向世界传播中华文化,讲好中国故事。把集聚区建设成为国家级影视文化产业先行先试区,打造具有国际影响力的影视文化创新中心,成为影视业综合改革的试验田,统筹省市县及横店集团资源,形成推动影视业综合改革闯关探路的强大合力,为全省乃至全国影视业改革发展提供可复制可

---

① 刘绍坚:《文化产业高质量发展的重要着力点》,《人民日报》2022 年 5 月 20 日。

推广的鲜活经验;探索"影视文化产业＋自贸区联动创新区"发展格局,推进新兴业态、头部企业、平台型企业实体化落地;编制发布"中国·横店影视文化产业指数",完善"影视文化大脑",建设高科技智慧园区。把集聚区建设成为具有国际影响力的影视文化创新中心,树立国际视野和全球眼光,探索国际合作交流机制,设立影视文化国际合作交流中心,参与国家影视文化国际推广战略工程,利用横店省级文化出口基地平台构建产品输出和资本输出双轮驱动的"走出去"格局,争取国际影视话语权,夯实影视文化国际化基础。把集聚区建设成为影视文旅融合发展的共同富裕示范区,整合既有的文化产业、酒店民宿、零售旅游、休闲娱乐等行业资源,打通产、学、研、用的行业壁垒,推进影视文旅在全域范围内融合,创造更多就业机会促进增收致富,政企合力共建、产城融合发展,推进共同富裕示范区建设。

第六章 婺文化传承与发展的前景：
共同富裕的乡村样本

2021 年 7 月,《浙江高质量发展建设共同富裕示范区实施方案(2021—2025 年)》提出"传承弘扬中华优秀传统文化""加强传统工艺保护传承""打造具有代表性的浙江文化符号和文化标识"。① 2021 年 8 月 17 日,习近平总书记在中央财经委员会第十次会议上指出"要抓好浙江共同富裕示范区建设,鼓励各地因地制宜探索有效路径,总结经验,逐步推开"②。"共同富裕是中华民族最为质朴古老的理想之一,它不仅是一个经济表述,更是一种文化展示,与中华文化之间存在着天然的基因联系。积极汲取传统文化中共富基因的精髓,对于我们更加行稳致远地走好共同富裕之路具有不可替代的作用。"③推进共同富裕需要加快传统文化的创造性转化和创新性发展,挖掘传统文化的现代价值,在尊重和传承中华民族历史和文化的基础上,以时代精神激活中华优秀传统文化的生命力,唤醒共同富裕的文化基因,彰显出强大的生命力和持久力。金华在全面建成小康社会以及高质量发展建设共同富裕示范区过程中涌现出许多致富样本,以文化赋能,在共同富裕进程中实现精神富有,在现代化先行中做到文化先行。

---

① 《浙江高质量发展建设共同富裕示范区实施方案(2021—2025 年)》,《浙江日报》2021 年 7 月 19 日。

② 习近平:《扎实推动共同富裕》,《求是》2021 年第 20 期。

③ 顾伯冲:《共同富裕的文化基因及当代实践》,《光明日报》2022 年 5 月 26 日。

第一节　木雕文化再发展

木雕是东阳最具特色的产业和城市名片。东阳木雕是中国四大木雕流派之一,与黄杨木雕、青田石雕、瓯塑合称浙江"三雕一塑"。1995 年,东阳市被文化部命名为"中国民间艺术之乡";2002 年,被中国轻工业联合会、中国工艺美术学会命名为"中国木雕之乡";2009 年,被中国工艺美术学会命名为"中国木雕之都";2014 年,被世界手工艺理事会授予"世界木雕之都"荣誉称号。2016 年在杭州召开的G20 峰会上,华丽大气的东阳木雕无处不在,主会场《锦绣中华》的主背景、超大的会议主桌以及专用候机楼、会场休息区、宴会厅等均有东阳木雕作品装饰,十足的中国风为这次盛会增添了古典与现代相融的东方气韵。木雕小镇建设就是通过把传统木雕文化与现代产业形式相结合,赋予历史经典产业创新发展的新力量,为传统文化传承发扬厚积资源优势,以产业发展和文化优势助推乡村振兴,赋能共同富裕。

一、木雕小镇建设的缘起和动因

特色小镇建设是浙江加快经济转型升级的重要举措,是浙江大力实施创新驱动发展战略和引领经济新常态的重要抉择,也是推进乡村振兴的重要抓手。①2015 年 4 月,浙江省出台《浙江省人民政府关于加快特色小镇规划建设的指导意见》,提出"特色小镇是相对独立于市区,具有明确产业定位、文化内涵、旅游和一定社区功能的发展空间平台,区别于行政区划单元和产业园区",决定在全省规划建设一批特色小镇,集聚人才、技术、资本等高端要素,实现小空间大集聚、小平台大产业、小载体大创新,推动资源整合、项目组合、产业融合,推进产业集聚、产业创新和产业升级,形成新的经济增长点。2016 年 7 月,住房城乡建设部、国家发展和改革委员会、财政部联合发出《关于开展特色小镇培育工作的通知》,决定在全国范围开展特色小镇培育工作,通过培育特色鲜明、产业发展、绿色生态、美丽宜居的特色小镇,转变发展方式,促进经济转型升级,推动新型城镇化和新农村建设。

---

① 《浙江省人民政府关于加快特色小镇规划建设的指导意见》(浙政发〔2015〕8 号),2015 年 4 月 22 日。

金华市高度重视特色小镇建设,2015年8月出台《金华市人民政府关于加快特色小镇规划建设工作的实施意见》,提出特色小镇建设以省重点培育发展的信息经济、环保、健康、旅游、时尚、金融、高端装备制造等七大产业和本市重点培育发展的"五大千亿产业"为主,兼顾茶叶、黄酒、火腿、酥饼、中药、木雕、苗木、陶瓷等历史经典产业,从目标、内容、规划、政策、保障等方面进行规划部署;提出特色小镇以产业转型升级和产业融合为目的,以特色化、集聚化、规模化为核心要求,建设成为具有产业、文化、旅游及一定社区功能的综合性发展空间平台。2021年金华市出台《金华市进一步推动特色小镇高质量发展的实施方案》,提出构建特色小镇持续健康发展的生态体系、发展路径和体制机制,推动特色小镇不断迭代升级,全力打造"产业更特、创新更强、功能更全、体制更优、形态更美、辐射更广"的特色小镇2.0版。截至2021年下半年,金华市已经建成包括木雕小镇在内的省级特色小镇15个。

东阳木雕是中国四大木雕流派之一,发轫于商周,滋长于秦汉,成名于唐朝。据《康熙新志》记载,唐太和年间,分任史部和工部尚书的东阳冯宿、冯定两兄弟,用来自家乡东阳的木雕,装饰起瑰丽耀眼的宅第,"高楼画栏照耀入目,其下步廊几半里",东阳木雕由此扬名。北京故宫精美绝伦的宫殿雕刻、杭州灵隐寺雄伟壮观的释迦牟尼大佛、浙江省人民政府作为庆祝香港回归赠送给香港特别行政区的礼品《航归》等都出自东阳木雕艺人之手。北宋东阳南寺塔出土的木雕佛像,是迄今为止发现的存世最早的东阳木雕。民国三十七年(1948年),东阳横店官桥人开设的木雕公司——香港华兴公司为港督精制樟木箱一对,送给英国女王伊丽莎白二世作为结婚贺礼。2015年10月20日,习近平主席赠与英国女王伊丽莎白二世的礼物——木雕《寿比松龄》,就出自著名的东阳木雕艺术家马光军之手。2016年G20杭州峰会,作为浙江本土传统文化艺术的东阳木雕作品装点了杭州国际博览中心,展现了东阳木雕的独特魅力,为整个峰会增光添彩。

围绕木雕产业,东阳有集批发零售旅游于一体、全国最大的木雕专业市场——中国木雕城;有向世人展示中国木雕发展演变和木雕精品的生动教科书,一座多元、多样、多彩、完整、专业、包容的木雕艺术殿堂——中国木雕博物馆;有以木雕为特色的红木家具市场7个;有红木家具企业2500多家,产值150亿元。东阳木雕人才济济,有亚太地区手工艺大师3人,国家级工艺美术大师9人,省级工艺美术大师36人,从业人员9.5万人。

2015年东阳市委、市政府根据东阳木雕产业特色和发展前景,作出争创"木雕小镇"的重大决策;2015 年 3 月出台《中共东阳市委东阳市人民政府关于成立东阳木雕小镇建设领导小组的通知》,市委书记亲自挂帅,市长担任组长,成立东阳市木雕小镇建设领导小组,部署省级特色小镇申报工作;2015 年 7 月出台《东阳市人民政府办公室关于印发东阳市特色小镇规划建设工作联席会议成员名单及职责的通知》,明确政府有关部门在特色小镇规划建设中的工作职责;2015 年 9 月 17 日向省特色小镇规划建设工作联席会议办公室递交《东阳市人民政府关于申报第二批省级特色小镇创建名单的请示》,把"东阳木雕小镇"作为东阳市第二批省级特色小镇创建对象上报;同时出台《加快特色小镇规划建设工作扶持意见》,提出"突出产业特色、发挥历史文化优势、带动产业转型升级"的总体思路,计划通过创建木雕特色小镇,集聚一批大师创意创作中心、一批木雕红木企业,打造东阳木雕产业新形象。

2016 年 1 月,东阳木雕小镇入选浙江省第二批历史经典产业特色小镇创建名单,明确木雕小镇以东阳国际木雕产业基地为核心,依托东阳国际木雕产业基地的优势和木雕红木产业优势,计划用 3 年时间,以业为主建平台、以师为名引人才、以融为特促发展、以人为本造环境,把木雕小镇打造成为东阳木雕红木产业创新研发基地、跨界融合平台、信息传承交流中心。

二、木雕小镇的规划

(一)特色内涵

东阳木雕小镇依托东阳木雕历史文化底蕴和木雕红木产业优势,培育发展木雕竹编、红木家具、文化创意设计、旅游体验产业,形成较为完整的产业体系和产业链条,着力构建产城融合、文旅相依的特色小镇。

(二)总体目标

东阳木雕小镇以木雕、红木家具、家装、园林、古建筑等创意设计为重点,突出特色、创新导向,构建原木进口交易、研发设计、生产展示、品牌销售、休闲旅游等完整的产业体系和产业链条,着力将木雕小镇建设成为东阳木雕红木产业创新研发基地、木雕红木产业跨界融合平台、木雕红木产业信息交流培训中心。

(三)产业定位

东阳木雕小镇依托木雕红木产业优势,培育文化旅游产业,形成较为完整的产业体系和产业链条,着力构建产城人融合、文旅结合的特色小镇,着力培养发展大师创意创业、木雕竹编、红木、旅游体验、木雕教育培训等产业。

(四)规划布局

东阳木雕小镇位于东阳市经济开发区核心区域,距离东阳城区约4公里,距离规划火车站、甬金高速东阳东西出口均约5分钟车程,交通区位优势明显。规划面积约2.9平方公里,建设用地面积约2000亩,分三期建设,重点打造建设"一心、一带、三轴、六区"。

(1)"一心",即木雕小镇公共服务中心。围绕木雕小镇核心区域打造集木雕高峰论坛、文化体验、旅游观光、休闲的场所,是小镇乃至东阳的城市客厅。

(2)"一带",即石马溪文化休闲带。依托石马溪沿线原生态资源,打造旅游休闲和文化创意相结合的综合性休闲旅游带。

(3)"三轴",即主要景观轴、木雕文化展示轴、旅游交通轴。主要景观轴:结合木雕文化公园景观,按街、巷、院分级形式,设置木雕小镇景观步道和慢行旅游系统,延伸区域观光价值。木雕文化展示轴:通过建设东阳木雕建筑,实现东阳木雕和建筑最大限度的融合,让人们从中体验木雕、建筑文化的完美结合。旅游交通轴:对外依托60米宽的广福东街和环城北路,打造至主城区10分钟交通圈;内部着力打造主干道、支干道和慢行系统相互补充的多层次交通网络体系。

(4)"六区",即大师创意创业园、木雕产业园、休闲旅游体验、木雕教育传承、木雕文化公园、风情生态居住区。大师创意创业园:依托东阳丰富的大师名人资源,做好大师馆、精雕馆、创意馆等硬件和创新创业扶持政策配套,吸引各类大师入镇创业,推进文化创意产业发展。木雕产业园:依托东阳木雕红木家具等产业与专业市场优势,强化木雕家具制造与专业市场、休闲旅游的联动,培育一批拥有较强综合竞争力的制造企业,推动产业规模化、集聚化、高端化发展。休闲旅游体验:利用城市近郊和石马溪自然资源优势,将水文化和木雕文化融为一体,打造以文化体验为中心的休闲旅游品牌。木雕教育传承:以木雕学院、工艺美术学院为主要传承载体,大力吸引大学生来此学习、创业,传承东阳木雕。木雕文化公园:建设以展示、介绍木雕文化及工艺为主的木雕主题公园,弘扬木雕文化精髓,打造集木雕文化体验、优良自然环境于一体的特色公园。风情生态居住区:采用新江南建筑风格,为白墙灰瓦格调,打造清新典雅的新中式风格,实现与小镇风格一致的民情配套居住区。

（五）主要项目

（1）大师创意创业园。依托东阳丰富的大师名人资源,做好大师馆、精雕馆、创意馆等硬件和创新创业扶持政策配套,吸引各类大师入镇创业,推进文化创意产业发展。投资 8.5 亿元,建设用地 300 亩。

（2）木雕产业园。依托东阳木雕红木家具等产业与专业市场优势,强化木雕家具制造与专业市场、休闲旅游的联动,培育一批拥有较强综合竞争力的制造企业,推动产业规模化、集聚化、高端化发展。投资 19 亿元,建设用地 700 亩。

（3）木雕文化公园。建设以展示、介绍木雕文化及工艺为主的木雕主题公园,弘扬木雕文化精髓,打造集木雕文化体验、优良自然环境于一体的特色公园。投资 9.62 亿元,建设用地 350 亩。

（4）木雕古建筑体验区。打造仿古民居建筑,既古色古香,又适应现代建筑的功能需求,把东阳传统建筑与木雕工艺完美结合,成为游客参观和体验木雕建筑的场所。投资 4.88 亿元,建设用地 100 亩。

（5）木雕文化体验水街。将水文化和木雕文化融为一体,仿制人们记忆中的"前店后厂"江南水乡的缩影,以打造文化体验为中心的休闲旅游品牌。投资 4.12 亿元,建设用地 150 亩。

（6）木雕文化长廊。以历史发展的脉络,借助时空的变换,向参观者介绍中国木雕文化的千年发展演绎历程。投资 4.12 亿元,建设用地 150 亩。

（7）木雕教育传承。以木雕学院、工艺美术学院为主要传承载体,大力吸引大学生来此学习、创业,传承东阳木雕。投资 4.13 亿元,建设用地约 150 亩。

（8）风情生态居住区。采用新江南建筑风格,为白墙灰瓦格调,打造清新典雅的新中式风格,实现与小镇风格一致的民情配套居住区。投资 2.75 亿元,建设用地约 100 亩。

三、木雕小镇建设面临的问题

自申报之初东阳市委、市政府便高度重视,精心谋划并全力投入,从规划图纸到实施建设,从招商引资到人财物集聚,木雕小镇建设循序渐进、如火如荼。但是特色小镇是浙江省原创的新生事物,没有现成经验可供借鉴。木雕小镇在摸索中建设,在建设中发展,取得了不少成绩,也存在不少问题。

(一)小镇规划的优化提升

东阳现有大大小小的木雕红木家具市场7个,目前木雕小镇一期建设主要是在原先的木雕产业园基础上进行改造的,木雕小镇红木产业部分功能,如创新研发、产品销售、技艺交流、产业合作等,与已有的中国木雕博物馆,木雕城一期、二期部分功能有所重合,如果小镇的具体建设与总体定位偏差拉大,木雕小镇很容易建设成为东阳的第8个专业市场。需要考虑规划的前瞻性,还要重视协调性,不断提升优化原有规划。

(二)用地规划的限制

2016年东阳市已向省里申请小镇配套奖励用地指标,但仍远不能满足小镇的实际用地需求。特别是规划建设面积与实际建设面积相差很多,如生态环境、道路设施和公共配套设施要求很高,许多项目无法启动建设。同时,土地总体利用规划限制突出,部分地块有用地指标都无法落地,基础设施和项目建设十分困难。

(三)旅游计划数的完成

根据创建省级特色小镇的要求,所有特色小镇要建设成为3A级以上景区,当时申报的年接待游客计划是:2015年10万人次,2016年30万人次,2017年60万人次。但从实际情况来看,建设中的小镇各方面还不够完善,人气也在聚集过程中,完成计划数有较大困难。

(四)财政支持政策的落实

根据规定,特色小镇在创建期间及验收命名后,其规划空间范围内的新增财政收入上交省财政部分,前三年全额返还、后两年返还一半给特色小镇所在财政,要落实这些政策还存在一些困难。

(五)有关指标的达标

浙江省提出所有特色小镇实行以"区域能评、环评+区块能耗、环境标准"取代项目能评、环评,开展企业投资项目50天高效审批试点,建立统一的节能节地节水、环境、技术、质量、安全等市场准入标准,对于这些要求,作为传统特色小镇在某些方面达标存在困难。

(六)社会资金的投入

面对新生事物,企业家投资比较谨慎,特别是传统产业,投资意愿不是很强烈,这样在投入产出考核上任务艰巨。如何发挥企业和民间投资的积极性是一个需要认真研究的问题。

(七)人才的培育和引进

作为"百工之乡"的东阳,有悠久的工艺历史,有辈出的工匠大师。但是由于受"前世不修,后世木(篾)匠"的传统观念的影响,学艺艰难、工作辛苦、收入低微、前景漫长的木雕技艺,对年轻人的吸引力在降低,整个行业出现技工人才青黄不接,大师的培养和继承也出现后继乏人的现象,设计人才、高技术人才、营销管理人才匮乏。

四、木雕小镇的建设与成效

(一)立足高品质发展,提升小镇的品位和档次

木雕是唯美唯精的艺术品,代表着品位与档次。木雕小镇秉承木雕的精致品性,精雕细琢,高品质发展。小镇最大的特色在于木雕文化,小镇的气质更多地体现"阳春白雪"的品性,而不仅仅只是寻常"小镇"建设。即使因为资金、土地等因素制约,在前期硬件设施建设中没能达到致精致美,在后期的"软件"方面也会加以弥补。比如营造典雅的小镇环境,打造精致的小镇标识,引进高档次的企业,推出高等级的大师,造就高品质的作品,生产精致一流的产品,把木雕小镇建设成为全国木雕创作和生产的风向标,成为木雕作品和产品标准规范的诞生地。

(二)凝聚灵魂,充分展示小镇的木雕元素

木雕是小镇建设的核心内容,是小镇的灵魂。小镇围绕木雕展开,规划中突出木雕文化,建设中融入木雕元素。木雕产业园充分凸显木雕红木家具产业,培育和引进一批拥有较强综合竞争力的制造企业,打造成为国内知名的木雕红木家具生产基地和专业市场。木雕文化公园作为以展示、介绍木雕文化及工艺为主的木雕主题公园,大力弘扬木雕文化精髓,致力于打造成为国内集木雕文化体验、优良自然环境于一体的特色公园。木雕古建筑体验区的仿古民居建筑美轮美奂,把东阳

传统建筑与木雕工艺完美结合,真正成为游客参观和体验木雕建筑的场所。应争取把小镇打造成为木雕圣地,一提到木雕,人们就联想到东阳,就如一提到小商品就联想到义乌一样。

(三)以大师为旗帜,大力发展"大师经济"

大师是小镇的旗帜,是小镇建设的引领者,是木雕产业的风向标。已经入驻的亚太区域手工艺大师、中国工艺美术大师、省级以上大师是小镇的宝贝,特别是陆光正、冯文土、吴初伟、徐经彬、卢光华等特级大师,更是小镇的"至尊宝"。小镇高举大师旗帜,形成木雕人才洼地,吸引聚集一大批有志于木雕技艺的人才,集聚木雕大师,培养木雕人才,成为木雕人才和技术的孵化器。利用小镇大师云集的优势,扩大大师影响力,强化锻炼大师的市场意识、经营思维和运营管理能力,积极探索传统木雕产业向大师产业发展的路径,实现抱团发展,发展"大师经济"。加强木雕人才培养,建立木雕人才培育基金,创新"师徒制",吸引外来木雕新人,建设完善浙江广厦建设职业技术学院的木雕专业,改良教学方式以吸引更多学生报名。

(四)守护传承,大力弘扬木雕文化

东阳木雕经过上千年的传承、创新和发展,已成为极富地方特色、极具社会影响力的传统文化,成为东阳独特的文化标识。木雕作品中蕴含的古韵、乡愁、宗亲等是木雕文化的内容。充分挖掘、整理木雕文化,保护和利用历史文化遗存,做好非物质文化遗产活态传承,是小镇义不容辞的责任。小镇注重木雕教育传承,以木雕学院、工艺美术学院为主要传承载体,激发鼓励更多的年轻人投身到非遗技艺的保护和传承中,把东阳木雕的精华内涵发扬光大。建设好木雕文化体验水街,将水文化和木雕文化融为一体,打造体验休闲旅游品牌。建设好木雕文化长廊,以历史发展的脉络,借助时空的变换,向参观者介绍千年中国木雕文化的发展演绎。利用各种展览和活动,通过广播、电视、报纸、网络、微信公众平台等媒介,多角度多层次地反映木雕的历史文化价值、景观价值、教化价值。借鉴《温州一家人》和《鸡毛飞上天》等电视剧,拍摄反映东阳木雕历史的电视剧,宣传木雕文化、工匠精神,使木雕文化在经济发展和社会管理中得到充分弘扬。以打造百年企业为目标,带动产业创新升级,提升整体产业的含金量和附加值,使木雕产品卖得更好、卖得更远。

(五)转型升级,做大做强产业基础

小镇的木雕产业必须做特、做精、做强。木雕红木家具产业是木雕小镇的支柱产业,由于人才、技术和资金的制约,传统木雕产业以手工作坊为主,难以做大,企业的利润率普遍较低,自身积累能力不是很强,产品依赖礼品市场,受公务消费压缩的影响,增长缓慢。木雕红木家具产业借助专业市场优势,强化与休闲旅游的联动,培育一批拥有较强综合竞争力的制造企业,推动产业规模化、集聚化、高端化发展。招引有研发设计创新能力的红木家具企业和园林、古建筑、建筑装饰设计企业,着力培育高端产业。注重加强与行业龙头企业的对接,吸引行业领军人物和科研团队共同开发建设特色小镇,提升木雕小镇的品位与档次。充分利用"互联网＋"等新兴手段,实现产业、投资、人才、服务等要素集聚,引进玉雕、石雕、苏绣等丰富小镇产业内涵。以特色创新为导向,着力构建研发设计、生产展示、品牌营销、休闲旅游等完整的产业链体系。

(六)注重市场化运作,拓宽融资渠道

加强与银行、信托、保险等金融机构的合作,创新融资方式,探索产业基金、股权众筹、PPP 等融资路径,加大引入社会资本的力度,实现特色小镇建设投资主体的多元化,以市场化机制推动小镇建设。比如以政府、银行、企业等多方出资,设立特色小镇发展基金;政府和社会资本合作,采取 PPP 融资模式;以木雕、根雕、竹雕、红木等传统文化产品,探索通过文化产品抵质押、艺术品融资等方式获得金融支持;积极与创业投资、风险投资、天使投资等开展合作,在完善风险定价的基础上,以适当的方式与之分享特色小镇优质项目的股权或期权,实现投贷联动;等等。

(七)协调共建,加快项目推进

在涉及小镇规划、基础设施建设、招商引资、土地报批等方面,在符合现有政策规定的基础上,减少环节、简化程序,加快项目建设进度。完善基础设施建设,自来水符合卫生标准,生活污水全面收集并达标排放,垃圾无害化处理,道路交通停车设施完善便捷,绿化覆盖率较高,防洪、排涝、消防等各类防灾设施符合标准。小镇建设与产业发展同步协调,空间布局与周边自然环境相协调,整体格局和风貌具有典型特征,居住区开放融合,建筑彰显传统文化和地域特色。按照"通过旅游宣传文化、通过文化促进旅游、通过旅游文化促进产业提升"的要求,结合小镇整体风格

对周边村落实行风貌改造、功能重建,为木雕小镇提供民宿、商业配套,发展木雕文化体验游和民居民宿农家游,实现小镇与周边旅游资源的融合发展,进一步规划完善小镇社区功能。加强与横店影视城合作,采取旅游串线,扩大旅游资源,增加年接待游客数量。

从 2016 年开始,经历几年的建设和打磨,木雕小镇逐渐趋向规范并得以良性发展。虽在 2016 年度考核中因为相关指标没有达标被处以"警告",但在 2017 年和 2018 年度考核中即被评为"良好",在 2019 年度考核中被评为"优秀",完成固定资产投资 32.7 亿元,其中特色产业投资 5.88 亿元,占比 79.1%。到 2020 年底小镇拥有亚太地区手工艺大师 3 人、中国工艺美术大师 6 人、浙江省工艺美术大师 17 人,其中国家级非遗代表性传承人 5 人,省级非遗代表性传承人 3 人,入驻企业 233 家,先后获评经信领域省级行业标杆小镇、国家 3A 级旅游景区、浙江省中小学生研学实践教育基地、浙江省数字化试点园区等。[①] 2020 年小镇木雕产业产值近 30 亿元,共接待政府考察团、旅游团、研学师生等团体共 6.9 万人次。[②] 2020 年 10 月木雕小镇通过审核验收,被浙江省人民政府命名为第四批省级特色小镇。[③] 2022 年 10 月木雕小镇特色产业风貌样板区入选浙江省第二批城乡风貌样板区名单。通过数字化建设,木雕小镇基本实现基础设施数字化、小镇管理数字化、服务平台数字化,打造线上线下一体化数字小镇体系,成为全省功能最全、最具特色的服务综合体之一,成为东阳的金字招牌。

木雕小镇的建设推动了作为历史经典产业的东阳木雕业的重新发展,焕发了古老木雕文化的现代风采。木雕小镇实现了产城人文融合、多元功能聚合的发展,为地方经济发展夯实了产业基础,以产业发展和文化优势助推乡村振兴、赋能共同富裕。

第二节　影视文化再赋能

横店最出彩的是影视文化产业,最强的是工业,最具特色的是产业与城镇融合

---

① 陈爽、郭厚良:《东阳木雕小镇:从"新"出发塑未来》,浙江在线,2020 年 12 月 22 日。
② 《金华东阳:木雕小镇特色产业风貌区》,浙江在线,2022 年 4 月 15 日。
③ 《浙江省人民政府关于命名第四批省级特色小镇的通知》(浙政发〔2020〕25 号)。

的发展模式。横店因为影视文化而蜚声国内外,因为影视文化产业而富甲一方,因为影视文化产业、旅游产业、工业而走上共同富裕之路。横店的影视文化产业、先进制造业、旅游产业与小城市建设相互融合发展,互惠互利,相得益彰,城市因为产业而闻名,产业因为城市而强大,百姓依靠强大的产业和知名的城市而富裕。"政企合力共建、产城融合发展"的发展模式,推动横店从共建共享走向共同富裕。

一、横店共建共享共富的做法

(一)以"共富"理念引领共建共享共富

横店镇位于浙江省东阳市中南部,行政区域面积 121 平方公里,下辖 28 个行政村(社区),常住人口 23 万。改革开放前的横店和国内许多乡镇一样是个典型的"三农"乡村,交通不便资源贫瘠,人均耕地面积不足 0.5 亩,人均年收入不足 100元,百姓几乎全靠种地为生,当地流传着"薄粥三餐度饥荒,有女不嫁横店郎"的歌谣。如何有效解决"三农"问题,使农民口中有粮、手中有钱、吃得饱饭、娶得起媳妇是横店的期盼和梦想。

20 世纪 70 年代以来,横店乘着改革开放的春风,从创办乡镇企业起步,以"多办企业多赚钱,多为百姓办好事"为出发点,通过办企业让更多的农民"洗脚上田",使每个人都有机会赚钱过上好日子。经过几十年的探索实践,横店从纺织、电子、医药、新材料产业发展到影视文化、旅游产业,从第一产业拓展到第二、第三产业,横店乡办、村办、个人办的企业数量不断增多,规模不断扩大,产业不断多元化,集体经济得以不断壮大。依靠发展工业、影视、旅游以及服务业,横店大量的农村富余劳动力被吸纳,大批农民转变成为工人和服务员,农民收入大大增加,实现了脱贫致富奔小康,集镇风貌也发生了翻天覆地的变化。

1994 年,由国家经济体制改革委员会(国家体改委)牵头在北京人民大会堂举办了"横店集团发展模式研讨会",专题研讨横店的共创共富之路。2007 年,横店成立中共横店共创共有共富共享工作委员会(前身是中共横店社团经济企业联合会委员会,简称横店"四共"委),进一步明确了共富的理念,坚持共富的初心。党的十八大以来,横店镇党委政府充分承担起共同富裕的引领和组织实施重任,构建共建共享共富的"四梁八柱",聚合社会力量投身新农村建设,进一步探索解决"三农"深层次问题,推进乡村振兴迈上了新台阶,实现了新突破。2021 年 5 月,在中共浙江省委召开的全面深化改革第十四次会议上,横店镇作为优秀典型代表在会上作了汇报发言,认为横店推进高质量发展建设共同富裕示范区成功的"密码"是坚持"共创、共有、共富、共享"的"四共"理念,不断探索深化形成"政企合力共建、产城融合发展"的发展模式,以产业带动发展现代工业而为群众提供更多就业机会,以文化赋能深度推进文旅融合而为群众提供更多就业机会,以改革牵引全面优化服务供给而为群众创造更加美好生活。①

(二)以政企共建推动共建共享共富

创立于1975年的横店集团是土生土长的横店本土龙头企业,集团在40多年的发展历程中经历三次创业,形成了"多元化发展,专业化经营"的战略,培育出横店东磁、普洛药业、英洛华、得邦照明、横店影视、南华期货等六大产融平台,业务领域涵盖第二、第三产业,主要从事电气电子、医药健康、影视文旅、现代服务等四大产业产品的研发、生产、销售与服务,拥有上市公司6家,全球员工数量超过50000人,业务遍及150多个国家和地区,2021年营收达到876亿元,成为多元化的中国特大型民营企业。② 在横店像横店集团一样发展壮大的企业有很多,从横店全域统计,截至2020年共有经济户口2.04万家,各类企业3620余家,规模以上工业企业82家,年产值超亿元企业24家,上市公司8家,全镇实现规模以上工业产值211亿元,税收41亿元,创造就业岗位5.8万个,职工人均年收入达到8万元。③ 横店民营企业的数量和质量在国内乡镇层面都属于佼佼者,这得益于当地党委政府的大力扶持和国家发展经济的良好环境。

横店镇政府对企业发展给予大力支持,在服务企业方面主动当好贴心"店小二",实现政企良好互动,推动企业良性发展。出台支持企业创新和发展的政策措施,进一步改善创新发展环境,增强企业发展活力,推进企业自主创新,破解企业发展难题,培育一批创新型龙头企业,催生一批创新型中小企业集群,促进企业转型发展。用足用好上级惠农惠企政策,及时配套出台用地、税收、资金、人才等许多优惠政策,为企业发展开通"绿色通道"。加快推进企业自主创新,实施中小企业数字

---

① 陈勇、吕晶晶、胡媛、张庆:《政企合力共建产城融合发展横店在全省会议上分享共同富裕"密码"》,东阳新闻网,2021年6月1日。

② 资料来源:横店集团官网,https://www.hengdian.com/zh-cn/,2022年5月1日。

③ 资料来源:2022年中共横店镇委员会汇报材料《政企合力 产城融合 努力建设共同富裕示范乡镇》。

化赋能专项行动,鼓励创建智能工厂、绿色工厂,推动智能制造实现产业迭代升级等。经过多年的培育,横店涌现出一批具有国际竞争力的现代化民营企业,以横店集团为代表的本土民营企业从数量、质量和发展动力方面都得到极大提升。不仅如此,许多国内知名企业因为横店良好的创业环境而落户横店,以影视文化企业为例,截至 2020 年底已经有 1412 家影视制作企业和 780 家工作室汇集于横店影视文化产业集聚区。

众多的企业在自身发展的同时也积极履行社会责任,协同政府一起参与地方治理和民生建设。比如横店集团,自创立以来在不同发展阶段形成了一脉相承、一以贯之的企业价值理念:从"多办企业多赚钱,多为百姓办好事"的初心,到"共创共富"的理念,再到确立"做最具社会责任心的企业"的愿景。在这些理念指引下,集团以产业带动、产业集聚和地方百姓的共同富裕来谋划企业的发展,追求社会效益的最大化。集团主动参与横店新农村建设、城市化发展、社会民生等事业,先后投入 100 多亿元建设公路、桥梁、隧道等基础设施,建成横店客运中心、自来水厂、污水处理厂、学校、医院等,实施南江两岸及支流治理工程,惠及全镇及周边 20 多万人口;运用前沿的技术和优质的服务,帮助各行各业的客户持续创造商业价值,帮助中西部贫困地区创造了数万个就业岗位。2021 年横店集团被党中央、国务院授予"全国脱贫攻坚先进集体"。

不仅如此,横店通过分区域布局影视基地植入产业、支持村集体建设多处物业、边远村在中心区联建物业、政府补助美丽乡村建设等多种形式,实现了不同村庄、不同地域的高水平均衡发展。横店镇数据显示,近年来横店各村集体经济年收入均在 4 亿元以上,村均集体年收入超 350 万元。从脱贫致富奔小康到共同富裕,横店一直以发展经济为第一要务,大力扶持培育以横店集团为龙头的本土企业,政府和企业齐心协力共创共建,夯实横店共同富裕的经济基础。

(三)以产城融合促进共建共享共富

横店一直把工业化作为致富的突破口,以产业发展带动城镇建设,提升城镇能级。影视文化产业和旅游产业的强势发展,扩大了农民的就业渠道,增加了农民收入,造就了横店的繁荣兴旺与和谐美丽。

横店从针织轻纺业起步,发展到如今的汽车、照明电子、工程塑料、机电产品、电子元器件、建筑材料等产业,特别是电子电气、医药化工、新能源等特色产业风生水起。电子电气产业方面,磁性材料生产在全国占有重要地位,横店成为全国最大的磁性材料生产和出口基地,被外商誉为"中国磁都"。医药化工方面,横店主要从事医药化工产业中医药中间体、化学原料药及制剂、天然药物的生产、经营和研发,是国家浙东南原料药和药物中间体生产出口基地,享有"江南药谷"的美誉。新能源产业方面,横店光伏产业园是金华地区大型的光伏产业基地,年生产达到500MW,产品出口欧洲、美国、日本等国家和地区。

工业化积累到一定程度后,横店继而大力发展第三产业。1996年,横店集团投资建造电影《鸦片战争》外景拍摄基地"广州街",以此为契机,横店开始进军影视文化产业。2004年,国家广电总局批准在横店设立国内第一个影视产业实验区,标志着横店从影视拍摄基地向影视产业基地的转化。2018年,浙江省委省政府批准在横店成立影视文化产业集聚区,标志着横店影视文化产业步入高质量发展的新阶段。横店已陆续投资数百亿元,建起了30多座跨越五千年历史、汇聚南北区域特色的影视实景拍摄基地和100座大型室内现代化高科技摄影棚,横店被誉为"中国好莱坞、影视梦工厂"。横店影视基地吸引了国内众多剧组蜂拥而至,服装、化妆、道具、机器设备等许多相关企业迅速集聚形成影视产业大集群,影视创作、拍摄、后期制作到交易、衍生品制作的影视全产业链逐步完善,群众演员、拍摄场地、备案立项、拍摄许可、作品审查、产权交易等一条龙服务专业而完善。截至2020年,全国有1/4的电影、1/3的电视剧、2/3的古装剧,累计7万多部(集)的影视剧在横店拍摄,1412家影视制作企业和780家工作室入驻集聚区,累计接待剧组3200多个,影视文化产业年营收157亿元,横店电影院线在全国一线和二线城市成功投资并运营的五星级电影院达到86家。横店成为全球规模最大的影视拍摄基地和国内产业链最完整的影视文化产业集聚区,横店影视文化产业在国内同行业中居领先地位,在影视业改革发展中具有重要的风向标意义。

影视文化产业的快速发展带动了横店旅游、商贸和其他服务业的火爆发展。横店依托影视拍摄基地,以"影视为表、旅游为里、文化为魂"为经营理念,以旅游观光为业态,以休闲娱乐为目的,大力发展影视旅游产业,成为首批国家5A级旅游景区,2020年旅游收入超200亿元,接待游客近2000万人次,累计达2亿人次。影视旅游及相关产业的发展,带动了横店乡村旅游、餐饮住宿、商贸服务等产业的全面繁荣发展,为新老横店人提供了大量的创业机会,给横店百姓带来了实实在在的就业增收红利。横店镇统计数据显示,2020年横店共有各类主题酒店、民宿1500多家,床位2.87万张,农户出租收入达4.38亿元,从事三产的劳动力约7.5万人,占劳动力就业总数的56%,城乡居民收入倍差缩小至1.34[《浙江高质量发展建设共同富裕示范区实施方案(2021—2025 年)》的目标是城乡居民收入倍差缩小到 1.9 以内]。横店创造的产业与城镇融合发展的架构，凝聚了先进制造业、影视文化产业、旅游产业的建设合力，在与小城市的相互融合中互惠互利、相得益彰，使得城市因为产业而知名，产业因为城市而强大，百姓依靠强大的产业和知名的城市而富裕。

(四)以综合治理统筹规划共建共享共富

横店立足于建设综合实力最强劲、城镇建设最美丽、社会治理最平安、群众生活最幸福的"四最"目标，镇党委政府整合社会力量进行统筹规划，引领全社会齐心协力共建美丽城镇、共创美好生活。

立足"社会治理最平安"乡镇建设，横店不断完善"四治融合"模式，探索创新"党建＋网格＋智能＋服务＋治理"新模式，以"智慧横店"数字化建设为抓手，以3018 个"党建＋"网格为基础，构建多维网格、多维地图跨界互联体系，实现基层治理网格智能化应用。立足"群众生活最幸福"乡镇建设，横店致力于公共服务优质均等普惠，构建"互联网＋政务服务"模式，利用政务大数据系统后台最大限度简化行政审批和公共服务事项办事程序，网上办、掌上办实现率达到 95.95％。立足"综合实力最强劲"乡镇建设，横店持续发展实体经济，进一步做大共享"蛋糕"，在《2021 中国镇域高质量发展报告》中，依据经济实力、人口吸纳能力和要素配置能力等指标，在全国"2021 镇域高质量发展 500 强"排名第 19 位，省内排名第 3 位。[①]立足"城镇建设最美丽"乡镇建设，横店全力投身小城市综合改造，提升全域城乡风貌，成为宜居宜业宜游的美丽城镇和幸福家园。影视和旅游的发展极大提升了横店的知名度和品位，横店被誉为影视名城、休闲小镇，成功创建全国文明乡镇。很多外地人慕名来到这里，目前有来自全国各地的剧组人员 1.5 万多名、影视行业工匠 6000 多名、"横漂"演员 7600 多名，这些"新横店人"在横店就业创业，参与横店共建，共享横店发展成果。

横店致力于民生工程建设，全面加强政府公共服务优质均等供给。补齐托幼、教育、养老、文体等方面短板，完善从幼儿园、技校、高中到大学的教育体系以及医院、机场、高铁等各类基础设施，创建浙江省内唯一以影视为特色的民办大专院校"浙江横店影视职业学院"。致力于"精神文明高地"建设，以影视文化作品为例，从

---

① 吕晶晶：《连续两年晋级升位，横店位居 2021 中国镇域高质量发展 500 强第 19 名》，《东阳日报》2021 年 9 月 9 日。

2004 年至 2021 年,横店影视文化产业集聚区入区企业的作品荣获金鸡奖、百花奖、华表奖等 273 项,拥有 30 多家影视出口企业,与法国、美国、韩国等多个国家和地区合作,多部影视剧跨出国门在 20 多个国家和地区播映,成为影视主旋律、正能量、高品质作品的创作生产热土。据 2019 年中央党校课题组调研数据,从收入状况、公共服务、人居环境等 15 个指标对横店进行幸福感调查,满意度高达 93%。

在共富理念的指引下,横店通过"政企合力共建、产城融合发展"的模式,优化了共建共享共富的路径,共同富裕建设成效突出:工业稳健发展,影视文化产业强劲领跑,旅游业火爆发展,"横店出品"享誉海内外,城镇高质量发展综合实力位居全省前列,百姓安居乐业,社会和谐稳定。如今横店已经从贫穷落后的偏僻小山区发展成为宜居宜业宜游的影视名城、休闲小镇,被誉为"世界磁都""江南药谷""东方好莱坞",成为全球最大的影视基地、国家 5A 级旅游景区、全国文明乡镇,基本实现了从农村到城镇到城市、从农业到工业到文化服务业、从农民到工人到市民的转变与融合。

二、横店共建共享共富的启示

(一)坚持"富口袋"和"富脑袋"并举

习近平总书记说过,"物质文明建设和精神文明建设是贫困地区脱贫致富过程的两个方面"[①],"脱贫致富不仅要注意富口袋,更要注意富脑袋"[②]。横店在乡村振兴中注重物质文明和精神文明共同提高,既坚实经济基础实现物质富裕,又提高文化素养实现精神富有。在发展制造业的同时大力发展文化产业,以影视文化产业为支柱建设精神文明高地;在城镇建设的同时大力抓文明创建,不断提升老百姓的文明素养和城市文明程度。"脑袋不富"眼里更多的是"柴米油盐","脑袋富了"心中就能装着"诗和远方","脑袋""口袋"都富了才能有真正的获得感、幸福感、安全感。[③] 在抓经济建设的同时,必须更加重视文化建设;在注重提高居民收入的同

---

① 习近平:《建设好贫困地区的精神文明》(一九八九年十二月),人民网—理论频道,2014年 11 月 5 日。

② 《习近平谈摆脱贫困:扶贫必扶智,治贫先治愚》,人民网—中国共产党新闻网,2018 年 10 月 9 日。

③ 沈轩:《共同富裕"是什么""不是什么"》,浙江新闻客户端,2021 年 11 月 5 日。

时，必须更加关注老百姓精神生活的满足，推动形成与共同富裕相适应的价值理念、精神面貌、社会规范、文明素养，让人们在共同富裕中实现精神富有。

（二）动员各方力量，形成人人参与的局面

横店的共富离不开新、老横店人勤奋务实和踏实进取的精神，离不开各级党委政府的正确领导和有力支持，离不开以横店集团为首的众多民营企业的积极参与和担当作为。横店依靠横店镇、横店影视文化产业集聚区和横店集团的合作互动而发展，依靠新、老横店人的携手而进步，依靠全社会共同谋划而成功。共同富裕是全体人民的共同富裕，需要全体人民的共同努力才能实现。树立"创新致富、勤劳致富、先富帮后富""政府社会企业个人共创共建""循序渐进、由低到高、由局部到整体"的理念，达成"一人富不算富，大家富才是真的富"的社会共识；营造我为人人、人人为我，助人为乐、行善积德、扶贫济困、悬壶济世，有福共享、有难同当的社会风尚；加快形成互帮互助、共创共富，富而思进、共创共享的社会氛围；在全社会倡导创富光荣，共富光荣的共同富裕社会价值取向，凝聚全社会共同奋斗、共同富裕的磅礴力量。以制度保障先富带后富，表彰和保护依靠辛勤劳动、合法经营、敢于创业的致富带头人。鼓励企业回报乡村，引导乡贤积极参与兴办公益事业，同心聚力共同建设美丽乡村。

（三）以产业兴旺带动经济发展，夯实物质基础

横店的共富起步于突破固有的传统农业，大力发展壮大第二、第三产业。制造业、影视文化产业、旅游产业的强劲发展，为横店经济社会的发展积累了财富基础，通过政企合力共建和产城融合发展破解传统"三农"困境。从横店村发展到横店镇、横店影视城、横店影视产业实验区、横店影视产业集聚区，每一步的发展都得益于产业的巨大红利，强大的产业支柱夯实了经济基础、拓宽了就业渠道、增加了农民收入、壮大了集体经济、推进了共富进程。乡村物质富裕的主要途径在于发展产业，国家提出"产业兴旺、生态宜居、乡风文明、治理有效、生活富裕"的乡村振兴战略"二十字"方针，"产业兴旺"居于第一位。乡村的共同富裕建设有共性原则和标准，比如政府的扶持政策和产业发展标准，同时也需要根据实际情况探索自己的产业发展模式和路径，依靠自己的资源禀赋打造特色产业，做大做强优势产业，为共富夯实物质基础。

(四)发挥领头雁的作用,建设强有力的领导班子

横店镇、村党政领导班子坚持共富理念、坚定共富目标,坚持以人民群众为中心,努力为人民群众谋福利,做大"蛋糕"让百姓都能够共享"蛋糕"。根据党和国家"瞄准人民群众所忧所急所盼,在更高水平上实现幼有所育、学有所教、劳有所得、病有所医、老有所养、住有所居、弱有所扶"①的要求,引领全体人民走上共创共富之路。横店的发展也离不开以横店集团创始人、著名民营企业家徐文荣为首的领头雁的作用。改革开放初期的徐文荣是横店村党支部书记,他始终坚守为横店百姓办实事、让百姓过上幸福生活的信条,凭着敢于追梦、敢于拼搏、敢为天下先的勇气,从1975年领头创办缫丝厂起步,到1996年开始建设广州街影视拍摄基地,一路披荆斩棘砥砺前行,成就横店"无中生有"的奇迹。在发展过程中也遇到过挫折、误解和困惑,徐文荣带领班子集体善于吸取教训、总结经验,在党和政府的支持下、在老百姓的拥护下,带领着横店百姓脱贫致富奔小康。

(五)以改革为牵引,以创新出成效

为了支持横店发展影视文化产业,广电总局授牌成立国内第一个影视文化产业实验区,浙江省政府成立省内第一个影视文化产业集聚区,并继续支持横店创建国家级影视产业先行示范区。横店也一直在不断探索变革,从改革开放初期创办第一个工厂,从劳动力的解放到收入分配制度的调整,通过与时俱进的改革促进乡村发展。特别是影视拍摄基地的建设和影视文化产业的发展,突破原有条条框框的制约,争取到资金、土地、人才等产业发展要素方面的政策支持,营造出良好的创业氛围。为了吸引剧组前来拍戏,横店出台了国内首个"零场租费"政策,免费提供拍摄场地,让利剧组降低成本,吸引众多的剧组蜂拥而至。创造"政企共建、产城融合"的发展模式,创新体制机制以增强发展动力。共同富裕是改革创新的过程又是改革创新的结果,乡村振兴必须跳出原来的思维定式和路径依赖,以新视角新高度谋划乡村发展,在扶贫解困、产业提升、旧村改造、环境整治、文化传承等方面且行且试,从而形成自己的特色,创出自己的新路。

---

① 《中共中央　国务院关于支持浙江高质量发展建设共同富裕示范区的意见》,新华网,2021年5月20日。

第三节　脱贫精神再发扬

金华市武义县位于浙江中部，有着"八山半水半分田"的地理格局，是一个典型的丘陵起伏、地形崎岖的山区半山区县。婺学开创者吕祖谦曾在武义明招寺设堂讲学，"明招文化"成为婺文化的重要组成部分。武义人淳朴敦厚、务本尚农、勤劳节俭、自勉好学，骨子里有着苦干实干、敢为人先的创新精神。武义县曾经是贫困县大军里的一员，是浙江省 8 个贫困县之一。如何实现贫困山区脱贫致富，武义县经过多年的实践，探索出一条引导贫困山区农民迁移下山异地脱贫之路，几年后成功摘掉了贫困县的帽子，实现了从摆脱贫困到全面小康的跨越。武义县"下山脱贫"被认为是"具有历史性意义的反贫困战""中国反贫困战略创新的最佳县域样本"

一、武义"下山脱贫"战略的实施

武义县南部地区群山连绵，据统计，海拔 700 米以上的高山有 101 座。武义人均收入最低的贫困人口大多集中在南部高山深山区，南部山区原 13 个贫困乡镇 12.4 万贫困人口中，有 8 万人居住在高山深山和石山区。居住在高山深山的群众，受恶劣的自然条件限制，存在"七大难"：出门行路难、儿童上学难、青年娶亲难、有病就医难、邮电通信难、用水用电难、发展经济难，导致生活十分贫困。1991 年 6 月，浙江省委省政府确定武义县南部山区 13 个乡镇为贫困地区，武义县由此被列为浙江省 8 个贫困县之一。

为了尽早解决山区农民脱贫问题，武义县多方积极努力，探索脱贫之道。1991 年 8 月，武义县建立县扶持贫困地区开发经济办公室（"县扶贫办"），开始布局脱贫工作，对贫困山区给钱给物、无偿捐助、挂钩扶贫、开发扶贫等，投入了大量人力、财力、物力进行开山凿路、修桥铺路、架线通电等基础设施建设。这一时期的扶贫可以分两个阶段：一是"输血"阶段，实质是救济扶贫，直接向贫困地区输送扶贫资金和物资，其结果是救得一时难却难解长远困，有的地方甚至产生了严重的"等、靠、要"思想。二是"造血"阶段，即帮助贫困地区发展新兴产业搞活经济。然而对于那些地无三尺平、打个电话都要跑几里路的自然资源非常贫乏的深山僻坳，造"血"却很艰难。基于"无工不富"的想法，政府号召山区农民发展工业，但由于山区条件的制约,只能搞一些木材加工,结果农民没有富起来反而把昔日长满树林的山坡开发成荒山秃岭,严重破坏了自然环境。①

武义县党委政府总结经验教训后进行反思,无论是"输血"还是"造血"都无法让身居贫瘠高山的农民摆脱贫困,要从根源上改变贫困村民的生产生活环境,必须"换血"。1993年,武义县委县政府在总结经验教训、深入开展调查研究的基础上,形成了扶贫工作新思路,提出了"下山脱贫"的反贫困战略,即改变农民最基础的生存环境,引导和鼓励高山农民搬迁下山,到平原安家定居,实现异地脱贫。最先在王宅镇紫溪村、西联乡金山村、杨梅岗自然村和柳城畲族镇麻济村的上天苍、下天苍自然村开展下山脱贫试点工作,这4个村的共同特点是居住地点高、生存环境差、山民生活穷。整个试点工作坚持群众自愿、自拆、自建的原则。高山自然村的农户迁移到山下中心村所在地,由该村村委会解决好建房宅基地和生产、生活用地;建制村整村迁移,在县扶贫办的主持下,由迁出地的村向接纳地支付土地补偿金额,不搞一平二调。县发改、规划、国土、财政、林业、供电、交通、民政、广播电视、建筑设计等部门给予大力支持,及时帮助解决困难。② 到年底,几个试点村基本顺利完成下山搬迁工作。1994年5月,县政府发布了《武义县高山深山农民居住迁移试行办法》,随后又陆续出台了《武义县高山、深山农民下山脱贫办法》《武义县下山脱贫若干问题处理意见》和《武义县下山脱贫有关问题补充处理意见》等政策,并从建房用地、口粮田安排、户口落实、新村"三通"等方面给予优惠和扶持,鼓励居住在高山深山的农民迁移到公路沿线、乡镇所在地和土地较多的平原村。武义县由此开始了轰轰烈烈的"下山脱贫"伟大工程,并取得了前所未有的巨大成效。

1996年1月,时任浙江省省长万学远一行到武义视察下山脱贫工作;3月,全省下山脱贫工作现场会在武义召开,向全省推广武义易地搬迁下山脱贫的成功经验;11月,武义县政府公布了《武义县高山深山农民下山脱贫办法(修正案)》,对原有的做法和经验不断完善;12月3—4日,全省扶贫工作会议在武义召开;12月20日,武义县成功摘掉了贫困县帽子,成为全省首批摘掉贫困县帽子的4个县之一。③据统计,从1993年到2007年实施下山脱贫工程十多年来,武义县一共有353个

---

① 徐杰舜等:《新乡土中国——新农村建设武义模式研究》,中国经济出版社2006年版。
② 武义县档案馆:《档案见证小康路——武义下山脱贫》,浙江在线,2020年6月9日。
③ 武义县档案馆:《档案见证小康路——武义下山脱贫》,浙江在线,2020年6月9日。

村,15355 户,46857 人搬迁下山,搬迁下山的人口占全县人口的 1/8,占贫困人口的 1/3,占山区人口的 1/2,占全县总自然村的 1/5。2005 年统计,下山脱贫农民人均纯收入 4160 元,比在山上增长 10 倍以上,比平原地区欠发达乡镇农民高 42%。从下山居住到下山就业又十多年来,武义县下山搬迁人口突破 5 万人,达到全县总人口的 1/6。"十三五"期间,当地农村居民收入增速达 54.2%,低收入农户收入实现翻番。2021 年以来,武义县腾空高山深山自然村 13 个,安置人口 1127 人,顺利帮助 500 多名劳动力在山下就业。① 武义通过"下山脱贫"战略,使全县 1/10 的贫困人口走下高山走出深山,彻底改变了世代穷困的命运,"蜗居高山五百年,不如下山三五年"成为无数下山脱贫农民的真实写照。下山后的农民充分发挥吃苦耐劳、实干苦干的"山里人"精神,抢抓就业创业机遇,短短数年改变了原来一穷二白的面貌,走上脱贫致富奔小康的大道。

　　武义"下山脱贫"战略主要围绕"三个着眼于"和"五个结合"的思路和措施开展。"三个着眼于":一是着眼于"下得来",即让高山农民能够顺利下山。为此提出了"两个优化":首先是优化政策,加大对下山脱贫群众的扶持,对下山的农民给予资金补助,保留原有的山林和土地,在迁入地享受与本地农民相同的用地权等;其次是优化服务,为下山脱贫群众提供更多方便和服务。二是着眼于"稳得住",即让下山农民能够安下心来。为此实施"三大转变":搬迁方式由整村搬迁为主向整村搬迁和零星搬迁并重转变;安置地点由分散安置向集中安置转变,引导支持下山群众向中心村、中心镇迁移,规划建设功能完善的下山脱贫小区;政府资金投向由分散扶持为主向统分结合转变。三是着眼于"富得快",即采取措施使下山农民尽快富裕起来。"五个结合":一是下山脱贫与推进工业化、城市化相结合,跳出"三农"抓"三农",通过推进工业化、城市化,来转移山民、减少山民、提高山民、富裕山民;二是下山脱贫与农村劳动力培训就业工程相结合,加强对农民的职业技能培训,不断拓宽农民的就业门路;三是下山脱贫与劳务输出相结合;四是下山脱贫与发展来料加工业相结合;五是下山脱贫与发展特色产业相结合,农民搬迁下山后,充分开发利用旧村巨大的生态资源,发展山区特色产业。

---

　　① 《奋斗百年路 启航新征程·大地的回响:武义——5 万山民变市民 下山致富路越走越宽广》,新蓝网·浙江网络广播电视台,2021 年 5 月 23 日。

二、武义"下山脱贫"战略的成效

"下山脱贫"是武义县创造的一个世界扶贫史上的奇迹,是武义千年历史中规模最大、影响最深的一次精准扶贫行动,它将世代居住在深山里的400多个自然村的5万多农民搬迁下山,从此挥手告别了贫困。武义下山脱贫的成功范例,被纳入《可持续发展之路——中国10年》画册,作为2002年在南非召开的世界可持续发展首脑会议——"地球峰会"的交流材料。武义"下山脱贫"的经验成为山区脱贫致富的学习模版,吸引了国内众多贫困地区前来学习考察,吸引了包括联合国在内的60多个全球组织、国家领导人和访问团的考察和关注。2003年4月,肯尼亚省长代表团考察了武义县的下山脱贫工作,对武义县的扶贫攻坚战略表示了极大的兴趣,中央省省长拉布鲁说:"今天我们亲眼看到了武义农民下山后所发生的翻天覆地的变化。肯尼亚与武义南部山区十分相似,武义经验值得借鉴。"2004年5月在上海召开的全球扶贫大会上,对武义下山脱贫工作作了书面介绍,将下山脱贫经验向全世界作了推广。2008年奥运会期间,武义下山脱贫经验被列入省级奥运采访线,吸引众多外国记者采访。2018年5月,时任浙江省委书记车俊在武义调研时指出:要着力做好下山脱贫的后半篇文章,对搬迁下山村庄加强规划,突出一村一特色,切实把生态资本转化为发展资本,让农民"下得来""稳得住""富得快"。①

2021年2月25日,习近平总书记在全国脱贫攻坚总结表彰大会上发表重要讲话,指出:"经过全党全国各族人民共同努力,在迎来中国共产党成立一百周年的重要时刻,我国脱贫攻坚战取得了全面胜利。现行标准下9899万农村贫困人口全部脱贫,832个贫困县全部摘帽,12.8万个贫困村全部出列,区域性整体贫困得到解决,完成了消除绝对贫困的艰巨任务,创造了又一个彪炳史册的人间奇迹!"②7月1日在庆祝中国共产党成立100周年大会上,习近平总书记庄严宣告:"经过全党全国各族人民持续奋斗,我们实现了第一个百年奋斗目标,在中华大地上全面建成了小康社会,历史性地解决了绝对贫困问题,正在意气风发向着全面建成社会主义现代化强国的第二个百年奋斗目标迈进。"③"下山脱贫"为全国脱贫攻坚战贡献了武

---

① 王国锋:《以大抓落实推动高质量发展》,《浙江日报》2018年5月31日。
② 习近平:《在全国脱贫攻坚总结表彰大会上的讲话》,新华网,2021年3月3日。
③ 习近平:《在庆祝中国共产党成立100周年大会上的讲话》,中华人民共和国中央人民政府网站,2021年7月1日。

义模式和武义经验,成为中国反贫困战略创新的最佳县域样本,"下山脱贫"精神成为武义以及金华全市党委政府部门为民服务、担当尽职的价值追求。

武义"下山脱贫"战略经历了搬迁下山、解决温饱的1.0版,进城务工、创业致富的2.0版,累计帮助5万多农民下山致富。针对仍有部分农民生活在高山深山等偏远山区的现状,2020年武义开始启动3.0版行动。下山脱贫3.0行动计划用5年时间陆续推进仍居住在高山深山自然村群众向县城和中心镇集聚搬迁,引导下山群众人、房、地一起搬迁进城,山区农户从农民直接转化为市民,从务农直接转化为务工,直接融入城市生活方式。① "下山脱贫"新战略突破了长期以来制约农民的区域、户籍、就业等各种因素,让农民拥有与市民同样的就业机会,享受城市高品质的生活。

实施"下山脱贫"战略以来,武义彻底改变了山区农民的生存环境,有效地保护了山区的生态环境,县域经济社会发展出现了多方面的综合效应,推进了城乡融合,促进了乡村振兴,提高了物质文明和精神文明,缩小了城乡区域发展和收入分配的差距,夯实了共同富裕的基础。

一是从根本上改变了山区农民的生存环境。与下山前生产生活的"七大难"相比,下山后出现了"十大变化":生存环境大变化,思想观念大变化,发展条件大变化,精神面貌大变化,交通设施大变化,儿童上学大变化,医疗条件大变化,村容村貌大变化,青年婚姻大变化,生活质量大变化。

二是找到了新的致富之路。搬迁下山后,经济发展环境得到优化,离集镇近了信息灵了,离工厂近了就业机会多了,致富门路也变宽了。下山后的农民脱贫致富途径主要有:外出打工,全县下山脱贫的农民中有60%就近务工或外出打工,搬迁下山的金阳村有90%以上的劳动力进厂打工,年人均工资达8000多元。发展第三产业,不少下山农民通过开饭店、跑运输、办超市,很快走上了致富路,如三港、西联、坦洪等偏远山区的下山农民在长三角地区闯市场,开出了2000余家"武义超市",吸纳了7000多武义下山农民。承接来料加工,不少年纪较大没有一技之长的下山农民通过承接来料加工,发展来料加工业而增收。承包田地集中经营,一些年纪稍大但有种植经验的农民,承包本村甚至外村荒芜闲置的土地进行集中经营,种植经济作物,取得较好收益。发展电子商务,有的直接从事电商进行网上贸易,有

---

① 陶莎莎、林凯:《武义:下山脱贫3.0版进行时》,浙江在线—武义新闻网,2020年12月16日。

的将房屋出租给电商办公或仓储,增加了村集体和村民收入。

三是思想观念发生了根本转变。对于山区农民来说,下山搬迁既是地理环境的改变,更是接受和融入现代文明、现代社会的一次洗礼和嬗变。在新建家园的压力下,在与外界的交流、融合中,他们激发出了极大的拼搏精神和创业斗志,传统的小农思想发生了质的变化,"山里人"传统生活方式的束缚被逐步突破。以往,锄头、扁担是高山深山群众最主要的生产工具,"砍砍柴火烧烧饭,砍砍木头烧烧炭"是最主要的生产方式,"日出而作、日落而息"是最基本的生活方式,自给自足、量入为出、听天由命是典型的思想观念。下山后,由于外界环境的刺激、周围村庄经济发展以及生活状况的落差,迫使他们改变了"量入为出""无债一身轻"的传统观念,想方设法参与市场,从山头、田头、栏头转向码头、街头,依靠经商、办厂、打工等发展经济,改善生活,实现致富奔小康。

四是保护了山区生态环境。由于自然环境的制约,贫困山区农民往往把砍伐林木作为筹资搞建设的主要途径,结果是"修了一条路,毁了一片山,穷了一个村"。搬迁下山后,高山深山人口大幅度减少,有效缓解了山区贫困人口对资源环境造成的巨大压力,从源头杜绝了乱砍滥伐等破坏生态环境行为的发生。同时,下山群众通过退耕还林、退宅还林,回到老村发展经济林,反过来又促进了生态建设,优化了生态环境。据统计,武义县的森林覆盖率 2004 年就已达到 72%,空气质量优良率达到 100%,75%的地面水达到Ⅱ类水质标准,主要库区达到Ⅰ类水质标准。

三、武义下山脱贫的经验启示

(一)反贫困需要各方合力共建

武义原先是一个贫困县,在金华地区所有县市排名中居后,原因之一是山区面积大,山民人口多,经济落后,收入低,制约了全局发展。贫困山区的脱贫致富成为新农村建设的瓶颈。武义抓住了问题的关键,把贫困山区农民下山脱贫作为全县首要战略目标,打响了反贫困攻坚战,不断争取上级党委和政府的领导和支持,从政策与资金等多方面扶助,从 1996 年起,省财政每年安排下山脱贫专项扶持资金,使武义县下山脱贫进程有了大踏步的迈进。在政策资金扶持的同时,各挂钩扶贫单位给予了许多帮助,自 1993 年以来,省、市每年确定有关单位联系挂钩扶持贫困乡镇、贫困村,10 多年来共有 30 多个省级单位挂钩帮扶 13 个贫困乡镇,40 个市级单位挂钩帮扶 38 个贫困村。武义大力推进工业化、城市化,创造大量就业岗位,使得下山后的农民有机会进入现代工商业,让他们在市场里找到了生存和发展的机会。紧紧依靠人民群众,发挥社会各界积极性,各部门协同作战通力合作,经过几届党委和政府不懈的探索,走了弯路也交了学费,终于寻找到一条适合本地实情、有效解决贫困山区农民脱贫致富之路。"下山脱贫"开启了武义县创新创业之路,是当地政府发展为了人民、发展依靠人民、改革成果与人民共享的真实写照。

(二)反贫困是一个复杂曲折的过程

反贫困是一个系统工程,需要解决一揽子问题,需要一系列配套措施。武义的下山脱贫前途光明但道路曲折。一是资源制约问题,主要是土地和资金。随着国家实行严格的土地调控政策,下山脱贫农户建房用地指标显得更为紧张,用地难度不断增加,下山脱贫小区(点)的建设规模受到极大影响。要求下山的村落增多,用地规模增加,而平原地区经济快速发展,土地不断增值。武义县前期下山的农户,每户都能分到宅基地、农田、菜地、墓用地等,与其他平原村用地情况无异,而后期下山的农户已经不可能分到农田、菜地、墓用地了。并且下山群众的要求不断提高,都希望安置到比如省道、县道沿线及经济较发达的区域,而这些地方的土地资源相对紧缺。另外,由于搬迁成本逐年攀升,下山搬迁的资金要求增加,地方政府压力加大。二是政府政策的多样化,可供农民选择的扶贫途径增多,抵消了部分高山深山农民的下山搬迁意愿。比如康庄工程的实施,由于其优惠的扶持政策,一些原打算下山搬迁的村为享受到康庄工程扶持政策的眼前实惠,纷纷动工修建通村机耕路,有的已完成了康庄工程建设。这使得原本可以整体搬迁下山的村留在了高山深山中,这些村的有些农户虽然还是要求下山搬迁,但是由于康庄工程的建设,已经投入了大量的财政扶持资金,若再实施下山搬迁,就会造成资金浪费。三是已基本下山迁移的村还存在一些遗留问题。比如有些老人及少数生存能力差的群众不敢下山、不愿下山,部分已经整体搬迁的村,对山上原有的山林、耕地资源的管理、保护和利用难度增大,部分下山群众缺少一技之长,难以马上找到适宜的致富之路。四是移民新村集体经济薄弱问题。大多数移民新村的农户个体已基本脱贫致富,生活条件不断提升,但村集体经济没有或很少收入,村里无力于公益事业。"下山脱贫",下山是手段,脱贫才是目标,下山只是脱贫致富的起点而非终点。对于"下山脱贫"而言,下得山来是第一步,是脱贫的开始,更重要的还在后面,在于如何帮助他们发家致富,让群众真正"下得来""稳得住""富得起"。

(三)下山脱贫必须坚持可持续发展之路

下山脱贫不是面子工程,也不是政绩工程,而是实实在在的民生工程。对于下山脱贫工作,前期关注点往往在农民下山安置,政府给予较多的政策优惠,社会也给予较多的关注和支持。而搬迁下山后,有些工作就告一段落,往往就偃旗息鼓了。下山后的环境确实改变了,比原先的条件好了,但并不意味着自然而然地就都实现了脱贫并致富,下山农民要真正实现脱贫致富还受许多因素的制约,政府还有许多工作要做,完善政府在下山脱贫中的运作机制是下山脱贫工作可持续发展的保证。一要整合扶贫资源。政府要整合部门力量,强化帮扶机制形成工作合力,以求发挥扶贫的最大效能;加大财政转移支付的力度,通过生态保护与建设、就业培训、就业安排、减轻农民负担等进行转移支付,加大财政资金投入,落实必要的专项补助资金。二要将扶贫工作制度化、法律化。政府要规范扶贫行为,明确扶贫思路,制定长期的扶贫规划,以形成扶贫的统一行动;在具体的操作方式上不断进行改革与创新,尽可能消除一些政策上与体制上的障碍。三要探索下山脱贫的有效运行机制。下山脱贫工程是一项系统工程,涉及资金筹措、政策扶持、素质培养、生产条件改善及就业安排等多个方面,需要建立一套切实可行的运行机制和目标激励考核机制,真正让政府在下山脱贫中起主导作用。四要设法帮助壮大村集体经济。个体的脱贫致富是第一阶段,壮大集体经济是第二阶段,村民个体致富路已通,接下来是开拓集体的致富路,村民个体和村集体经济都壮大了,就能真正实现共同富裕。

第七章　婺文化资源的整合利用：
公共文化服务体系建设

文化资源是一个区域长期累积的物质和精神成果,是推进区域经济社会发展的重要基础性力量。公共文化服务资源是公共文化服务体系的重要组成部分,整合公共文化服务资源,优化城乡文化资源配置,已经成为建设公共文化服务体系的重要内容。实施公共文化服务的过程就是整合社会资源、打造相关资源整合平台的过程。金华有着丰富的历史文化资源和社会资源,在建设公共文化服务体系过程中,着力于整合文化服务资源,优化城乡文化资源配置,打造公共文化服务平台,提高公共文化服务供给效能,努力实现公共文化服务标准化、均等化、社会化发展。

第一节　公共文化服务资源的整合利用

2013 年,党的十八届三中全会对构建现代公共文化服务体系提出了明确的改革方向和目标:整合基层宣传文化、党员教育、科学普及、体育健身等设施,建设综合性文化服务中心,构建覆盖城乡、实用高效、保基本、促公平的现代公共文化服务体系。2020 年制定的《中华人民共和国国民经济和社会发展第十四个五年规划和2035 年远景目标纲要》提出:优化城乡文化资源配置,推进城乡公共文化服务体系一体建设。2021 年文化和旅游部制定的《"十四五"文化和旅游发展规划》提出:整合社会资源,提高配置效率,形成开放多元的公共文化服务供给体系。整合公共文化服务资源已经成为建设公共文化服务体系的重要内容。相对于城市而言,农村公共文化服务资源的利用效率问题比较突出,严重影响公共文化服务的提供质量,需要加强对农村公共文化资源的整合利用。

一、农村公共文化建设中存在的主要问题

随着国家对农村文化建设的重视和加强,农村公共文化服务建设得到长足发展,但对照现代公共文化服务体系的标准和要求,当前农村还存在很多问题,特别是公共文化服务资源既不足又浪费、服务效能低下等问题比较突出。一方面,公共文化服务体系中多头管理、业务重叠、重复建设、孤岛运行、资源分散等问题已得到一定重视,但受传统行政体制机制制约,资源未能有效整合,处于以个案实践寻求解决之道的探索阶段,未能得到整体性解决。另一方面,对体制内维护上述资源建设所投入的行政资源、人力资源、组织资源、资金资源如何整合,以及如何盘纳体制外相关资源缺乏研究,高投入低产出、社会效益低、效率效能低下等问题亟待扭转。①

(一)文化资源没有得到充分发掘和有效整理,导致历史文化的缺失

农村是中国文化的发祥地,很多村庄或多或少都拥有一些自己的特有文化,自然物质文化遗产特色鲜明,非物质文化遗产内涵丰富。可能一座不起眼的小屋就是一位名人的故居,一栋破旧的房子就是明清建筑,一件破旧的物品就是价值连城的文物,一段断桥就是一个美丽的传说,一项绝活就是一个吉尼斯纪录。但在很多农村,这些文化资源并没有得到很好的挖掘整理和保护,一些古老的建筑物因为缺少资金维护而残垣断壁,面临坍塌;很多非物质文化遗产散落在民间,很多只是口口相传,没有形成文字材料或影像材料保存起来,最后不知所终。文物资料的遗失轻则是一个村文化的缺失,重则将导致一个地方历史的断层。

(二)文化设施和场所缺乏有效管理,导致资源浪费严重

大多数村庄都建有一些基本的文化娱乐设施和场所,比如健身广场、农家书屋、公共电子阅览室等,有些村庄还修有篮球场、乒乓球室、卡拉OK厅、多媒体中心等。由于大部分青壮年常年在外打工,只有少数妇女儿童和老人留守村庄,造成许多公共设施利用率低,党员教育、科学普及等活动也非正常化。设施和场所大多管理比较混乱,有些是集体所有的,有些是私人出资的;有些有人管,有些无人

① 左艳荣:《资源整合:推动公共文化建设的当务之急》,《中国文化报》2015年4月18日。

管；有些健身器材日晒雨淋，锈迹斑驳；有些农家书屋"铁将军"把门，灰尘满地；有些公共电子阅览室里游戏声响成一片；有些篮球场成了晒谷场；有些村拥有自己的演艺团队，却没有活动场所；有些村有文化广场，却没有文化活动。文化设施和场地没有进行统一有效的管理，却又必须耗费人力物力维持正常运转，资源浪费严重。

(三)文化服务项目没有进行有效整治，效率低下

"上面千条线，下面一根针"，农村作为政府提供公共文化服务的"最后一公里"，一些部门的惠农举措都落实在这里。农村的公共服务项目比较多，有文化系统的，有其他行政系统的，还有一些社会服务项目。由于体制的原因，政府各部门相对独立，条条分割，块块独立，各有各的经费，各有各的管理和要求，所提供的公共产品也各不相干，这些服务部门却都要求配备相应的场所和管理人员。而实际上一个村庄的服务需求是有限的，这些设施场地的使用率都比较低，经费跟不上，导致服务质量下降，农民群众心生怨言。

(四)文化资源没有进行有效整合利用，经济效益较差

农家乐、乡村旅游富了不少村庄和村民，但也有许多村庄的文化资源没有得到很好开发。很多古建筑、人文古迹无人问津，没有发挥应有的作用，没有产生该有的效益；缺少对乡村独特文化资源的宣传和推广，养在乡里无人知；没有进行旅游开发，抱着金饭碗饿肚子；没有形成特色品牌，一阵风过后烟消云散。文化资源如自然资源一般也可以产生经济效益，而且更绿色、环保、可持续，可是在许多村庄还没有被充分利用起来。

(五)农民公共服务需求日益增大，投入不足

公共文化服务是政府主导提供的公益性产品，需要公共财政的支撑。而从当前情况看，公共服务的支出占 GDP 比例很低，在农村的比例更低。农村所需的公共文化服务不少，但政府财政能给予的扶持却不多，经费严重不足，需要村集体自筹资金。农村为公共文化服务买单的资金比例不高，大多数村真正能用于办事的钱和人也不多，导致一方面农民对公共文化服务的需求不断增加，另一方面村集体因为经费和人员短缺而无力提供更多更好的服务。

(六)农村公共文化服务供给方式单一,项目持续开展困难

政府各部门是公共文化服务的主要供给者。我国农村公共产品供给主要存在两个方面的问题,一是总量供给不足;二是供给绩效低下。当政府提供这些公共产品和服务给农村时,往往采用的是分散供给的方式,当行政村提供给农民时,采用的也是分散供给的方式。这种分散供给的方式,产生了明显的弊端,浪费严重效率低下、管理分散成本高、村级人力财力不足后续乏力等,影响了公共产品效用的正常发挥,制约了农村社会文化的健康发展。

二、农村公共文化服务资源整合的实践探索

资源不足与资源浪费并存的现状,其根本症结不在于资源匮乏,而在于解决文化系统及全社会资源如何有效整合的问题。实施公共服务的过程,也是整合社会资源、打造相关资源整合平台的过程。金华在破解农村公共文化资源的整合问题上不断探索,从建设农村综合性文化服务中心,到建设农村文化礼堂,再到建设新时代文明实践中心,随着公共文化服务资源的不断整合,农村公共文化服务效率越来越高,公共文化服务能力也越来越强。

(一)建立综合性文化服务中心

农村"综合性文化服务中心"是金华市开展农村公共文化资源整合的原创性试点,从 2013 年开始谋划,以文化底蕴比较深厚、经济条件比较好、公共文化资源比较齐全的古村落琐园村为试点。

金华市金东区澧浦镇琐园村有住户 482 户,人口 1224 人,耕地面积 995 亩,山林 339 亩,地处澧浦镇东 1 公里,背靠义乌江,离金华城区 10 公里,金义东快速通道临村而过交通便捷,村景典雅、民风淳朴,是个文化底蕴深厚、文化氛围浓郁、文化生态延续的村庄,大部分村民过着白天或闲时外出打工、晚上或农忙回家的生活。

琐园村的村民大都姓严。汉代名士严子陵六十一世孙严守仁于明朝万历年间从孝顺严店村迁居于此,至今已有 430 多年的历史。琐园村因古时村落特像古代的一把锁,而村中又有很多菜园,由此得名"锁园"(后改今名,取吉利之意)。琐园村地理结构布局很奇特,在村子的外围四周分布着 7 座山包,靠北有一湖,完全是天然的"七星拱月"星象地理,村外周边的环村水系,造就了琐园村独特的形象村貌

文化。琐园村严氏先祖从明末清初开始，经过漫长岁月的艰苦创业，盖起了 18 座雕梁画栋的大明厅，称为"十八厅堂"，18 座雕梁画栋的古建筑构成了琐园古村落，虽有部分已毁，但现在保存下来的仍是一处难得的当地最大的古建筑群，其中尤以严氏宗祠最为完整，造就了琐园村的古建筑群文化。

琐园村在公共文化服务建设过程中面临着和其他村庄同样的问题。如何整合利用现有资源，减少浪费提高效率，保障村民享有基本的公共文化权益，满足村民更多更高的文化需求，成为当地政府急需解决的难题。2013 年琐园村两委在金华市文化部门的帮助和支持下，建立了"综合性文化服务中心"，统筹整合现有的各种资源，采取统一平台，统一管理。

综合性文化服务中心以"文化搭台、服务唱戏、整合资源、统一平台"为指导思想，把村里的文化、公共服务项目等设施、场所、人员进行整合，把文化娱乐、党员教育、科学普及、体育健身、公共服务、行政管理、居家养老等功能融入其中，形成一个统一场地、统一人员、统一管理的文化和服务综合体。具体布局为一"主"多"辅"。一"主"：内容上突出以文化为主旨，其他服务以文化为中心展开。多"辅"：形式上突出以严氏宗祠为主阵地，其他场地围绕其四周散开。整个文化综合体以文化为主线，以严氏宗祠为主场，借助村中心广场、古建筑群、行政大楼等场地设施，把文化娱乐、公共服务、行政管理、居家养老等融入其中，构建村综合性文化服务中心。

1. 建设室内文化、娱乐、服务中心，育人乐人助人

严氏宗祠是"十八厅堂"中面积最大、结构最完整、最具代表性的建筑，是浙江省第二大宗祠，属于省级乡土建筑保护单位。宗祠坐北朝南，占地 1335.6 平方米，祠堂共四进，两层高，每进均有天井，两侧厢房相连，有主大厅，能容百人站立，还搭建有小舞台。祠堂高大宽敞，干燥通风，夏天凉爽宜人，虽几经修缮，却维护得很好。琐园村以这座建筑为主阵地，集文化中心、宣传中心、娱乐中心、服务中心于一体，开展系列室内文化服务活动。

进行农耕文化宣传。琐园村世代务农，农耕是村里的核心活动。在宗祠大门两侧院墙墙面上绘有农耕的壁画和插图，在一进天井的两侧摆着古老的石头农具，诉说着村落的悠久历史，让子孙后代了解先辈的生产和生活状况。

建立老年活动中心。宗祠的一进厢房为老年活动中心，设有棋牌活动室、聊天茶室，设有 8 张棋牌桌，可同时供 30 多人玩扑克、麻将，聊天茶室里装有电视、提供茶水。老年人三三两两在此闲聊、打扑克、玩麻将，冬暖季节坐在门口晒太阳。

建立青少年活动中心。宗祠的二进厢房专为青少年布置,设有康乐桌球区、农具展示区。摆有2个台球桌,节假日期间村里的孩子可以在这里活动玩耍。农具展示区摆放着农耕常用的犁、耙、耕、秒、水车等工具,让孩子们玩耍之余了解传统农业的生产,时刻不忘父辈勤耕劳作的艰辛。

设立公共文化服务中心。宗祠的正厅、三进厢房设为公共文化服务中心,面积最大,内容最多。设有农家书屋、电子阅览室,村民平时在此借阅图书,上网了解国内外新闻,查找有关资料。设有爱国主义教育基地馆,展示本村爱国主义教育的历史渊源、活动道具、活动剪影。设有地方名人馆,展示本村名人——中国儿童文学家鲁兵(原名严光化)等人的生平事迹。设有"少儿同乐堂"陈列室,介绍本村非遗项目"少儿龙灯"——沿袭祖先世代传承的项目,舞龙的全是清一色的青少年。设有"道情书场",每周一、周日晚特邀国家级非物质文化遗产项目金华道情的传承人坐镇,边敲道情边演唱,演绎普通百姓的悲欢离合、喜怒哀乐。设有"积道讲堂",宣传党的新农村政策,宣扬农村新风尚。设有"欢乐舞台",以村民自娱自乐为主,节目、才艺、时间和形式不限,逢年过节或上级领导来访,村里的"老奶奶合唱团"、女子腰鼓队在此表演节目。

设立严子陵展示区。严子陵出生于汉元帝永光五年(前39年),年轻时勤奋好学,知识渊博。王莽皇帝为笼络人才,曾几次聘他入朝为官,严子陵不屑与阴谋篡位得来的皇帝同朝为官而拒绝。后偶遇刘秀,成为"忘年之交",助其打败王莽。严子陵却改名换姓,隐居桐庐富春江畔,每日垂钓,拒绝为官。北宋范仲淹作诗:"云山苍苍,江水泱泱,先生之风,山高水长。"后人在此瞻仰学习其高风亮节。

另外,祠堂里还设有其他服务点,如设有村邮站,方便农户的邮件、包裹快递、书信报纸等的送往迎来;设有新华书店琐园直购分店,是金华书店首家试点书店;设有琐园文物保护所和村志编委会办公室、同乐园服务基地等公共服务网点;如此等等,大大方便了村民的生活和学习。

2.建设村中心文化广场,集聚人心人气

宗祠门口有口水塘,水塘与祠堂之间有块空地,寓意着一个"富"字——祠堂即为宝盖头,空地如口,塘为田。空地就是村里的"村中心文化广场",面积达2500平方米,为平整的水泥地面,是村民室外活动和集聚的主要场所。村里的重大集会、文娱体育活动都在这里举行。每天晚上音乐阵阵,劳作了一天的大妈大嫂们三五成群集聚这里跳排舞,也吸引了周边六七个村的妇女聚集于此,多时人数达到百余人,成为琐园村一道亮丽的风景线。村里组织了妇女舞蹈队,多次参加区、市文艺表演并获奖。每年的农历正月十二是村里的舞龙节,"少年龙灯"是锁园村的一大特色,闻名远近四乡,清一色的青少年舞者在广场上游龙走凤,广场成为真正的"少儿同乐堂"。

3.搭建文化宣传长廊,引领文明新风尚

广场周边建成了4组宣传长廊,宣传党和国家的政策,展示文化特色。一是宣传当前国家的方针政策以及惠农新措施,宣传村里的新风尚新气象;二是介绍村里的文化队伍情况,展示参加镇、区、市文艺演出成果和风采,宣扬村里的特色文化。另建有2组"琐园孝德文化长廊",设有"长寿老人寿星榜",将村里四代、五代同堂的老人照片和事件张贴其上,弘扬宣传"孝德文化",宣扬养老惠老政策,教育村民孝敬老人、赡养父母。

4.举办老年人居家养老中心,解除村民后顾之忧

2013年,村里投入25万元建立了老年人居家养老中心,为村里70岁以上的老年人提供免费或低费服务。中心内设食堂、休息室,白天老人们安静祥和地在此就餐、休息、看电视,或者到隔壁的宗祠里看书、听戏、聊天。居家养老中心既让村里老年人老有所养,又解除了外出打工子女的后顾之忧。

5.举办琐园"草根春晚",展示乡土文化

从2012年开始,村里在每年正月初一下午,在村中心文化广场举办"草根春晚"。节目由村民自编自演,内容取材于日常生活,健美操、扇子舞、独唱、男女对唱、花式篮球表演、杂耍、吉他表演等节目轮番上演,高潮迭起,引得掌声雷动。不少观众常常即兴发挥、上台表演。"草根春晚"为村民搭建了一个才艺展示、休闲娱乐、集聚人气的舞台,体现了农村"物质富裕、精神富有"的新风貌。

6.打造爱国主义教育基地,宣扬乡土文化

村外有建于1942年的王姆山日军炮台,诉说着当年英勇抗战的岁月,被列入重点文物保护单位。1985年,琐园村被授予"革命老区"荣誉称号,1996年被批准为爱国主义教育基地。围绕着古村落文化、爱国主义教育基地、公共文化服务中心,琐园村着手包装打造"美丽乡村",开发古村落,兴办农家乐,吸引更多的人前来观光旅游,宣扬乡村文化。

琐园村综合性文化服务中心的成立,为农民群众提供了文化娱乐、党员教育、科学普及、体育健身、公共服务、行政管理、居家养老的综合场所,不仅保障农民群众看电视、听广播、读书看报、进行公共文化鉴赏、参与公共文化活动等基本文化权

益,也解决了农民群众日常生活所需;不仅吸引了本村村民的积极参与,也辐射到周边六七个村庄;为建设"美丽乡村"、创造美好生活进行了有益的实践探索,取得了较好的成效。

整合资源后,减少了重复建设,节省了开支。原来村里的农家书屋、电子阅览室、文化活动舞台、爱国主义教育基地、邮站、新华书店、讲堂书场等都需要专门的场地和专人管理,古建筑群也需要专人维护和维修,人力、物力、财力投入不少,造成重复建设和管理人员闲散。整合资源后,节约了场地,精简了人员,空出来的场地和人员又可以投入到村里的其他项目建设,更有利于村集体集中资源办大事。

整合资源后,提高了设施和场地的利用率,便于统一管理。以往的文化和公共服务,项目多,场地多,管理人员多,管理混乱。现在资源整合后,主要的文化和服务项目都集中在一个场所,人员集中,由村集体统一管理,统一的平台更有利于提高效率。

整合资源后,凝聚了人气和人心,提高了村民的幸福指数。有了集中的场地和平台,有了统一的管理,有利于村集体办大事和聚人气。逢年过节以及村里有重要活动,村民们都自发到中心集中,了解信息,参加活动,一些鸡毛蒜皮的邻里纠纷和婆媳口角,在中心得到化解。村两委的凝聚力增强,村里办事效率大大提高。2015年,来自14个国家的数十名海外学子来到琐园学习当地文化、体验乡风民俗,琐园成为远近闻名的"国际研学村",向国内外游客展现它的独特魅力。

(二)建设农村文化礼堂

2003年开始,浙江省在农村实施"千村示范万村整治"的重大战略。2005年10月,中共十六届五中全会提出要按照生产发展、生活宽裕、乡风文明、村容整治、管理民主的要求,扎实稳步地推进社会主义新农村建设。2010年,浙江省谋划实施"美丽乡村"建设。2012年6月,浙江省第十三次党代会确立了"建设物质富裕、精神富有的社会主义现代化浙江"的奋斗目标。2013年,浙江省政府工作报告中把建设农村文化礼堂列为当年要办的十件实事之一,从此在全省农村开展轰轰烈烈的文化礼堂建设。

建设农村文化礼堂是实现"物质富裕、精神富有"现代化农村的需要,是丰富农民群众精神世界的需要,是农村传播先进文化、娱乐活动、教育培训的需要,也是有效整合利用农村公共文化资源的需要。农村文化礼堂以"文化礼堂、精神家园"为主题,集学教、礼仪、娱乐于一体,是农民群众开展文化活动、丰富精神生活的家园。

农村文化礼堂最初选择在文化特色鲜明、经济社会发展较好的历史文化村、美丽乡村精品村或特色村进行建设,后来逐步推广开来,2018 年《浙江省农村文化礼堂建设实施纲要(2018—2022 年)》提出,从 2018 年起浙江每年将建设 3000 座农村文化礼堂,到 2022 年实现 500 人以上规模村文化礼堂全覆盖。

金华市按照省里的统一部署于 2013 年开始实施农村文化礼堂建设。原市文化部门试点建设的"综合性文化服务中心"(与文化礼堂异曲同工)统一纳入文化礼堂建设之中。农村文化礼堂围绕"文化礼堂、精神家园"的目标定位,发挥优势突出特色,因地制宜推进实施。经过几年的探索实践,金华农村文化礼堂建设模式基本定型,明确了建设的任务书、时间表和路线图,以实现更高水平的文化小康、建好高水平有质量的文化综合体为目标,推动"建、管、用、育"一体化,实现农村文化礼堂建设可持续发展、常态化发展。截至 2020 年,金华全市已经建成农村文化礼堂 1906 座,其中五星级 102 座、四星级 340 座、三星级 555 座。[①]

农村文化礼堂是集思想道德建设、文体娱乐活动、知识技能普及于一体的农村文化综合体。农村文化礼堂建设中围绕"文化地标、精神家园"的定位,按照有场所、有展示、有活动、有队伍、有机制和学教型、礼仪型、娱乐型的"五有三型"以及礼堂、学堂、村史廊、民风廊、励志廊、成就廊、艺术廊的"两堂五廊"标准,把礼堂打造成为承载乡愁、展现乡风的"村庄客厅"。场地既有新建的,也有依托已有的大会堂、文化活动中心、祠堂、书院和闲置校舍等改建的,不贪大求洋,不大兴土木。农村文化礼堂结合中华民族传统节日和重要节庆假日,定期组织开展节庆礼仪、乡风文明、教育培训、文体娱乐等各项活动,重点开展春节祈福迎新、国庆、重阳敬老、儿童开蒙、成人仪式等文化礼仪活动,结合文明村、文明家庭创建,加强家规家训整理宣传,助推乡风文明建设。

农村文化礼堂最大的特点和优势在于对农村公共服务资源的整合,不仅是设施的整合更是教化功能的整合,依托农村文化俱乐部等现有设施把礼堂打造成为一个集礼堂、讲堂、文体活动场所等为一体的村级文化阵地综合体。礼堂建成后,农村群众读书、练字、作画的多了,赌博、迷信的少了;遵守家规家训的多了,矛盾纠纷少了;传承民俗礼仪的多了,信访上访的少了,和谐向善之风逐渐形成。农村文化礼堂作为传承乡村文化的载体,成为最醒目、最具人气的农村文化新地标。

---

① 王龙玉、朱翔、汪蕾:《给美丽乡村加点幸福味道! 金华这些农村文化礼堂建设喜获省级荣誉!》,金华文明网,2020 年 10 月 28 日。

为推进农村文化礼堂高质量发展,2020 年浙江省开展"书香文化礼堂"试点建设,打造了一批主题鲜明、实用性强、备受欢迎的特色文化礼堂。2021 年,从深化内涵、拓展路径、丰富形式等方面进行探索,推进特色文化礼堂建设。按照"显特色、拓需求、建标杆"的要求,围绕"书香""红色""墨香""活力""古韵""律动"六大主题,致力于为群众提供特色化、品牌化、精准化的文化服务,文化礼堂建设上了一个新台阶。金华在"书香文化礼堂"建设中取得不俗成绩,有 10 个村名列 2020 年"书香文化礼堂"名单中,5 个村被列为 2021 年特色文化礼堂建设试点村:义乌市城西街道分水塘村入选"红色"主题文化礼堂、婺城区安地镇岩头村入选"墨香"主题文化礼堂、义乌市上溪镇溪华村入选"活力"主题文化礼堂、兰溪市诸葛镇诸葛村入选"古韵"主题文化礼堂、磐安县方前镇方前村入选"律动"主题文化礼堂。①

(三)建设新时代文明实践中心

2018 年 8 月,中共中央办公厅出台《关于建设新时代文明实践中心试点工作的指导意见》,提出在全国县一级建设"新时代文明实践中心"[在乡镇(街道)一级建设"新时代文明实践所",在行政村(社区)一级建设"新时代文明实践站"],"以志愿服务为基本形式,打通城乡公共文化服务体系的运行机制、文化科技卫生'三下乡'的工作机制、群众性精神文明创建活动的引导机制,整合人员队伍、资金资源、平台载体、项目活动,推动基层宣传思想文化工作和精神文明建设改革创新,实现更富活力、更有成效、更可持续的发展"②。

建设新时代文明实践中心的初衷,一是打通宣传群众、教育群众、关心群众、服务群众的"最后一公里",为乡村提供更多更好的公共文化服务;二是对公共文化服务工作机制的整合,对城乡公共文化服务体系、文化科技卫生"三下乡"、群众性精神文明创建等条线方面的工作和活动机制进行有效整合;三是对乡村公共文化服务资源的整合,整合现有基层公共服务阵地资源,打造理论宣讲平台、教育服务平台、文化服务平台、科技与科普服务平台、健身体育服务平台,统筹使用,协同运行。其目的在于整合基层公共文化服务资源,为老百姓提供更优质更高效的公共文化

---

① 中共浙江省委宣传部:《关于公布 2020 年书香文化礼堂名单和开展 2021 年特色文化礼堂建设试点工作的通知》,浙江农村文化礼堂资讯服务共享平台,2021 年 4 月 27 日。

② 中共中央办公厅:《关于建设新时代文明实践中心试点工作的指导意见》(厅字〔2018〕78 号)。

服务。

相较于文化礼堂对公共文化服务资源的整合,新时代文明实践中心对公共文化服务资源的整合更加具有系统性、全面性、灵活性。新时代文明实践中心整合了党校(行政学院)、党员电教中心、党员活动室、道德大讲堂、村级组织活动场所和综合服务中心等宣传单位,建立理论宣讲平台;整合了普通中学、职业学校、小学、青少年宫、青少年校外活动场所、儿童活动中心、乡村学校等教育机构,建立教育服务平台;整合了基层文联组织、乡镇文化站、文化馆、群艺馆、图书馆、博物馆、影剧院以及歌舞团、戏剧团等文化机构,建立文化服务平台;整合了科技示范基地、农村科技创新室、科技信息站、益农信息社、科普中国乡村e站、科普大篷车、科普活动室、农家书屋等科技与科普机构,建立科技与科普服务平台;整合了县级体育场馆、农村健身广场、农村文化活动广场等体育场所,建立健身体育服务平台;而对于涉及各平台的机构、人员、资源设施等权属则不变,由文明实践中心(所、站)根据工作需要进行统一调配使用。新时代文明实践中心的建设,全面整合了基层公共文化服务资源,进一步提高了公共文化服务资源的利用效率,增加了公共文化服务供给,增强了基层公共文化服务的能力。

随着新时代文明实践中心在基层的全面铺开,金华市各地的文化礼堂成为推进新时代文明实践的主阵地。金华的新时代文明实践中心建设取得很好的效果,2019年义乌、永康两地被中宣部、中央文明办确定为新时代文明实践中心建设全国试点,带动金华新时代文明实践中心建设进入大范围推开、高质量发展的新阶段。2020年金华市域已经实现县级新时代文明实践中心全覆盖,部分县市已经实现文明实践所(站)全覆盖。新时代文明实践中心顺应新时代精神文明建设需要,适应农村基层文化建设现状,在价值引领、文化传承、知识传播、文明养成、移风易俗等方面发挥着越来越重要的作用。

三、推进农村公共文化资源整合利用

从综合性文化服务中心到农村文化礼堂再到新时代文明实践中心,农村公共文化资源的整合利用不断得到重视和加强。总结多年的实践经验,可以从观念、途径、效益等方面得到一些启示。树立"一盘棋"的公共文化资源观。农村公共文化所缺乏的并不是资源,而是对资源的认识以及整合利用资源的思路。农村公共文化服务的强弱,并不取决于拥有了多少资源,而是在很大程度上取决于开发、挖掘、利用资源的思路和能力。农村存在的公共文化资源问题,很大程度在于地方政府、文化部门各自为政、分散孤立的行政方式,对全社会共建共享公共文化落实不够,未能引入市场机制寻求破局之策,未能实现社会化发展。必须树立"一盘棋"的公共文化资源观念,通过组织和协调,把全社会彼此相关却彼此分离的文化资源整合成为一个大的文化系统,减少浪费提高效率,提高公共文化服务能力。

创新文化资源整合利用的方式和途径。从综合性文化服务中心到文化礼堂再到新时代文明实践中心,有其共同的特点:一是围绕文化中心,以文化为抓手和纽带,聚合农村公共服务资源,搭建起高效实用的文化综合体,切实服务于农民;二是创新了文化资源整合利用的方式和途径。建设综合性文化服务中心是金华市整合公共文化资源的方式和途径,建设农村文化礼堂是浙江省整合公共文化资源的方式和途径,建设新时代文明实践中心是国家层面整合公共文化资源的方式和途径。从表面看是层级和范围的不同,实质是整合方式和途径的创新。综合性文化服务中心只是整合了现有的农村公共文化服务资源,农村文化礼堂不仅整合了文化资源而且提供丰富的文化活动,新时代文明实践中心不仅整合了文化资源更是作为精神文明和意识形态主阵地来打造。方式和途径的创新不仅提高了农村公共文化资源的整合力度和效率,更是提升了文化平台的功能和效用。

实现农村公共文化产品供给绩效最大化。政府提供公共文化产品给农民,有效解决了农村公共文化产品的供给,满足农民对文化的需求,保障农民基本的文化权利。农村文化礼堂、新时代文明实践中心通过集中统一向村民提供公共文化和服务,转变了公共产品供给的方式,以集中供给取代了分散供给,减少了浪费,提高了农村公共文化产品的供给绩效。同时加强统筹规划,建、用、管统筹协调,建立长效机制包括投入机制、管理机制、考核评价机制等,保证运转的制度化和常态化。加强绩效评估,由上级部门和村民代表对人财物的投入和所产生的经济社会效益进行测算,对所提供的文化和服务进行满意度测评,实现公共文化资源整合的有效性和可持续发展。

第二节　公共文化服务社会化发展

随着人们文化服务需求的不断增加,公共文化供不应求、服务效率不高等问题日益突出,如何为人民群众提供优质、均衡、多元的公共文化服务成为政府急需解决的重要议题。推动公共文化服务社会化发展、鼓励社会力量参与公共文化服务是丰富公共文化服务内容和形式的重要途径,是激发公共文化服务活力、提升服务效能的重要抓手,是构建公共文化服务体系的重要组成部分。

2006 年,党的十六届六中全会通过的《中共中央关于构建社会主义和谐社会若干重大问题的决定》提出:坚持把社会效益放在首位,坚持把发展公益性文化事业作为保障人民文化权益的主要途径,加强公益性文化设施建设,鼓励社会力量捐助和兴办公益性文化事业,加快建立覆盖全社会的公共文化服务体系。2013 年,党的十八届三中全会《中共中央关于全面深化改革若干重大问题的决定》提出,要推动公共文化服务社会化发展。2015 年中共中央办公厅、国务院办公厅印发了《关于加快构建现代公共文化服务体系的意见》,提出鼓励和引导社会力量参与、发展文化非营利组织作为构建现代公共文化服务体系的重要内容,进一步明确了公共文化服务社会化发展的方向、思路和实施路径。公共文化服务社会化有利于增强公共文化服务的发展动力,有效拓展公共文化服务的空间,切实增强广大人民群众的文化获得感,是文化建设的重要内容。

一、农村公共文化服务社会化探索

从全国范围看,公共文化服务的难点在农村。计划经济时期,农村公共文化服务主要由政府统一供给,数量少而且品质比较低,农民对公共文化服务的需求不断增加,政府却无力提供高效充足的公共文化服务。市场经济的发展为农村公共文化服务拓宽了思路,农村各种新型经济组织和社会组织不断涌现,农村公共文化服务供给主体向多元化发展,社会化成为农村公共文化服务的市场尝试。

(一)农村公共文化服务存在的问题

改革开放以来,党和政府大力推动农村公共文化服务体系建设,实施了一系列向农村倾斜的支农惠农政策,丰富了农民的精神文化生活,改变了农村的文化生态环境,农村公共文化服务有了明显改善。但是相对于城市来说,农村公共文化服务仍是最薄弱的环节,文化资源、服务内容和形式还不能满足农民对文化生活的新期待新要求,与公共服务公益性、基本性、均等性、便利性的要求还有不少距离,存在不少问题。

一是经费和人员短缺,持续发展动力不足。文化建设不直接产生经济效益,反而被认为是"烧钱"的项目,经费的筹措就成为影响文化建设成效的重要因素。农村基层政府建设项目繁多而经费短缺,文化项目常常是被砍掉的首选。农村公共文化服务要维持正常的运转，必须添置基本的硬件设施、设备以及支付必要的管理人员误工费，这是一笔不小的投入，如果只是投入而没有产出，或得不到其他资金来源，长此以往，农村公共文化服务正常化就难以为继。

二是服务对象不稳定，持续发展受众不足。文化活动的正常开展，最主要的是要拥有一定数量的人员，集聚人气。而农村普遍的问题是居家人口偏少，一个行政村人口多的有几千人，少的只有几百人，大部分青壮年常年在外打工，平时在家的人并不多，只有妇女儿童和老人。许多农村的文化活动常常因为缺人而偃旗息鼓，公共文化服务也不了了之。

三是服务能力、手段、模式简单化，持续发展能力不足。随着社会经济的发展，网络时代、大数据时代的到来，人们对于文化的需求越来越多元化，单一、平面的文化载体已经不能满足老百姓对文化的多维需求。农村也同样，特别是东部发达地区，单一的农家书屋的功能和作用日渐减弱，甚至成为鸡肋。如果农村的公共文化服务只是办一个农家书屋、装几个健身器材之类的，没有服务内容的更新、服务手段的提升、服务模式的创新，持续发展将是一句空话。

(二)农村公共文化服务社会化的探索案例

从 2010 年开始，金华农村开始探索公共文化社会化服务。采取公益性和经营性相结合的方式，扶植一批农村文化示范户，通过文化示范户为农民提供多样化和特色化的文化服务，满足农民多样的文化需求。

"蒋堂文化大院"位于金华市婺城区蒋堂镇的集镇上，占地面积 1800 平方米，建筑面积 1000 余平方米，是农村文化示范户陈纪祥在政策支持下综合社会多种资源，于 2011 年创办的社区型农村文化服务场所，2013 年被列为金华市文化示范基地。

蒋堂镇是金华西部工业重镇，形成有服装、乳品、电机和建材四大制造工业体系，最多时有近 300 家企业在此落户，就业人员庞大，外来务工人员不少。文化大院就位于蒋堂集镇最热闹的街上，周围交通便利，商业街环绕，人来人往。"蒋堂文化大院"由一处闲置的旧厂房改建而成，购置了各种文体器材和设备，总共投入160 万元，之后每年又对文化项目、环境建设进行投入。其间政府部门有过少量的资金扶持，大部分靠自筹资金支撑，一度陷入入不敷出的困境，前期来大院参加活动的人数不多，冷冷清清。后来经过调研，陈纪祥着手转变原有的运行模式，把公益性和经营性相结合，多方整合资源，增加服务内容，拓宽对象范围，变被动为主动,走出大院送服务,逐渐走出经营困境。

"蒋堂文化大院"内设有农家书屋、党员干部远教广场、团员青年之家、农民信箱联络站、农业信息服务合作社、青年创业服务、春泥计划活动中心、社会职业技能培训部等政府公益性服务项目,也有百姓舞台、桌球乒乓球室、练歌房、艺术培训室等娱乐设施和项目。利用这些资源,文化大院开设三年来为集镇居民、外来务工人员及周边农民提供了多层次、个性化的文化娱乐服务。

一是发挥农家书屋和电子阅览室的作用,为农户提供科技信息服务。农家书屋与镇图书室相结合,拥有藏书3000册,报刊30种,每天免费开放,既可现场阅览也可外借,外借书籍1200多册次。从涉农服务部门协调争取了2000余册农业种养技术书,免费赠送给需要的种养农户。电子阅览室免费对外开放,有影像光盘198种、电脑10台。利用多媒体设备开展免费技术培训,利用电脑资源与涉农部门合作,多次组织电脑使用、信息服务等免费技术培训和其他活动,接纳3700余人次培训。通过农业信息服务合作社为广大农民提供种养业技术培训、农产品供需及销售等方面的信息服务,几年来已为农户发布供求信息几千条,农产品成交额近千万元。

二是开设远教广场,为文化娱乐活动提供免费场地和服务。利用"党员干部远教广场"的教育设备和资源,播放健身教学视频等,为村民打篮球、跳排舞等露天娱乐健身活动提供场地,受众达5000余人次。修缮乒乓球、桌球室,为村民提供免费的室内健身场所,服务人数达500余人次。组织或承担了各种公益演出活动,为镇庆祝建党红歌会、文艺汇报演出、儿童节演出以及老年太极、妇女形体塑造、交谊舞交流、村妇女节目排练等提供活动场地,并义务承担培训教练任务,帮助顺利完成各项活动,丰富了农村文化活动,活跃了农村文化生活。

三是整合各种资源,提供部分低价位的有偿文化服务项目,弥补了经费不足。蒋堂集镇上外来务工人员较多,特别是年轻人工余时间娱乐活动单调,而镇上的舞厅、卡拉OK厅收费很高。文化大院看清潜在需求,开设了舞厅、音乐茶座、练歌房、卡拉OK包厢等,为年轻人提供品茶休闲、音乐欣赏、健身交友等服务。服务以群众性、低门槛消费为宗旨,只收取2~3元/人茶水费,远低于其他营利性的舞厅收费,每天组织不同的文娱活动,吸引了4万余人次参加,为本地居民和外来务工者交友、交流提供了平台,也为大院增加了收入。大院成功组织"卡拉OK大家唱""讲堂百姓好声音选拔赛"等活动,扩大了大院的影响力,增加了知名度。利用现有的多媒体设备,走出大院深入田头、农户,提供摄像摄影服务,为当地和周边乡镇以及区、市级一些部门组织开展的文体活动、成就展示等提供现场摄像、制作光碟服务。对外有偿摄像服务增加了收入,贴补了大院运营经费,音像制作不仅收集了农村文化体育活动的素材,并且作为鉴赏学习的第一手资料,发挥了文化传播和视频库的作用,为农家书屋视频库建设做好了基础工作。

四是扩大服务范围和对象,拓展服务内容。大院根据需求组织各类培训班,聘请本土各界文化艺术人士来大院上课,传授有关知识和技能,如书法、交谊舞等;参与"春泥计划""阳光工程""文化低保"等政府免费文化项目,提供免费的公共文化服务;根据实际需求提供有偿的个性化服务,比如开设中小学生课外辅导班,为那些放学后无人管,需要课程辅导的学生提供学业辅导等;与有关企业联系,在大院设立"职工之家",由企业为每位职工缴纳会费,职工可以在规定的时间里在大院免费参加任何活动。

运行几年来,"蒋堂文化大院"取得了良好的口碑,在当地有了较大的影响力。集聚了一大批农民群众参与文化活动,唱歌,看电影,学习文化、农技知识,沟通,交流等,丰富了农村日常文化生活,减少了聚众赌博、吵架闹事、搞封建迷信等现象;为村民们提供了一个自娱自乐、展示自我才华、闲暇交流的平台,有效弥补了乡镇文化站、村文化活动室的不足;对村民、周边居民、外来民工全部开放,受众涵盖老、中、青、少年多个年龄段,通过多角度、全方位的文化内容和服务,使群众切身感受到了文化"集成"带来的好处,成为先进文化的传播基地、农用技术的推广基地、农民娱乐的集聚地。

"蒋堂文化大院"既不同于乡镇文化站纯公益的公共服务,也有别于纯营利性的文化企业,既保持免费的公共文化服务项目,又适应农民多样化、个性化的需求,提供低价位的有偿服务项目,把公益性和经营性相结合,盘活了农村公共文化资源,服务了农村群众,是农村公共文化社会化的有益探索。这种农村公共文化服务社会化模式转变了传统的管理和服务方式,适当引入市场机制,以有偿服务获取资金弥补政府在农村公共文化投入上的不足,增强农村公共文化服务的供给能力,成为政府公共文化服务的有效补充,形成一种良性循环、可持续发展的农村公共文化服务模式。

二、城市公共文化服务社会化探索

公共文化服务不能只满足于政府"送文化",还要注重培育文化的民间力量,营造良好的文化环境,把政府主导和社会参与有机结合起来,更好打造全方位、多层次、广覆盖的公共文化服务体系。2016 年文化部出台《政府向社会力量购买公共文化服务的意见》,明确了政府向社会力量购买公共文化服务的意见和指导性目录,倡导政府向社会购买服务,探索公共文化服务社会化实现路径。

政府购买服务是指把属于政府职责范围且适合通过市场化方式提供的服务事项,按照一定的方式和程序,交由符合条件的社会力量和事业单位承担,并由政府根据服务数量和质量及合同等约定向其支付费用的行为,包括购买直接受益对象为社会公众的公共服务及直接受益对象为政府自身的履职所需的辅助性服务。① 政府向社会力量购买公共文化服务,旨在引导和鼓励社会力量参与文化建设、推进文化体制机制改革创新、提高公共文化服务供给效能,努力实现公共文化服务标准化、均等化、社会化发展。通过购买服务的方式,充分发挥市场机制作用,把由政府提供的一部分公共文化服务事项,按照一定的方式和程序,交由具备条件的社会力量承担,并由政府根据合同约定向其支付费用。同时,扶持壮大文化主体,培育发展社会组织,提升社会力量承担公共服务的能力,繁荣社会主义文化事业。

金华市在前期整合公共文化资源、探索社会化服务的基础上,根据上级的政策要求,进一步加强公共文化服务社会化改革。2016 年,金华市出台了《政府向社会力量购买公共文体服务的管理办法(试行)》,规定凡是具有一定创新性、规模和档次、受众面广、群众参与度高,并且在金华市范围内举办的各类节庆文化活动、专题活动、文艺展演、送戏下乡、知识讲座、艺术展览、艺术培训、社区文化活动等公益性文化活动项目,由政府出资、社会力量承办,按照公共性和公益性原则,免费或低价向社会公众提供。政府向社会力量购买公共文化服务政策,通过引入市场机制,逐步形成政府、市场、社会共同参与的公共文化服务体系。

2016 年,金华文化部门通过媒体向社会发出征集令,公开向全社会征集具有创意的公益文化项目。经策划单位项目阐述、专家组项目评审,共有 6 个项目通过,得到政府 30%～80%的项目补助。“品格阅读”分享会项目即为其中之一,其是金华市社会力量参与公共文化服务的典型代表。②

“品格阅读”分享会以“悦读吧”为场地,以阅读爱好者为主体,通过阅读分享激

① 财政部:《政府购买服务管理办法》2019 年 11 月 19 日通过,2020 年 3 月 1 日起施行。
② 汪蕾、吕纯儿:《四年逾百万人参与“品格阅读” 社会力量参与公共文化服务打造“文化金华”》,《金华日报》2020 年 10 月 27 日。

发阅读兴趣、分享阅读快乐。"品格阅读"分享会由主讲人分享和聆听者互动两部分组成,主讲人每次为参与者精选一本值得读的好书,结合主讲人的人生阅历和学习心得,与参与者分享阅读体会。现场互动环节,"百姓读,百姓享,百姓乐",参与者畅谈分享体会,激发阅读兴趣,培养阅读习惯,掌握阅读技巧。分享会从选人到选书都有严格的规定:主讲人必须是本地文化名人或阅读达人,分享的书籍必须具有催人奋进的主旋律。主讲成员来自各行各业,年龄层次参差不齐,都充满对阅读的热爱,"老金华人"立足本土讲故事,"新金华人"在阅读中找到归属。通过"品格阅读"分享会,主讲者把自己对书的深刻认知理解分享给大家,听众在听的过程中学习体会反思,讲、听互动,共同享受阅读创造的精神愉悦和深邃智慧。2017年项目落地时,每场分享会就有50人现场分享,同步开启线上直播,通过"互联网+"扩展到平均每期4万多人次在线观看,最高一期突破了8万人次。几期活动后,每次报名通道刚开启,分享会的现场名额就会被一抢而空。从零起步到4年实现百万传播,"品格阅读"分享会已经是大批阅读爱好者的共同选择,成为公众参与度最高、影响力最大的活动之一,成功入选浙江省基层宣传思想工作"三贴近"创新推介活动典型。在不断发展中,"品格阅读"分享会突破了"悦读吧"的界限,走进了城乡学校、乡镇文化站、文化街区、企事业单位,在各处播下阅读的种子,营造出浓浓的"书香金华"氛围。

如"品格阅读"分享会一样的社会化公共文化服务项目还有很多,社会力量因为方式活、办法多、途径广,成为公共文化供给不可或缺的力量,弥补了政府财力和人力的不足,有力助推公共文化服务体系的建设。金华市通过政府购买服务的形式引进社会力量参与文化服务供给,推出一系列市民喜闻乐见的文化活动,丰富了市民的文化生活,提升了市民的文化品位,形成政府主导、社会参与、多元投入、协力发展的大文化发展格局。

三、公共文化服务社会化着力点

文化是改善民生很重要的组成部分,是提高群众生活质量的一个显著标志,是人民幸福指数的重要衡量尺度,文化服务是提高社会公共服务水平不可或缺的重要方面。公共文化服务是政府为百姓提供的文化方面的服务,是现代服务型政府的职责所在,推动公共文化服务社会化发展,是借助市场和社会的力量,保障群众基本文化权益,培育和促进文化消费。公共文化服务社会化必须坚持以提供公益性文化服务为主,满足群众基本的文化需求,提高群众文化获得感。要把文化服务作为促进经济社会发展的重要内容,作为改善民生的重要任务,坚持面向基层、面向群众,增强服务意识、拓宽服务渠道、提高服务水平,更好地满足人民群众精神文化需求,保障人民群众基本文化权益。要按照公益性、基本性、均等性、便利性的要求,始终把文化服务的公益性放在首位,提供更多免费或低费的服务,使群众在物质富裕的同时实现精神富有。特别在公共文化服务相对薄弱的农村,应该给予更多的优惠政策,提供更多的免费文化项目,保障低消费的文化活动良性发展,使政府惠民服务的优越性得以落实。

公共文化服务社会化必须同时发挥政府和市场的作用。首先,要发挥政府的主导作用。政府是公共文化服务的主要提供者,为群众提供基本的、均等的、优质的公共文化服务是政府保障人民群众文化权益的职责。在市场经济条件下,政府可以借助市场的作用和社会的力量提高公共文化服务的供给,但并不是当甩手掌柜。政府重点在于创造良好的发展环境,提供优质的公共文化服务,维护社会公平正义,保障群众基本文化权益,实现各级政府保障责任和义务的标准化,公共文化设施建设、管理和服务的标准化,同时引导广大人民群众树立健康的文化消费观念和方式,激发文化市场主体的创造活力,增强经济发展的内生动力。政府要发挥公共财政的主导作用,通过将群众公共文化服务建设纳入公共财政保障范围,扩大群众聚居区公共文化建设资金投入,按照公益性、便利性的原则,建立市、镇、工业区(社区)群众公共文化设施覆盖平台,包括面向普通群众的图书馆、文化活动中心、大型宣传橱窗、文化广场、健身设施等,设立群众公共文化专项财政经费。政府公共财政要承担发展群众公共文化服务的部分资金,以补贴或免费的方式为群众提供信息查询、影视播放、知识讲座等文化服务,对特殊人群开展如小型文化活动、流动图书馆、流动电影放映等流动公共文化服务。其次,在公共文化服务领域中引入市场竞争机制,推动供给侧结构性改革。政府通过简政放权,进一步发挥市场在文化资源配置中的决定性作用,调动各种市场主体和各种社会力量参与到公共文化服务体系建设中来,实现公共文化服务供给主体、供给方式和资金投入多元化,形成以"政府主导、社会参与、多元投入、协力发展"为基本特征的现代公共文化服务治理结构,推动形成全社会支持公共文化建设的强大合力,切实提高公共文化服务供给能力和总体水平,提升公共文化服务水平。

公共文化服务社会化必须建立公共文化服务多元投入机制,多渠道吸纳社会资金投入,鼓励和引导社会力量进入公共文化服务领域。政府直接提供文化服务是主要途径,但并不是唯一的途径。过去公共文化服务都是由政府大包大揽、独立提供的,由于政府的有限性,许多服务提供不了,即使提供了质量也不高,群众并不满意。市场经济条件下,政府向社会力量购买公共文化服务即公共文化服务社会化已经成为一种重要的补充途径。这不仅有利于改变政府大包大揽的传统做法,促进政府自身运作方式的改革,减轻政府压力,提高政府管理和公共文化服务社会效率,而且有利于发挥社会力量在提供公共文化服务、改善社会文化治理方面的作用,激发整个社会的文化活力和文化创造力。保障公共文化服务社会化,必须建立健全政府向社会力量购买公共文化服务机制,为社会力量参与公共文化服务提供有效路径,鼓励和引导社会力量进入公共事业领域。建立公共文化服务多元投入机制,多渠道吸纳社会资金进行投资,鼓励社会力量为群众公共文化服务领域做贡献;引入项目招标等竞争机制,对一些公共文化产品、文化服务项目,实行政府采购、项目补贴、定向资助等,通过竞争机制提升公共文化产品供给能力;扩大政府采购公益文化产品和服务的范围,确保经济困难家庭、农民工和残疾人等群体享受公共文化服务。把建立政府购买公共文化社会化服务的制度机制、吸引社会力量参与公共文化服务等列为政府文化部门的考核指标,强化社会化在公共文化服务体系建设中的独特作用。

第三节　公共文化服务体系建设

公共文化服务是以政府部门为主的公共部门向社会成员提供的公共文化产品与服务,必须构建覆盖城乡、便捷高效、保基本、促公平的现代公共文化服务体系,提供更高质量、更有效率、更加公平、更可持续的公共文化服务,保障人民群众基本文化权益,提升文化获得感幸福感。

一、我国公共文化服务体系建设

随着我国经济社会快速发展,人民群众的精神文化需求呈现快速增长态势,并且日趋多样化,但公共文化产品和服务供给水平不高、城乡区域文化发展差距大、公共文化服务均等化水平亟待提高等问题并没有得到完全解决,与人民群众的期盼还有不少差距。公共文化作为基本公共服务的重要内容,能否实现均等化,直接关系到民生的改善,关系到社会的公平公正。在推进社会主义现代化强国和共同富裕进程中,构建现代公共文化服务体系,推进基本公共文化服务标准化均等化,将更有利于保障人民文化权利,满足人民群众日益增长的精神文化需求,改善文化民生,大力提高文化保障水平。

党和政府始终践行"以人为本"的理念,极力为人民群众提供均衡、高效、多元的公共文化服务,保障人民群众基本文化权益和满足人民群众基本精神文化需求。2008 年 10 月,党的十七届三中全会提出,要建立以保障人民群众看电视、听广播、读书看报、进行公共文化鉴赏、参与公共文化活动等基本文化权益为主要内容的公共文化服务体系。2012 年 11 月,党的十八大将公共文化服务体系建设作为全面建成小康社会的重要内容,明确提出到 2020 年"公共文化服务体系基本建成"的战略目标。2013 年 11 月,党的十八届三中全会将构建现代公共文化服务体系、促进基本公共文化服务标准化均等化作为全面深化改革的重点任务之一。2015年 1 月,中共中央办公厅、国务院办公厅联合印发《关于加快构建现代公共文化服务体系的意见》提出,到 2020 年基本建成覆盖城乡、便捷高效、保基本、促公平的现代公共文化服务体系。2017 年 10 月,党的十九大报告强调要完善公共文化服务体系,深入实施文化惠民工程,丰富群众性文化活动。2021 年 6 月,文化和旅游部印发了《"十四五"文化和旅游发展规划 》,提出到"十四五"末,公共文化服务布局更加均衡、水平显著提高、供给方式更加多元、数字化网络化智能化发展取得新突破。

党的十八大以来,我国公共文化服务体系建设取得了重要成就。现代公共文化服务体系"四梁八柱"的制度框架基本建立,公共文化服务法治建设取得突破性进展,体制机制改革不断深化,基本公共文化服务标准化均等化建设全面推进,覆盖城乡的公共文化设施网络更加健全,优质公共文化产品和服务日趋丰富,服务能力和水平明显提高,公共文化事业经费保障能力稳步提升,高素质专业化人才队伍不断壮大,公共文化服务在推动文化治理体系和治理能力现代化、保障人民基本文化权益、满足人民日益增长的美好生活需要、促进城乡经济社会协调发展等方面发挥了重要作用。① 公共文化服务建设投入稳步增长,覆盖城乡的公共文化服务设施网络基本建立,公共图书馆、文化馆、农家书屋、电子阅报栏等来到群众身边,正在满足广大群众的文化需求。

---

① 文化和旅游部:《"十四五"公共文化服务体系建设规划》,2021 年 6 月 10 日。

　　然而与经济社会发展态势以及人民群众对公共文化服务的需求相比,我国公共文化服务还存在不少短板和问题。比如,由于经济社会发展水平的制约,城乡之间、区域之间的公共文化服务发展水平还存在较大差距;公共文化产品和服务品质还有待提升;改革创新力度有待加强;社会力量的作用还没有充分发挥;数字化、网络化、智能化建设与其他领域相比仍显滞后。①

　　在新的历史起点上,公共文化服务面临着新的发展形势和任务。党中央、国务院将文化建设作为"五位一体"总体布局和"四个全面"战略布局的重要内容,推动公共文化服务体系向更广空间和更深层次发展的任务更加明确;随着我国社会主要矛盾发生变化,人民群众的多样化多层次需求对提升公共文化产品和服务供给水平的要求更加迫切;经济发展方式转变、产业结构调整优化,对公共文化服务培育、促进文化消费、拉动内需等方面提出了新的要求;现代科技发展催生新产业新业态新模式不断涌现,为公共文化服务发展提供的动能更加强劲;文化和旅游的融合发展,大众旅游的深入推进,为公共文化服务提供了新的发展契机。② 2021年《中华人民共和国国民经济和社会发展第十四个五年规划和2035年远景目标纲要》提出"优化城乡文化资源配置,推进城乡公共文化服务体系一体建设",主要内容包括:(1)创新实施文化惠民工程,提升基层综合性文化服务中心功能,广泛开展群众性文化活动。(2)推进公共图书馆、文化馆、美术馆、博物馆等公共文化场馆免费开放和数字化发展。(3)推进媒体深度融合,做强新型主流媒体。(4)完善应急广播体系,实施智慧广电固边工程和乡村工程,发展档案事业。(5)深入推进全民阅读,建设"书香中国",推动农村电影放映优化升级。(6)创新公共文化服务运行机制,鼓励社会力量参与公共文化服务供给和设施建设运营。

　　面对新形势新任务新目标,《"十四五"公共文化服务体系建设规划》对"十四五"时期现代公共文化服务体系建设作出全面部署,提出"十四五"末公共文化服务体系建设的目标:一是公共文化服务布局更加均衡。城乡公共文化服务体系一体建设取得重大突破,城乡协同发展机制逐步健全,城乡公共文化服务差距进一步缩小;公共文化服务在保障人民基本文化权益,促进城乡经济社会发展中的重要作用更加凸显。二是公共文化服务水平显著提高。城乡公共文化服务供给

---

①　文化和旅游部:《"十四五"公共文化服务体系建设规划》,2021年6月10日。

②　文化和旅游部:《"十四五"公共文化服务体系建设规划》,2021年6月10日。

能力进一步增强,基本公共文化服务水平与经济社会发展水平同步提升,公共文化服务质量明显改善;公共文化服务知晓度、参与度、满意度不断提高。三是公共文化服务供给方式更加多元。政府主导、社会力量广泛参与的公共文化服务供给机制更加成熟,来自基层群众的文化创造更加活跃,政府、市场、社会共同参与公共文化服务体系建设的格局更加健全。四是公共文化数字化网络化智能化发展取得新突破。公共数字文化资源更加丰富,国家公共文化云等平台互联互通体系更加完善,智慧图书馆体系建设取得明显进展,公共文化数字服务更加便捷、应用场景更加丰富;全方位推进城乡公共文化服务体系一体建设,推动公共文化服务社会化发展。

二、金华公共文化服务体系建设的成效

多年来,金华始终把加强公共文化服务体系建设作为改善民生的重要内容和加快文化大省建设的重要目标,进行了一系列的理论和实践探索。按照全面覆盖、供给对接、普惠便民、持续保障、群众满意的要求深化提升,公共文化服务多项完成指标走在全省前列,公共文化服务体系建设不断完善,人民群众的满意度不断提高。

(一)公共文化服务制度政策不断完善

为加强公共文化服务的组织领导,金华市建立了市委统一领导、党政齐抓共管、宣传部门组织协调、有关部门分工负责、社会力量积极参与的工作体制和工作格局。完善了市、县、乡三级公共文化服务体系建设领导小组以及领导、组织、协调机制,为公共文化服务体系建设提供了强有力的组织保障。市委、市政府先后出台了《关于加快建设文化大市的决定》《关于加快文化大市建设,推动文化大发展大繁荣的若干意见》《关于实施农村文化建设工程的意见》《金华市文化事业和产业发展"十二五"规划》《金华市基本公共服务体系"十三五"规划》《关于实施金华文化繁荣提升工程的意见》等一系列文件,不断完善公共文化服务建设的制度政策。落实县市区各级联动齐抓的举措,按照全面覆盖、供给对接、普惠便民、持续保障、群众满意的要求深化提升,着力促进公共文化服务体系长远发展,提高公共文化服务体系建设制度化法治化水平。2019 年 7 月,出台《金华市区"百分之一公共文化计划"实施意见》,全面推进金华市区文化大发展大繁荣,加大对城市公共文化事业的投

入力度,提升城市文化品位,增强城市的凝聚力和辐射力。①

(二)公共文化服务设施网络不断完善

金华市建设了一批惠及群众的公共文化服务设施,形成了市、县、乡、村四级公共文化服务设施体系。文化馆、图书馆、博物馆等公共文化设施向所有社会群体免费开放,做到建有所用、共建共享。配备完善基层文化设施,辐射和带动各类群众性文化活动的开展,提升乡镇综合文化站建设水平。开展金华城市雕塑大赛,实施市区"百分之一公共文化计划",提升城市人文环境。建设一批大型公共文化设施,启动美术馆新馆建设工程。提升公共文化服务效能,建成城区 10分钟、乡村 20 分钟文化圈。《2021 年金华市国民经济和社会发展统计公报》显示,全市拥有文化馆 10 个,公共图书馆 10 个。新建 12 个"悦读吧"自助图书馆,50 个乡镇(街道)综合文化站图书室提档升级,市区新建"爱阅亭"智慧书屋 100家、"爱阅亭"百姓书架 21 家,完成 1045 家"e 家书房"进社区、进农村文化礼堂。建成农村文化礼堂 1900 多座,基本实现全覆盖。2020 年市县级新时代文明实践中心实现全覆盖,部分县市实现文明实践所(站)全覆盖。创建浙江省文化强镇 1 个、复查通过 4 个,创建浙江省文化示范村(社区)15 个、复查通过 105 个。在第七次浙江省乡镇(街道)综合文化站评估定级中,全市 148 个乡镇(街道)综合文化站全部上等级,其中,特级站 7 个、一级站 50 个、二级站 54 个、三级站37 个。②

(三)公共文化服务产品供给不断增加

稳步推进公共图书馆建设,大力推进全民阅读,"悦读吧"自助图书馆免费对外开放,秉持"全开放、不打烊、高品位"的服务理念,使阅读离市民家门口越来越近,截至 2021 年底,已接待读者 90 多万人次,藏书 5 万多册。创作了一大批反映社会发展变化新气象、符合百姓需求的文艺作品,浙江婺剧团创作的《昆仑女》《梦断婺江》先后获得国家文华奖、省戏剧节大奖、省"五个一工程"等大奖,反映陈望道在翻译、传播、实践《共产党宣言》过程中坚定信仰的婺剧《信仰的味道》获评"2021 浙江

---

① 金华市人民政府办公室:《〈金华市区"百分之一公共文化计划"实施意见〉政策解读》,2019 年 7 月 29 日。

② 金华市统计局:《2021 年金华市国民经济和社会发展统计公报》,2022 年 4 月 8 日。

十佳红色经典剧目"。金华在近两届省"五个一工程"奖获奖数量上位居全省第三,全国"五个一工程"优秀作品奖、中宣部文化名家暨"四个一批"人才取得"零"的突破。农村文化事业得到较快发展,先后开展"东海明珠"创建活动、"文化普及村、文化示范村"创建活动、"三下乡"活动、"三千种文化"活动、农村文化辅导培训活动、"乡镇文化队伍建设试点"活动等,实施新农村文化建设"十项工程",开展"万场电影进农村""千场婺剧进农村"等系列"送文化""种文化"活动,2020年全年完成送戏3343场、送书51.83万册、送展览讲座2145场,开展"文化走亲"205场。通过政府采购、项目补贴等方式,帮助指导农村开展各种形式的农民自办文化活动,培养大批文化示范户、文化经营户、农民读书社、农民电影放映队、民间职业剧团、农村业余剧团等。利用农闲组织集市灯会、戏曲、杂技、文艺演出、劳动技能比赛等民俗文化活动,不断增强农村文化生机和活力。全市广播户籍人口综合覆盖率为100%,电视户籍人口综合覆盖率为100%。

(四)公共文化服务形式不断创新

利用互联网、5G、数字化技术,以数字赋能公共文化服务,集结各文化场馆力量,整合各类文化资源一站式提供文化服务。从2012年起,金华市图书馆开始自建具有金华地方特色的数据库,截至2020年底已经建成10个。金华名人数据库里收集了422位名人,分为人物资料、名人成果、名人手迹、名人成果研究等条目。在金华方言数据库里,可以了解金华各县市方言的语音特点,看金华各县市方言的视频,内容包括声韵调、词汇、短句、短文,可以对着视频自学。金华抗日战争数据库包括20万文字、400多张图片、52个抗战视频,以及义乌崇山细菌战纪念馆、金义浦兰抗日根据地纪念馆、台湾义勇队纪念馆等4个纪念馆资料,反映了金华抗日战争的历史。[①] 2020年新冠疫情初期倾力打造数字化服务平台"e家书房",聚焦"听、阅、学、研、享、品、观",整合了金华多家公共文化场馆的文化资源,"网上借阅"功能可实现网上点击借阅,市民可听可看海量书籍、可研可学海量资料,更可享、可赏、可品、可观八婺大地上的璀璨文化和珍贵遗迹,实现借阅"零距离",让金华市民足不出户就能坐拥书城,享受优质阅读资源,更好满足精神文化需求。2020年"e家书房"迭代升级并入驻"浙里办",已推广至1600多家社区和文化礼堂,推动

---

① 章果果:《"e家书房",金华本土的网上书房,名著、婺剧、金华方志、历史等什么都有》,《金华日报》2021年4月2日。

了城乡多层面的全民阅读数字服务网络全覆盖。

(五)文化遗产保护传承不断加强

建立四级联动的非遗保护体系,以市县级名录为基础,以省市级名录为骨干,以国家级名录为重点的梯次非遗结构名录体系。设立市、县两级保护机构,全面完成非遗普查工作,共发现线索 15 万条,完成普查项目 1 万多个。拥有国家级非遗代表性项目 32 项,名列全省第三,省级非遗代表性项目 116 项,名列全省第三,市级非遗代表性项目 481 项,列入国家级、省级非遗名录的数量位居全省前列。全市有国家级非遗代表性传承人 26 人、省级非遗代表性传承人 138 人、金华市级非遗代表性传承人 576 人,建有国家级非遗生产性保护基地 1 家(东阳陆光正创作室),省级、市级非遗生产性保护基地 61 家,省级、市级非遗传承教学、宣传展示、传统节日保护基地、非遗景区等各类非遗保护载体 200 余家,以及省级非遗生态保护区 1 个。① 金华现有全国重点文物保护单位 38 处,列全省第二;省级重点文物保护单位 132 处、市级重点文物保护单位 801 处,均列全省第一。文化遗产保护成效显著,浦江上山考古遗址呈现的"万年上山文化"得到有效开发和保护,已被公布为全国重点文物保护单位;成立"中华万年遗址联盟""中国水稻研究所上山稻作研究基地"等研究和保护机构;武义出土的宋朝"徐渭礼文书",再现了 700 多年前古代公务员的纸质文书档案,成为国家一级珍贵文物;非遗一台戏"婺风遗韵·水墨金华"荣获 2020 年度博鳌国际旅游奖之年度非遗创新奖。

(六)公共文化服务人才队伍不断充实

金华市制定了基层公共文化人才队伍建设规划,培养了一批较高层次的公共文化服务专业人才、管理人才和经营人才。全市有坐唱班、腰鼓、排舞、健身操、太极扇等业余文体队伍 5000 多支,农民演员 3 万多人,活动受众面超 20 万人,文体队伍数量和参与人数处全省前列。对从事公共文化、艺术领域的骨干和图书馆长、文化馆长、乡镇文化站长、乡镇文化员、村级文化管理员进行分层次培训。培育省级文化示范户 31 个、省级文化能人 77 名,市级文化示范户 32 个、市级文化能人 84 名。建立文体志愿者人才库,构建市、县、乡、村四级公共文化志愿服务网络体系,

---

① 金华市文化信息中心:《金华新增 61 个市级非物质文化遗产代表性项目》,金华市政府网站,2021 年 4 月 16 日。

形成专兼职结合的公共文化服务工作队伍。积极引导文化资源向基层倾斜，全市创建了 20 个市级以上文化示范村，培育了 20 个市级文旅创新团队，培育了 100 个优秀文化社团，打造了 100 个文化活动品牌。[①]

三、公共文化服务体系建设的问题和短板

近年来，金华市公共文化服务领域投入不断加大，设施条件不断改善，公共文化服务体系建设取得了不少成绩，但由于文化建设底子薄、欠账多，相对于群众的多层次多样化需求，仍然存在供给不足、质量不高、发展不均衡等问题，与当前的经济社会发展水平还有差距，与基层群众日益增长的精神文化需求还有差距，与共同富裕的目标要求还有差距。

(一)公共文化设施建设滞后，投入不足

设施建设方面，市县两级大型公共文化设施建设滞后，"市有五馆一院一厅、县有四馆一院、区有三馆"的标配还未形成，村一级还有不同程度的空白点，文化基础设施欠账问题比较突出。投入方面，虽然财政对文化建设的投入不断增加，但由于长期以来文化建设经费基数低，财政投入的增长与文化发展的需求之间仍有不小差距，用于公共文化产品的生产和服务、文化人才的培养、文化市场的培育等经常性的经费投入比较少。

(二)服务效能不够高，存在重建轻管现象

当前公共文化产品种类数量少、质量不高的问题仍然存在，部分互联网站内容过分娱乐化和庸俗化的问题仍然存在。一些地方存在"重设施建设，轻管理使用"的问题，一些公共文化体育设施闲置，一些公共文化设施存在"不公共"或者"不文化"的现象。一些公益性文化单位活力不足、效率不高。

(三)均等化水平有待提高

从城乡看，农村基层公共文化资源仍然比较匮乏，图书资源分布城乡不均衡，城市图书馆藏书量大、电子资源丰富、更新快，农村图书馆藏书量少、更新慢，一些

---

① 金华市文化广电旅游局：《我市召开文化繁荣提升工程新闻发布会》，金华市人民政府网站，2020 年 9 月 9 日。

乡村甚至无购书经费支出;从区域看,经济基础比较弱的地区文化投入和水平低于经济基础强的地区;从群体看,针对老人、少年儿童、残疾人等群体的公共文化体育资源普遍偏少;城镇专职文化工作者数量较多、素质较高,农村文化工作者多数身兼数职且非专业。

(四)社会化程度还不够高

推动公共文化服务社会化发展是顺应时代发展、构建现代公共文化服务体系的题中应有之义,主要在于培育和促进文化消费、鼓励和引导社会力量参与、发展文化非营利组织。目前,公共文化服务的提供和实施主体主要由政府和文化事业单位承担,非政府组织的作用还没有得到充分发挥,通过政府采购、项目补贴等方式引进社会力量参与文化服务供给的力度还不够,社会参与的多元化投资机制还没有完全建立起来,政府与社会良性互动机制尚未完全形成。

(五)绩效考核评估机制还需完善

文化讲起来很重要,做起来却往往不被重视。相较于经济和综合治理,文化在整个综合考核中所占的比重比较低。在一些地方综合考评中,文化占2%(百分制的2分),甚至占0.2%~0.5%。一些领导认为文化是烧钱的事,不愿投入太多,只挑"短、平、快"的事做,挑容易出政绩的事做。对基层公共文化服务的绩效考核评估机制还需完善,对党政领导履行责任情况的评估评价还需加强。

四、高质量建设公共文化服务体系

《中华人民共和国国民经济和社会发展第十四个五年规划和2035年远景目标纲要》提出"优化城乡文化资源配置,推进城乡公共文化服务体系一体建设",《浙江高质量发展建设共同富裕示范区实施方案(2021—2025年)》提出"到2025年推动高质量发展建设共同富裕示范区取得明显实质性进展,形成阶段性标志性成果","全域高品质现代文化供给更加丰富,城乡一体的现代文化服务体系全面覆盖,'15分钟品质文化生活圈''15分钟文明实践服务圈'覆盖率100%,市、县、乡三级文化设施覆盖达标率100%"。根据国家和浙江省关于公共文化服务体系建设的主要内容和建设目标,金华市对标对表着力在补短板、提效能方面下功夫,进一步提高公共文化服务能力,推动公共文化服务体系建设高质量发展。

(一)公共文化服务质量明显改善,公共文化服务水平进一步提高

在以文惠民上再突破、走前列,加快推进各级公共文化服务设施提标、服务提质。实施公共文化设施跨越提升工程,建成市图书馆新馆、市美术馆、市音乐厅等标志性文化设施,以大都市区的标准大手笔建设"两馆一厅",市县联动加快打造一批重大文化基础设施,高标准实现市有"五馆一院一厅"、县有"四馆一院"、区有"三馆"。实施"悦读金华、书香满城"行动,打造城乡10分钟阅读圈,满足市民就近借阅图书的需求。开展文化精品创作行动,推出一批以金华市重大题材为主要内容的具有传播度、辨识度、美誉度的"八婺特色"文艺精品,推动戏剧、影视、儿童文学、木雕等文艺创作攀登新的高峰。完善基层公共文化服务供需对接机制,实施乡镇(街道)综合文化站、农村文化礼堂补短板工程,完善新时代文明实践中心,到2025年实现县(市、区)新时代文明实践中心、乡镇(街道)文明实践所建设全覆盖、500人以上行政村及所有社区文明实践站全覆盖、有条件的省级及以上文明单位主要公共文化服务场所文明实践站点基本覆盖。进一步增强城乡公共文化服务供给能力,基本公共文化服务水平与经济社会发展水平同步提升,公共文化服务质量明显改善,公共文化服务知晓度、参与度、满意度不断提高。

(二)优化城乡文化资源配置,推进城乡公共文化服务一体化

以城带乡,完善城乡文化帮扶机制,提高农村公共文化服务水平,推进城乡公共文化服务一体化。逐步健全城乡协同发展机制,进一步缩小城乡公共文化服务差距,城乡公共文化服务一体化建设取得重大突破。充分发挥城市的辐射带动作用,促进城乡文化资源优化配置、科学整合和综合利用,形成城乡一体的公共文化服务网络。完善城乡文化帮扶机制,建立城乡文化帮扶责任制,鼓励城市对农村进行文化帮扶,将支持农村文化建设纳入对口扶贫计划,把支持农村文化建设作为创建文明城市的基本指标,建立城市对农村的文化援助机制。加大财政和政策支农力度,确保农村公共文化服务常态化,将农村公共文化服务设施建设纳入村级社会事业公共设施统筹建设项目,统筹职能、统筹规划、统筹项目、统筹资金,积极鼓励和支持社会资金投入农村文化设施建设。发挥公益性文化单位的主体作用,扶持文化企业以连锁方式加强基层和农村文化网点建设,以行政村为单元整合统筹配置公共文化服务资源,实现城乡基本公共文化服务均等化。建立健全专业的绩效管理与评估体系,逐步规范化公共文化部门绩效管理的内容、程序和

绩效评估结果,把建设公共文化服务体系纳入评价地区发展水平、衡量发展质量和考核领导干部的范畴。提高对公共文化服务的决策、融资、生产、监督、评价的参与度,使公众对公共服务拥有更多的选择权和控制权,确保公共文化服务供给的公平性和高质量。

(三)创新公共文化服务运行机制,鼓励社会力量参与公共文化服务供给和设施建设运营

建立基本公共文化服务现代化建设评价机制,健全社会力量参与公共文化服务和政府向社会购买公共文化服务机制。创新公共文化服务运行机制,建立政府主导、社会力量广泛参与的公共文化服务供给机制,鼓励社会力量参与公共文化服务供给和设施建设运营,实现公共文化服务从"政府主体"向"政府主导、社会参与"转变。鼓励社会力量积极参与公益性文化建设,打造"文化金华",运用政策引导、财税杠杆、舆论导向、表彰奖励、典型示范等手段,支持民办博物馆、艺术馆等民间文化机构的发展,探索城市书屋社会化、大型文化设施运营社会化、公共图书馆志愿服务队社会化等方式。加强对民办文化机构和团体的支持力度,打破体制界限,在资金扶持、队伍培训、行业评估等各方面对民办文化机构和国办文化机构一视同仁。深入实施"文化低保"工程,加强面向特定地域、特殊人群的文化关怀。定期开展群众文化需求调查,不断更新文化资源库,推行菜单式文化服务配送,推进公共文化资源配置的科学化、高效化、便民化。

(四)推进高水平公共文化服务均衡化,满足人民群众精神文化需求

根据城镇化发展趋势和城乡常住人口变化,统筹城乡公共文化设施布局、服务提供、队伍建设、资金保障,均衡配置公共文化资源。建立健全财政对公共文化服务投入的稳定增长机制,进一步研究建立经费保障长效机制,保证政府对公共文化服务的稳定投入。加强公共文化人才队伍建设,开展文化人才培养行动,重点遴选一批领军人才,培育一批专业人才,壮大一批乡土人才,鼓励高校毕业生到基层从事公共文化服务工作,进一步发展壮大文化志愿者队伍。争取设立政府荣誉制度,激励广大文艺工作者积极投身公共文化服务。创新实施文化惠民工程,提升基层综合性文化服务中心功能,广泛开展群众性文化活动。实施"婺风乡韵"文化工程,抓好历史文化村落保护利用。打造"15分钟品质文化生活圈",满足人民群众更加多样、更高水平的精神文化需求。开展文化精品创作

行动,推出一批以金华市重大题材为主要内容的具有传播度、辨识度、美誉度的"八婺特色"文艺精品。实施文艺精品创作攀峰工程,支持浙江婺剧研究院深化改革、加快发展,确保精品创作继续走在全省第一方阵。高质量承办亚运、省运赛事,完善公共体育服务体系,实现出门就能"动"起来。开展农村文化礼堂"六万工程",完成万场宣讲进礼堂、万场文体活动进礼堂、万场文明礼仪进礼堂、万场科普知识进礼堂、万场医疗健康进礼堂、万场关爱服务进礼堂,丰富农村文化生活,提升农民群众文化获得感。

(五)推进公共文化数字化网络化智能化发展

统筹规划公共文化数字化服务平台,构建标准统一、互联互通的公共文化数字化服务网络,完善内容丰富、覆盖城乡、方便快捷的公共文化数字化服务体系。制定公共文化数字化标准,形成完整统一的标准规范体系,确保公共文化数字化服务网络的开放性、兼容性和可扩展性。打破部门和行业壁垒,整合公共文化资源,完善公共文化数字化基础平台,比如对全国文化信息资源共享工程、数字图书馆推广工程和公共电子阅览室建设计划三大工程进行资源整合,形成海量的分布式公共文化数字化资源,丰富公共文化内容。推进数字图书馆、数字博物馆、数字文化馆建设,为社会公众提供更多便捷高效的线上文化服务,实现公共数字文化资源更加丰富,公共文化云平台互联互通体系更加完善,智慧图书馆体系建设取得明显进展。加强优秀传统文化数字资源建设,进一步完善金华地方特色的数据库,借助现代科学技术,将戏曲、书法、民俗等优秀传统文化资源,以及地方特色文化资源、红色历史文化资源、少数民族文化资源等数字化网络化。推进公共文化数字服务更加便捷、应用场景更加丰富,打造"文E家""文化礼堂家"等应用场景,不断扩容"e家书房",实现与各县市文化馆、非遗馆、博物馆、图书馆的联动,将各县市的文化服务内容也纳入其中,在"e家书房"上推出图书预约服务。加强公共文化数字技术人才队伍建设,健全完善人才选拔任用机制,完善数字技术人才培养制度,构建有利于数字技术人才发展的制度环境。拓展公共文化数字化建设投资渠道,引导和鼓励文化企业、社会机构和个人通过委托管理、捐赠、赞助、合作开发等方式参与公共文化数字化建设,逐步形成以政府为主导、社会力量积极参与的多元公共文化数字化建设格局。

（六）充分挖掘城乡历史文化资源，构建完善的非遗保护体系

创新非遗保护方式，比如抢救性保护、生产性保护、整体性保护等，以此延续、激发和保护非遗生命力，设立文化生态保护区，保护传统村落。① 提升非遗保护能力，推进非遗进校园，激活非遗传承能力，成立非遗研究机构，设立非遗研究课题，提升非遗研究能力。开展文化遗产保护行动，培育 10 个非遗旅游景区、100 个非遗体验点，启动金华铁路博物馆建设工程。加强上山文化研究宣传与遗址公园、博物馆建设，推进上山文化申遗基础工作。进一步做好"南宋徐谓礼文书"的宣传、研究及利用工作。重视非遗文化资源的创造性转化和创新性发展工作，在挖掘历史文化资源方面做足功课，加强金华火腿、婺剧、金华斗牛、金华道情、黄大仙道教文化等特色文化的继承和创新。建立有金华特色的市非遗馆或展示中心、县（市、区）综合或专题非遗展示中心，编制《金华市非遗资源分布地图集》，建设各县（市、区）非遗数据库。培育以传统表演艺术为重点的非遗精品项目，形成"一地一品"或"一地多品"的非遗精品保护格局。

---

① 卢旭:《构建人类命运共同体下的非遗保护体系》,《中国文化报》2019 年 6 月 11 日。

附　录

附一:2021 年金华市红色旅游精品线路^①

1.重温历史寻迹之旅

推荐旅游线路:开发区汤溪镇陈双田纪念馆—婺城区塔石乡大茗村(中国工农红军挺进师活动遗迹)—婺城区沙畈乡银坑村(中国工农红军挺进师驻扎地)—武义县柳城镇前湾村(宣平南营红军栖息地)—武义县莹乡抗日展览馆

2.革命信仰传承之旅

推荐旅游线路:义乌市分水塘村(《共产党宣言》中文首译者陈望道故里)—金东区傅村镇畈田蒋村(艾青故居)—金东区源东乡东叶村(施复亮、施光南故居)—双龙水电站纪念馆—婺州古城酒坊巷(金华第一面党旗升起的地方)

3.缅怀先贤致敬之旅

推荐旅游线路:兰溪市女埠街道女埠村(中共浙西特委纪念馆)—兰溪市云山街道陈家井村(杨东海纪念馆)—兰溪市兰江街道莲塘岗村—金华烈士纪念园—婺州古城景区(胡步蟾、邵飘萍故居)

4.时代新风尚体验之旅

推荐旅游线路:义乌市七一村—义乌市国际商贸城(全球最大的小商品市场)—东阳市花园村—东阳市横店红军长征博览城—东阳中国木雕城(国内屈指可

①　附一、二、三资料均来源于 2021 年金华市文化广电旅游局所发通告。

数的木雕工艺品和红木家具批发市场）

5.永不消逝红色足迹之旅

推荐旅游线路:兰溪市柏社乡新宅村—兰溪市游埠镇红色文化基地—金华烈士纪念园—婺州古城—武义县莹乡抗日展览馆—浦江县北乡农民革命纪念馆

6.红色基因传承之旅

推荐旅游线路:金东区东叶村(人民音乐家施光南故乡、十里桃花源)—义乌市七一村(全国党建示范村)—东阳市花园村(浙江农村现代化的榜样、中国十大名村)—东阳横店红军长征博览城—磐安县仁川镇(革命老区)

7.红色文脉深耕之旅

推荐旅游线路:兰溪市柏社乡新宅村—兰溪市游埠镇红色文化基地—金东区源东乡东叶村(施复亮、施光南故居)—金东区傅村镇坂田蒋村(艾青故居)—义乌市上溪镇苦竹塘村(吴晗故居)—义乌市分水塘村(《共产党宣言》中文首译者陈望道故里)

8.古镇红村寻访之旅

推荐旅游线路:兰溪市游埠镇洋港村—兰溪市女埠街道上新屋村(童玉堂故里、初心展馆)—兰溪市女埠街道女埠村(浙西特委)—兰溪市云山街道陈家井村(杨东海纪念馆)—浦江县花桥乡塘波村

9.人民英雄使命之旅

推荐旅游线路:金华烈士纪念园—武义县潘漠华纪念馆—徐英故居(徐英烈士纪念馆)—武义县浙武红军与挺进师

推荐旅游线路:纪念馆—永康市方岩风景区(刘英烈士陵园)—永康市舟山镇方山口村(中国工农红军第十三军团第三团纪念馆)

10."信仰的味道"初心之旅

推荐旅游线路:义乌市分水塘村(《共产党宣言》中文首译者陈望道故里)—义乌市七一村(全国党建示范村)—义乌市铁路口岸("义新欧"中欧班列的起点)—义乌国际商贸城(改革开放的先行地)

11."红色文化名人"寻迹之旅

推荐旅游线路:义乌市分水塘村(《共产党宣言》首译者陈望道故里)—义乌市苦竹塘村(历史学家、民盟中央副主席吴晗故里)—义乌市神坛山村(共产党与鲁迅的"架桥人"、革命文学家冯雪峰故里)—金东区畈田蒋村(人民诗人艾青故里)—金东区东叶村(著名文学家、社会活动家施复亮,人民音乐家施光南故里)

12."红色记忆"缅怀之旅

推荐旅游线路:双龙水电站纪念馆—兰溪市女埠街道女埠村(中共浙西特委纪念馆)—兰溪市云山街道陈家井村(杨东海纪念馆)—永康市方岩风景区(刘英烈士陵园)—武义县熟溪街道(徐英烈士陵园)

13."改革开放先行地"追梦之旅

推荐旅游线路:永康中国五金科技城(中国五金之都)—东阳横店影视城(全国最大的影视基地)—东阳中国木雕城(国内屈指可数的木雕工艺品和红木家具批发市场)—义乌国际商贸城(全球最大的小商品市场)—浦江中国水晶城(中国水晶之都)

14."红色革命烽火"追忆之旅

推荐旅游线路:金华市浦江县岩头镇王店村—浦江县花桥乡塘波村(金萧支队纪念馆)—婺城区沙畈乡银坑村(中国工农红军挺进师驻扎地)—武义县浙武红军与挺进师纪念馆—永康市舟山镇方山口村(红三团纪念馆) 磐安县仁川镇(中国工农红军挺进师纪念馆)

15."红色新时代"希望田野之旅

推荐旅游线路:浦江县郑宅郑义门(廉政教育基地)—义乌市七一村(全国党建示范村)—金东区东叶村(人民音乐家施光南故乡、施光南音乐主题馆)—武义县后陈村(习近平多次批示的"后陈经验"、全国村级廉政样板村)—永康市大陈村(全国生态文化村、浙江乡村振兴的"大陈样本")

16.怀旧念今红色展望之旅

推荐旅游线路:金东区琐园国际研学村—金东区麦磨滩会议遗址—武义县后陈村—武义县熟溪街道水碓后村(徐英烈士纪念馆)—永康市大陈村—东阳花园村

17.重走先贤红色研学之旅

推荐旅游线路:东阳市严济慈故居—东阳市蔡希陶故居—义乌市分水塘村(《共产党宣言》首译者陈望道故里)—义乌市苦竹塘村(历史学家、民盟中央副主席吴晗故里)—义乌市赤岸镇神坛村(冯雪峰故居)—婺州古城(邵飘萍故居、胡步蟾故居、红军巷)

18.重温红色历史纪念之旅

推荐旅游线路:磐安县烈士革命纪念馆—东阳市金佛庄烈士陵园—永康市舟山镇方山口村(红三团纪念馆)—永康市方岩风景区(刘英烈士陵园)—武义县牛头山国家森林公园

19.红色乡村振兴之旅

推荐旅游线路:浦江县花桥乡塘波村—义乌市七一村—东阳市花园村—武义县柳前镇前湾村—武义县后陈村—永康市大陈村

20.革命文化寻源之旅

推荐旅游线路:兰溪市游埠镇洋港村—婺城区沙畈乡银坑村(中国工农红军挺进师驻扎地)—武义县柳城镇前湾村(宣平南营红军栖息地)—永康市舟山镇方口村(红三团纪念馆)—磐安县革命烈士纪念馆

附二:八婺红色印迹目录

婺城区

1.邵飘萍旧居陈列馆

2.粟裕和红军挺进师驻地旧址(银坑)

3.《浙江潮》旧址

4.金华抗日战争纪念碑

5.陈双田纪念馆

6.毛泽东视察金华双龙水电站纪念馆

7.金华烈士纪念园

金东区

1.施复亮、施光南故居

2.浙西十三县党的负责人麦磨滩会议史料展陈馆

3.雷烨故居

4.艾青故居

兰溪市

1.童玉堂革命业绩陈列馆(初心展馆)

2.中共浙西特委纪念馆

3.金萧支队首战告捷地展陈馆

4.兰溪党史馆

5.毛主席批示展览馆(上华)

6.杨东海纪念馆

东阳市

1.金佛庄烈士陵园和故居

2.严济慈陈列馆

3.吴复夏烈士墓、复夏小学

4.花园村史馆

义乌市

1.陈望道故居

2.冯雪峰故居

3.吴晗故居

4.义乌小商品市场旧址公园

永康市

1.中共永康县委诞生地纪念馆

2.中国工农红军第十三军第三团纪念馆

3.刘英烈士陵园

4.金竹降革命纪念碑、金竹降革命历史展示室

5.浙东人民解放军第六支队纪念广场、永康市武装革命斗争史展示室

6.中国五金历史文化体验中心

7."龙山经验"展示室

浦江县

1.中共浦江县委旧址

2.浦江县北乡农民革命纪念馆

3.中共江东县工委、江东县政府旧址纪念馆

4.会稽山人民抗暴游击司令部后勤基地纪念馆

5.浦江县翠湖治水主题公园、浦江县治水主题馆

武义县

1.徐英纪念馆、武义革命历史陈列馆

2.潘漠华纪念馆

3.浙武红军与挺进师纪念馆

4.宣平地区革命史展览馆

5.中国工农红军挺进师中共宣遂汤工委纪念馆

6.武义县萤乡抗日展览馆

7."后陈经验"展示馆

磐安县

1.磐安境内首次入党宣誓地旧址(黄余田杨氏宗祠)

2."绿水青山就是金山银山"实践主题馆

附三:金华市革命遗址目录

婺城区

1.邵飘萍铜像　(婺城区婺州公园内)

2.交椅山红军挺进师标语　(婺城区塔石乡大茗村)

3.小坞头村红军纪念室(林氏宗祠)　(婺城区莘畈乡小坞头村)

4.安地革命烈士陵园　(婺城区安地镇安地村)

5.粟裕和红军挺进师驻地旧址　(婺城区沙畈乡银坑村)

6.双溪口革命烈士墓　(婺城区沙畈乡双溪口村)

7.金华抗日战争纪念碑　(婺城区清风公园内)

8.抗日团体活动中心旧址　(婺城区斗鸡巷4号)

9.《浙江潮》旧址　(婺城区酒坊巷126号)

10.新昌桥碉堡缴枪旧址　(婺城区白龙桥镇新昌桥村)

11.国民党交警中队牛中民部起义旧址　(婺城区长山乡长山村)

12.徐文佩烈士墓　(婺城区白龙桥镇龙蟠村)

13.九峰山烈士陵园　（婺城区汤溪镇九峰山景区）

14.金华烈士纪念园　（金华市环城北路 1199 号）

15.周恩来 1939 年视察金华演讲地旧址　（金华市太平天国侍王府纪念馆内）

金东区

1.钱兆鹏烈士陵园　（金东区赤松镇仙桥村黄泥垄）

2.孝顺革命烈士陵园　（金东区孝顺镇下范村南山脚下）

3.艾青故居　（金东区傅村镇畈田蒋村）

4.施复亮、施光南故居　（金东区源东乡东叶村）

5.傅鸿权烈士故居遗址　（金东区傅村镇深塘坞村塘中街 35 号）

6.浙西十三县党的负责人麦磨滩会议史料展陈馆　（金东区孝顺镇低田村西麦磨滩）

7.金义浦党政军北撤出发地旧址(神定寺)　（金东区傅村镇上柳家村）

8.金义浦党员骨干会议遗址　（金东区源东乡丁村）

9.长塘徐战斗旧址　（金东区源东乡长塘徐村郊）

10.曹宅镇革命烈士陵园　（金东区曹宅镇莲塘潘村西南）

11.金义县政府遗址　（金华市金东区傅村镇溪口村）

12.中共金属特委机关驻地遗址　（金东区傅村镇洪塘畈雅干）

13.贾南坡(方国迪)烈士故居　（金东区澧浦镇方山村）

14.雷烨故居　（金东区孝顺镇后项村）

兰溪市

1.兰溪五卅爱国反帝斗争集会旧址　（兰溪市云山街道天福山社区）

2.中共兰溪临时特支成立旧址(耶稣堂)　（兰溪市云山街道和平社区）

3.中共兰溪临时特支召开民众大会旧址(城隍庙)　（兰溪市云山街道金钟岭社区）

4.兰溪县农民协会代表大会成立地旧址(药王庙)　（兰溪市云山街道金钟岭社区）

5.首届中共兰溪县委机关驻地旧址(助穆庙)　（兰溪市兰江街道浩塘头村）

6.中共兰溪县委紧急会议旧址(柱杆庙)　（兰溪市黄店镇三泉村）

7.中共兰溪县委机关驻地旧址(童氏宗祠)　（兰溪市永昌街道祠堂脚村）

8.卓兰芳在兰溪活动居住地旧址　（兰溪市永昌街道上方顶村）

9.中共浙西特委成立旧址、纪念馆（五龙庙）　（兰溪市女埠街道上街村五龙庙）

10.兰溪秋收暴动南乡农军营地遗址　（兰溪市上华街道会桥山背村）

11.兰溪秋收暴动农军蟠山殿营地旧址　（兰溪市黄店镇朱家村蟠山殿）

12.首届中共兰溪县委成立地旧址　（兰溪市云山街道天福山社区郭宅巷1号）

13.中共兰溪中心县委桔香庐药号通讯处遗址　（兰溪市马涧镇石渠村）

14."红二师"誓师大会遗址　（兰溪市游埠镇上王村上王山背）

15.兰溪县战时政治工作队成立大会旧址（县简易师范学校）　（兰溪市云山街道新桥山背村）

16.兰溪县战时政治工作队干训班旧址（觉林寺）　（兰溪市马涧镇觉林寺村）

17.新四军战地服务团军民联欢大会旧址（稠州公所）　兰溪市云山街道义乌会馆

18.中共兰溪县第一次代表大会遗址　（兰溪市云山街道天福山社区解放路19号）

19.中共金衢地区第一次代表大会旧址　（兰溪市云山街道天福山社区木桥巷2号）

20.中共兰溪中心县委机关旧址　（兰溪市云山街道桃花坞社区百步梯22号）

21.中共金属特委干训班旧址（横山殿）　（兰溪市兰江街道兰阴山麓）

22.中共金属特委干训班旧址（郑继寿家）　（兰溪市诸葛镇花坟头江村）

23.中共中央东南局兰溪联络站旧址（宁波会馆）　（兰溪市云山街道和平社区和平公园内）

24.麻坪坞抗日游击队成立地旧址（徐氏宗祠）　（兰溪市黄店镇麻坪坞村）

25.金萧支队第八大队情报站旧址　（兰溪市梅江镇王沙溪村）

26.中共兰溪县特派员联络点旧址　（兰溪市永昌街道太平祝村）

27.金萧支队首战告捷地展陈馆　（兰溪市柏社乡新宅村肇峰山）

28.金萧支队第八大队墩头战斗遗址　（兰溪市梅江镇墩头村后山）

29.路北县兰浦区密溪乡民主乡公所成立旧址　（兰溪市梅江镇倪大村花厅）

30.金萧支队第八大队倪大战斗遗址　（兰溪市梅江镇倪大村里青山）

31.兰溪市革命烈士纪念碑馆　（兰溪市兰江街道兰荫山）

32.聚凤严革命烈士纪念碑　（兰溪市上华街道聚凤严村）

33."红色莲塘"党史教育基地　（兰溪市兰江街道莲塘岗村白山殿）

34.童玉堂革命业绩陈列馆　（兰溪市女埠街道上新屋村）

35.兰溪党史馆　（兰溪市府前路71号青湖公园内）

东阳市

1.邵飘萍烈士故居(出生地)　（东阳市南市街道紫溪村）

2.邵飘萍纪念馆　（东阳市横店镇横店中国革命战争博览城内）

3.金佛庄烈士故居　（东阳市横店镇良渡村水碓山）

4.金佛庄烈士陵园　（东阳市横店镇良渡村水碓山）

5.金佛庄烈士墓　（东阳市横店镇横店社区良渡小区牛毛山）

6.严济慈故居　（东阳市横店镇下湖严村）

7.严济慈陈列馆　（东阳市横店镇横店角尖山）

8.东白山革命游击根据地陈列馆　（东阳市虎鹿镇东白山庄内）

9.中共东阳第一次代表大会会址纪念馆　（东阳市六石街道裴家岭村）

10.东阳市革命烈士陵园　（东阳市商城西路160号）

11.横店·红军长征博览城　（东阳市横店镇横店旅游景区内）

12.横店·中国革命战争博览城　（东阳市横店镇横店旅游景区内）

13.东磐革命烈士陵园　（东阳市马宅镇徐宅村）

14.巍山屏革命烈士陵园　（东阳市巍山镇巍山屏）

15.中共东阳中心县委成立地旧址　（东阳市横店镇五官塘村）

16.卢福星烈士纪念亭　（东阳市东阳江镇八达村）

17.蔡希陶故居(乐顺堂)　（东阳市虎鹿镇蔡宅村）

18.朱福星纪念亭　（东阳市巍山镇眠牛山公园）

19.朱福星故居　（东阳市巍山镇甲坵行政村看芝自然村）

20.胡阿林烈士故居(中共东阳独立支部成立地旧址)　（东阳市吴宁街道东街河弄6号）

21.赵济猛烈士故居遗址　（东阳市吴宁街道上市头）

22.中共东阳县委成立大会遗址　（东阳市白云街道七里寺附近）

23.红军挺进师湖溪活动地遗址　（东阳市湖溪镇湖溪村）

24.中共浙东临委机关驻地旧址　（东阳市虎鹿镇蔡宅村）

25.中共浙东临委机关、浙东游击纵队会师指挥部旧址 （东阳市巍山镇巍山三村更楼街）

26.黄文玉烈士故居 （东阳市南市街道大联前新屋村）

27.黄文玉烈士墓 （东阳市南市街道大联前新屋村）

28.李厚坤烈士夫妇合墓 （东阳市商城西路160号革命烈士陵园内）

29.农工党浙江东磐地区革命活动史料陈列馆 （东阳市千祥镇千祥中路124号）

义乌市

1.义乌市党史陈列馆 （义乌市黎明湖路999号义乌市委党校内）

2.陈望道故居 （义乌市城西街道分水塘村）

3.冯雪峰故居 （义乌市赤岸镇神坛村）

4.吴晗故居 （义乌市上溪镇苦竹塘村）

5.中共义乌县前洪支部成立地旧址 （义乌市北苑街道前洪村）

6.共青团义乌中学支部成立地遗址 （义乌市稠城街道义乌中学原校址）

7.中共义乌阜亨酱园联络站遗址 （义乌市稠城街道市民广场旁）

8.店员工会成立筹备处遗址 （义乌市稠城街道市民广场旁）

9.义乌鱼曹头革命军成立地旧址 （义乌市赤岸镇鱼曹头村）

10.中共义乌县委成立地遗址 （义乌市北苑街道上连树村）

11.德胜岩党员大会旧址(胡公殿) （义乌市后宅街道德胜岩）

12.诸义浦工农革命委员会成立地遗址 （义乌市大陈镇塘坞村）

13.吴溶品就义处遗址 （义乌市稠城街道工人北路2—15号）

14.朱鸿儒烈士墓 （义乌市后宅街道马踏石村）

15.椒峰小学旧址 （义乌市上溪镇荷市村）

16.义乌县赤岸战时中等学校补习班遗址(朱氏十八派祠堂) （义乌市赤岸镇赤岸一村）

17.中共金衢特委联络站遗址 （义乌市稠城街道县前街孟宅弄）

18.中共义乌县委石古金联络站遗址 （义乌市稠城街道石古金村5号）

19.中共义乌县委机关遗址 （义乌市上溪镇和平村后车门9号）

20.义乌党组织王蒲潭联络站旧址 （义乌市佛堂镇王蒲潭村六甲49号）

21.柳村会议旧址 （义乌市北苑街道柳三村）

22. 金萧支队第八大队成立地遗址 （义乌市上溪镇下宅村）

23. 吴山民故居 （义乌市上溪镇里美山村）

24. 义乌党组织宏农庐联络站旧址 （义乌市北苑街道柳三村）

25. 首战日军萧皇塘纪念碑及抗倭纪念亭 （义乌市上溪镇萧皇塘村）

26. 金义浦办事处、金义浦兰总办事处旧址 （义乌市上溪镇溪华村）

27. 八大队军政干部训练班遗址 （义乌市上溪镇山坞村）

28. 抗日塘西桥战斗旧址 （义乌市上溪镇塘西村）

29. 抗日八里岭背战斗遗址 （义乌市苏溪镇八里岭背村）

30. 中共义东北工委成立地 （义乌市大陈镇溪后村）

31. 坚勇大队成立地旧址 （义乌市大陈镇溪后村）

32. 抗日尧山战斗纪念碑(亭) （义乌市江东街道大元村）

33. 中共金萧地委成立地旧址 （义乌市大陈镇大畈村）

34. 抗击国民党顽军立山黄战斗旧址 （义乌市大陈镇立山黄村）

35. 赤岸革命烈士陵园 （义乌市赤岸镇赤岸三村）

36. 骆守宝烈士墓 （义乌市稠城街道下娄店村）

37. 新新革命烈士纪念碑 （义乌市苏溪镇楼存傅村）

38. 吴店革命烈士陵园 （义乌市上溪镇塘西村）

39. 楂林革命烈士陵园 （义乌市大陈镇楂林村）

40. 东塘革命烈士纪念碑 （义乌市大陈镇杜门村）

41. 大陈革命烈士墓、纪念碑 （义乌市大陈镇大陈一村）

42. 黄山革命烈士墓、纪念亭 （义乌市上溪镇黄山村）

43. 义亭畈田朱革命烈士陵园 （义乌市义亭镇车路村）

44. 义乌市革命烈士陵园(长城公园) （义乌市江东街道孔村）

45. 楂林荷里塘战斗旧址 （义乌市大陈镇楂林一村）

46. 诸义东县委成立地 （义乌市大陈镇溪后村）

47. 赵之逊烈士墓 （义乌市上溪镇斯何村）

48. 江世麟墓 （义乌市后宅街道鹤田村）

49. 国共合作香山区分部旧址 （义乌市城西街道七一村）

50. 吴溶品旧居 （义乌市北苑街道前洪村）

51. 城区支部洋滩联络点旧址 （义乌市江东街道）

52. 大头殿党员大会旧址 （义乌市北苑街道杨畈田村）

53.冯志祥墓 （义乌市赤岸镇神坛村）

54.吴山民墓 （义乌市上溪镇里美山村）

55.金义浦兰抗日根据地纪念馆 （义乌市上溪镇里美山村）

56.大畈会师旧址 （义乌市大陈镇大畈村）

57.诸义东革命历史纪念馆 （义乌市大陈镇溪后村）

58.黄山整风会议旧址 （义乌市大陈镇溪后村）

永康市

1.刘英烈士陵园 （永康市方岩镇橙麓村）

2.中共永康县委诞生地纪念馆(章氏宗祠) （永康市芝英镇练结村）

3.浙东人民解放军第六支队纪念广场、永康市武装革命斗争史展示室 （永康市石柱镇下寮村）

4.中国工农红军第十三军第三团纪念馆(徐公祠) （永康市舟山镇方山口村）

5.张文碧旧居 （永康市方岩镇金竹降上村）

6.浙东人民解放军第六支队成立地旧址(姚家大院) （永康市象珠镇郎川村）

7.永康红军兵工武器生产基地(施氏宗祠) （永康市方岩镇铜坑村）

8.浙东人民解放军第六支队第七大队成立地旧址 （永康市方岩镇宅江脚村）

9.张鼎祥等二十五位烈士墓 （永康市前仓镇台金高速入口附近）

10.下徐店烈士群墓 （永康市芝英镇下徐店村）

11.李立卓、李立倚烈士墓 （永康市古山镇前黄村）

12.吕思堂烈士墓 （永康市象珠镇派溪吕村）

13.楼其团烈士墓 （永康市舟山镇镇政府旁）

14.李文华烈士墓 （永康市芝英镇雅庄村）

15.中共中央东南局永康联络站旧址(吕公望故居) （永康市虹霓巷 47 号）

16.抵制日货检查站旧址(西津桥) （永康市南苑路）

17.周恩来铜像 （永康市人民小学内）

浦江县

1.中共江东县工委、江东县政府成立地旧址 （浦江县花桥乡塘波村）

2.会稽山人民抗暴游击司令部养元坑后勤基地纪念馆(郭氏祠堂) （浦江县中余乡普丰村养元坑自然村）

3.中共浦汀县委成立地旧址　（浦江县岩头镇工店村山垄工店自然村）

4.浦江县革命烈士纪念碑　（浦江县城区塔山公园北侧）

5.浦江县北乡农民革命纪念馆　（浦江县檀溪镇赤岩行政村外罗家自然村）

6.张新锦烈士墓　（浦江县岩头镇群丰行政村和祥山自然村）

武义县

1.大溪口乡革命烈士纪念碑　（武义县大溪口乡溪口村郑岸自然村）

2.胡宅垄小学地下党联络站旧址(胡氏宗祠)　（武义县菱道镇胡宅垄村）

3.中共宣平县委改造"青红帮"会议旧址(城隍庙)　（武义柳城镇南门街85号）

4.红军挺进师车昌战斗遗址　（武义县大溪口乡竹翠村车昌自然村）

5.红十三军浙西第三纵队军事委员会成立地遗址　（武义县俞源乡阳铺坪村）

6.武义 宣平 金华红军联合攻打后树战斗遗址　（武义县白姆乡堇处村周田）

7.中共武义县委扩大会议旧址　（武义县白洋街道金畈村荷溪路）

8.抗日项村战斗遗址　（武义县白洋街道丁前村项村自然村）

9.中共宣平县委扩大会议遗址　（武义县柳城镇全塘口村）

10.潘漠华冷泉岩隐居地遗址　（武义县新宅镇上少妃村新岩山腰上）

11.李守初烈士故居　（武义县壶山街道南丰社区小南门新村7号）

12.李守初烈士墓　（武义县壶山街道塔山社区松蓬岗）

13.潘漠华烈士故居　（武义县坦洪乡上坦村漠华巷2号）

14.潘漠华纪念馆　（武义县坦洪乡上坦村漠华路3弄1号）

15.千家驹故居　（武义县壶山街道齐心社区生姜巷8号）

16.上甘塔红军标语　（武义县熟溪街道甘塔村上甘塔自然村）

17.邵李青烈士故居　（武义县白洋街道上邵村）

18.邵李青烈士墓　（武义县白洋街道上邵村）

19.白姆乡烈士纪念碑　（武义县白姆乡松树下村）

20.红军挺进师召开宣平县城群众大会旧址　（武义县柳城镇丰产村城西路4号北侧）

21.坦洪乡烈士陵园　（武义县坦洪乡大源后水库尾阳坑塘村）

22.吴谦烈士墓　（武义县西联乡乌坛下村）

23.红军挺进师吴宅战斗遗址(吴氏祠堂)　（武义县俞源乡吴宅村）

24.中共武义县委领导隔屋村除霸斗争遗址 （武义白洋街道金田畈村隔屋自然村）

25.武义县革命烈士陵园 （武义县壶山街道环城北路 13、14 号对面壶山南麓）

26.武义护矿斗争遗址 （武义县熟溪街道周岭矿区）

27.西联乡革命烈士纪念碑 （武义县西联乡马口村下铺自然村）

28.夏嘉畈革命历史展览室和革命斗争纪念碑、亭 （武义县泉溪镇夏嘉畈村）

29.徐英故居 （武义县熟溪街道水碓后村和平路 44 号）

30.徐英烈士纪念馆、武义革命历史陈列馆 （武义县熟溪街道水碓后村）

31.许斐然烈士墓 （武义县新宅镇后林畈村桃树坑）

32.宣平北营红军成立地遗址 （武义县俞源乡吴宅村）

33.宣平北营红军指挥部遗址 （武义县俞源乡阳铺坪村）

34.宣平东营指挥部旧址(陈氏宗祠) （武义县坦洪乡上周村新兴路 52 号南侧）

35.宣平南营红军指挥部旧址(龙虎山庙) （武义县大溪口乡底章村新屋自然村）

36.宣平农民暴动攻城劫狱会议旧址(庆恩寺) （武义县桃溪镇泉丰村）

37.宣平西营红军指挥部遗址 （武义县桃溪镇大河源吴畈村）

38.中共宣平县工委会议遗址 （武义县三港乡曳坑村锦中路 30 号北侧）

39.永武联合暴动联席会议遗址 （ 武义县桐琴镇桐二村）

40.永武联合暴动东区指挥部遗址 （武义县白洋街道沈宅村塔山坟庵）

41.曾志达烈士故居 （武义县桃溪镇泽村后溪自然村后溪 45 号）

42.曾志达烈士墓 （武义县桃溪镇章岸村）

43.浙南人民解放军第三支队第二大队指挥部遗址 （武义县新宅镇青蓬岭村）

44.浙东六支队九大队成立旧址 （武义县泉溪镇夏嘉畈村）

45.浙江红军游击队东路红军指挥部遗址 （武义茭道镇沙溪村三角坑）

46.浙武红军游击队北路红军指挥部旧址(叶氏宗祠) （武义县壶山街道清塘村）

47.浙武红军游击队第五路红军指挥部遗址 （武义白洋街道上邵村白阳山）

48.浙武红军游击队南路红军指挥部旧址(宝泉寺) （武义县熟溪街道郭

上村)

49.浙武红军游击队西路红军指挥部旧址(胡公殿) （武义县王宅镇上四保仰天垄、俞源乡金公岩）

50.浙武红军与挺进师纪念馆 （武义县白洋街道王村）

51.中共闽浙临边委驻地遗址 （武义西联乡石柱源村）

52.中共武义临时县委成立地遗址(壶山头亭) （武义县城西侧壶山顶）

53.中共武义区委成立地旧址 （武义县城下王宅竹门乙巷 8 号）

54.中共武义县委成立地遗址 （武义县城下街市民广场）

55.中共宣平独立支部、县委成立地旧址 （武义县柳城镇东街 26 号）

56.宣平南营红军展览室 （武义县柳城镇前湾村）

57.中共宣遂汤工委成立地旧址 （武义县桃溪镇子坑村）

58.宣平地区革命历史展览馆 （武义县柳城畲族镇前湾村）

59.中国工农红军挺进师章五里纪念馆 （武义县西联乡卓溪村章五里自然村）

60.中国工农红军挺进师中共宣遂汤工委纪念馆 （武义县桃溪镇红四村子坑自然村）

61.武义县浙武红军与挺进师纪念馆 （武义县白洋街道王村）

62.林登月故居展览馆 （武义县熟溪街道塘里村）

63.雪峰山红色记忆传承馆 （武义县新宅镇和阳坑村）

64.中共处北县委处北县人民民主政府旧址 （武义县新宅镇南塘头村）

磐安县

1.磐安县革命烈士纪念碑 （磐安县安文镇康庄社区后柱山顶）

2.磐安县革命烈士纪念馆 （磐安县安文镇康庄社区后柱山顶）

3.磐安境内首次入党宣誓地旧址(杨氏宗祠) （磐安县仁川镇黄余田村）

4.仁川革命烈士墓 （磐安县仁川镇杨宅村西峰山上）

5.光明村革命烈士墓 （磐安县大盘镇光明村）

6.高姥山红军洞旧址 （磐安县高二乡栗树坑村高姥山）

7.卢湛故居 （磐安县仁川镇方山村）

8.安文红军标语 （磐安县安文镇康庄社区聚秀弄 5—7 号照墙外侧）

后　记

　　笔者在党校任教 30 多年,对社会文化的关注、教学和研究也已近 20 年。特别是担任社会文化教研室主任后,作为浙江省哲学社会科学重点研究基地"文化发展创新与文化浙江建设研究中心"研究员、浙江省重点网络影视剧内容审核专家、市情研究中心横店影视文化分中心主任,把更多的时间和精力放到了社会文化尤其是金华区域文化领域的研究上。笔者一直致力于对横店影视文化产业、公共文化服务体系建设、文化产业发展、婺文化等主题进行调查研究,探索思考,相关课题多次获得浙江省哲学社会科学规划办、浙江省社科联、浙江省党校(行政学院)系统中国特色社会主义理论体系研究中心、金华市社科联等立项,也多次完成浙江省交投公司、金华市文广新局等单位委托课题的研究,多篇研究成果在《齐鲁学刊》《电视研究》《文化艺术研究》《中共浙江省委党校学报》《浙江师范大学学报》《浙江传媒学院学报》等刊物发表,并有多篇咨政报告得到金华市委、市政府有关领导的肯定和批示。

　　在综合前期研究的基础上,笔者对金华文化相关领域的重要问题进行了梳理和归整,从传统婺文化的溯源到当代婺文化的发展,以总结当代金华文化建设的成效和经验为重点,简要系统地论述了婺文化的传承和发展。

　　在本书的撰写和出版过程中,感谢陈立旭副校长拨冗为书作序,感谢同事朋友的关心关爱,感谢家人的支持帮助,感谢浙大出版社编辑蔡圆圆老师的热心细心,使得本书能够顺利出版。

　　因水平和能力有限,书稿中的疏漏和差错在所难免,恳请读者批评、指正。

毛秀娟